U0455923

粤港澳大湾区"数字经济"发展报告（2022）

马 林 编著

国家社会科学基金重点项目（22AJY014）
广州市哲学社会科学基金项目（2022GZGJ85）　　资助出版
广东省社科联社会科学研究基地
　——广州商学院"粤港澳大湾区电子商务研究中心"

科学出版社

北 京

内 容 简 介

本报告通过对粤港澳大湾区的实地调研、大量的文献查阅及资料数据的收集统计分析，并结合《"十四五"数字经济发展规划》《广东省人民政府关于加快数字化发展的意见》等相关政策，深入剖析了粤港澳大湾区数字经济发展现状及挑战等。报告由全球数字经济发展趋势和业态研究、粤港澳大湾区各主要城市数字经济现状、粤港澳大湾区企业数字经济城市发展案例等部分组成，辅以代表性的实际案例研究，提出了具有一定参考意义的独到见解，较好地呈现了粤港澳大湾区数字经济发展版图。

报告反映的新态势、新政策、新案例，可为关心粤港澳数字经济领域的政府部门、专家学者提供借鉴，为对粤港澳数字经济发展感兴趣的企业界人士提供有意义的重要参考。

图书在版编目（CIP）数据

粤港澳大湾区"数字经济"发展报告.2022 / 马林编著. —北京：科学出版社，2023.4

ISBN 978-7-03-074681-8

Ⅰ. ①粤… Ⅱ. ①马… Ⅲ. ①信息经济－经济发展－研究报告－广东、香港、澳门－2022 Ⅳ. ①F492.3

中国国家版本馆 CIP 数据核字（2023）第 005416 号

责任编辑：陶　璇／责任校对：贾娜娜
责任印制：张　伟／封面设计：有道设计

科 学 出 版 社 出版

北京东黄城根北街 16 号
邮政编码：100717
http://www.sciencep.com

北京科印技术咨询服务有限公司数码印刷分部印刷
科学出版社发行　各地新华书店经销

＊

2023 年 4 月第 一 版　　开本：787×1096　1/16
2024 年 1 月第二次印刷　　印张：13 3/4
字数：325 000

定价：218.00 元

（如有印装质量问题，我社负责调换）

本书编委会成员名单

负责人：马　林

成员（按姓氏笔画排序）：

丁晓宇　邓　智　白　丽　任宇光

李　昂　杨　瑶　辛泽亚　宋慧嫦

郑凤婵　梁诗悦

目　　录

第一章　粤港澳大湾区数字经济发展背景

第一节　数字经济已成为国内外发展的新潮流

一、国外数字经济的发展

随着数字经济时代的到来，顺应数字经济发展已经成为全球共识。美国早在 1999 年就设立了网络与信息技术研究与发展（Networking and Information Technology Research and Development，NITRD）计划，布局了计算机、网络和软件的科研计划（图 1.1）。

全球数字经济呈现出蓬勃发展之势，2020 年，中国、美国、德国、英国等 47 个国家数字经济增加值规模达到 32.6 万亿美元，同比名义增长 3.0%，占生产总值比重约为 43.7%，产业数字化仍然是数字经济发展的主引擎，占数字经济比重为 84.4%，其中第三产业引领行业数字化融合渗透，一、二、三产业数字经济占行业增加值比重分别为 8.0%、24.1%和 43.9%[①]。

从规模上看，发达国家数字经济规模达到 24.4 万亿美元，占全球总量的 74.7%，约是发展中国家的 3 倍。从占比上看，发达国家数字经济占生产总值比重为 54.3%，远超发展中国家 27.6%的水平[①]。

2020 年，美国数字经济蝉联世界第一，规模达到 13.6 万亿美元，中国位居世界第二，规模为 5.4 万亿美元。德国、英国、美国数字经济在国民经济中占据主导地位，占生产总值比重超过 60%[①]。

各经济体依托自身优势形成特色数字经济发展道路。美国依托持续领先的技术创新，巩固数字经济全球竞争力；欧盟以数字治理规则的领先探索，打造统一的数字化生态；德国依托强大制造优势，打造全球制造业数字化转型标杆；英国完善数字经济整体布局，以数字政府建设引领数字化发展。

全球围绕数字经济关键领域加快部署、推动发展。在技术赋能方面，以 5G 和人工智能（artificial intelligence，AI）为代表的技术进步和产品创新快速演进，并加速与垂直行业深度融合，应用场景迸发。在数字化转型方面，制造业数字化转型步伐加快，金融科技等服务业数字化快速成长，推动传统产业新兴裂变和升级演进。在数据与安全方面，各国加快推动数据开发利用及市场化流通，同时，全球网络安全部署升级，带动网络安全产业发展进入快车道。

---

① 资料来源：中国信息通信研究院《全球数字经济白皮书（2021 年）》。

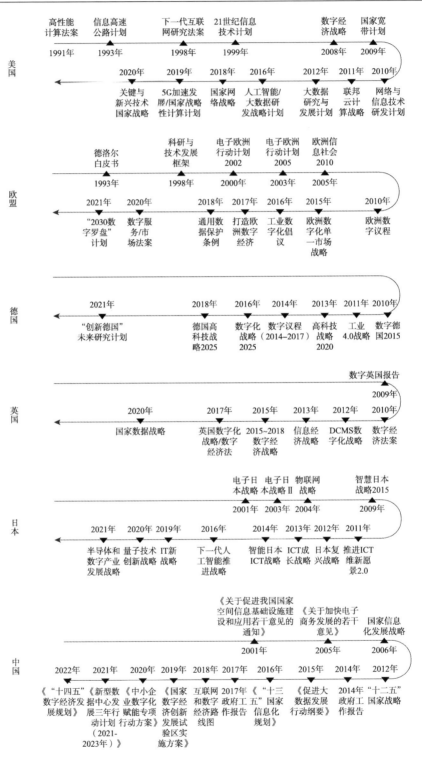

图 1.1 全球数字经济相关政策

ICT：information communications technology，信息通信技术；DCMS：Department for Culture，Media and Sport，数字、文化、媒体与体育部

2020 年，新冠疫情对各国经济造成不同程度冲击。根据世界银行最新统计数据，2020年全球生产总值同比下滑 3.6 个百分点。在这场百年不遇的公共卫生危机中，数字经济表现出强大的韧性。

（一）从整体态势看，数字经济发展有效对冲全球新冠疫情冲击

数字经济成为应对全球经济下行压力的稳定器。疫情充分检验了数字经济的较强韧性，更加速了全球数字经济发展。在疫情期间，人们的购物需求、娱乐需求、办公需求迅速从线下转为线上，在线办公、在线教育、网络视频等数字化新业态新模式蓬勃涌现，大量企业利用大数据、工业互联网等加强供需精准对接、高效生产和统筹调配，数字经济在减少人员流动、降低疫情传播风险、满足人们生产生活需求、稳定经济等方面做出了重要贡献。

在总量方面，全球数字经济持续扩张。以互联网、大数据、云计算、人工智能等为代表的新一代信息技术创新加速迭代，并诱发传统产业加速数字化、网络化、智能化转型升级，2020 年数字经济增加值规模达到了 32.6 万亿美元，数字经济成为全球经济发展的活力所在[①]。

在占比方面，数字经济对全球经济的贡献值持续增强。传统生产方式创造的经济价值占比逐年递减，而以数字化为代表的新生产方式创造的经济价值占比逐年提升，成为人类社会文明进步的必然趋势。2020 年全球数字经济占全球生产总值比重为 43.7%，较 2019年同比提升 2.5 个百分点，数字经济在国民经济中的核心地位不断巩固[①]。

在增速方面，数字经济成为提振全球经济的关键力量。2020 年全球经济深度衰退，主要国家经济均出现负增长。

在结构方面，全球数字经济融合化趋势更加明显。以 5G、半导体、集成电路、人工智能等为代表的数字产业化创新加速，工业互联网、智能制造、先进制造等成为全球产业升级、产业优势重塑的关键。2020 年全球数字产业化占数字经济比重为 15.6%，占全球生产总值比重为 6.8%，产业数字化占数字经济比重为 84.4%，占全球生产总值比重为 36.8%，数字产业化占比下降，产业数字化占比持续提升[①]。

在产业渗透方面，全球按第三、二、一产业数字化发展逐次渗透。疫情倒逼网络零售、在线视频、在线教育等服务行业数字化新模式蓬勃发展，同时也催生出无人工厂、工业机器人等制造业数字化生产新方式，全球产业数字化转型如火如荼推进。2020 年第一产业数字经济增加值占行业增加值比重为 8.0%，第二产业数字经济占比为 24.1%，第三产业数字经济占比为 43.9%[①]。

（二）从发展阶段看，发达和高收入国家经济韧性更强

经济基础相对较好的国家，数字经济表现出更强的发展韧性。整体来看，经济发展水平较高的国家数字经济发展水平较高，发达国家和高收入国家在全球数字经济发展格局中位居优势地位。

---

① 资料来源：中国信息通信研究院《全球数字经济白皮书（2021 年）》。

在总量方面，发达国家和高收入国家数字经济规模占全球比重超七成。从不同经济发展水平来看，2020 年，发达国家数字经济规模达到 24.4 万亿美元，占全球数字经济总量的 74.7%，发展中国家数字经济规模约为 8.2 万亿美元，占全球数字经济总量的 25.3%[①]。从不同收入水平来看，2020 年，高收入国家数字经济规模为 25.3 万亿美元，占全球数字经济总量的 77.5%，中高收入国家数字经济规模为 6.6 万亿美元，占全球的 20.3%，中低收入国家数字经济规模为 7 035 亿美元，占全球的 2.2%[①]。

在占比方面，发达国家和高收入国家数字经济成为其国民经济主导。从不同经济发展水平来看，2020 年，发达国家数字经济占生产总值比重为 54.3%，远超发展中国家数字经济生产总值占比 27.6% 的水平，数字经济的核心主导地位持续巩固。从不同收入水平来看，2020 年，高收入国家数字经济占生产总值比重首次超过 50%，达到 50.7%，高于中高收入国家 19 个百分点，高于中低收入国家 32.9 个百分点[①]。

在增速方面，发展中国家和中高收入国家数字经济增长更快。从不同经济发展水平来看，经济发展水平越高的国家组别，抵御经济下行压力的能力越强。2020 年，发展中国家数字经济同比名义增长 3.1%，略高于发达国家数字经济 3.0% 的增速，相较 2019 年，发展中国家数字经济增长幅度更为收缩[①]。从不同收入水平来看，以新兴经济体为核心的中高收入国家增长势头强劲。2020 年，中高收入国家数字经济同比名义增长 4.7%，高收入国家同比名义增长 2.8%，中低收入国家同比下降 5.5%[①]。

在结构方面，各国家将产业数字化作为实现数字经济和实体经济深度融合发展的重要途径。从不同经济发展水平来看，2020 年，发达国家产业数字化占数字经济比重达到 86.4%，发展中国家产业数字化占比为 78.3%[①]。从不同收入水平来看，2020 年，高收入国家产业数字化占比为 86.1%，中高收入国家产业数字化占比为 79.4%，中低收入国家占比为 70.1%[①]。

在产业渗透方面，发达国家和高收入国家产业渗透水平显著高于其他国家组别。从不同经济发展水平来看，2020 年，发达国家一、二、三产业数字经济占比分别为 14.0%、31.2% 和 51.6%，均超过全球平均水平，发展中国家占比分别为 6.4%、13.3% 和 28.7%[①]。从不同收入水平来看，2020 年，高收入国家一、二、三产业数字经济占比分别为 12.5%、28.8% 和 48.4%，中高收入国家占比分别为 7.9%、16.7% 和 33.9%，中低收入国家占比分别为 3.3%、6.4% 和 19.5%[①]。

（三）从地理区域看，北半球数字经济实现更快速平稳发展

经济发展水平较高国家聚集的北半球数字经济发展态势良好。整体看，主要位于北半球的欧洲、美洲、亚洲数字经济发展水平显著优于主要位于南半球的大洋洲和非洲。2020 年欧洲数字经济规模为 7.5 万亿美元，同比名义增长 2.7%，占生产总值比重为 40.9%，其中，数字产业化规模为 1.1 万亿美元，占数字经济比重为 14.7%，产业数字化规模为 6.4 万亿美元，占数字经济比重为 85.3%，产业数字化深入推进成为欧洲数字经济发展的关键动力[①]。

---

① 资料来源：中国信息通信研究院《全球数字经济白皮书（2021 年）》。

2020年，亚洲数字经济规模为10.0万亿美元，占全球数字经济总量的30.7%，仅次于美洲，数字经济同比名义增长5.2%，显著高于全球平均水平，是数字经济增长最快的大洲，数字经济占生产总值比重为34.8%，其中，数字产业化规模为2.0万亿美元，占数字经济比重为20%，产业数字化规模为8.0万亿美元，占数字经济比重为80%[①]。

2020年，美洲数字经济规模为14.7万亿美元，占全球总规模的44.6%，由于美国数字经济带动，美洲数字经济规模最大，数字经济同比名义增长1.8%，占生产总值比重为58.6%，是数字经济占比最高的大洲，其中，数字产业化规模为1.9万亿美元，占数字经济比重为13%，产业数字化规模为12.8万亿美元，占数字经济比重为87%[①]。

2020年，大洋洲数字经济规模为3 020亿美元，占全球的0.9%，同比名义增长2.0%，占生产总值比重为19.6%，其中，数字产业化规模为387亿美元，占数字经济比重为12.8%，产业数字化规模为2 633亿美元，占比87.2%[①]。

受经济发展水平影响，非洲数字经济发展水平有待提升。2020年，非洲数字经济规模为576亿美元，占全球的0.2%，数字经济受疫情冲击较大，同比下降10.7%，占生产总值比重为19.1%，其中，数字产业化规模为83亿美元，占数字经济的14.4%，产业数字化规模为493亿美元，占数字经济的85.6%[①]。

（四）从具体国别看，美中德日英数字经济呈稳定发展态势

2020年，虽然各国经济受疫情冲击较大，但数字经济具有持续表现良好的发展势头和较好的发展前景，数字经济成为疫情冲击下世界主要国家推动经济稳定复苏的关键动力。

在规模方面，美中德日英数字经济规模占全球的79%[①]。2020年，美国数字经济蝉联世界第一，规模达到13.6万亿美元，占全球比重的41.7%，中国数字经济位居世界第二，规模为5.4万亿美元，德国、日本、英国位居第三至五，规模分别为2.54万亿美元、2.48万亿美元和1.79万亿美元[①]。此外，法国、韩国、印度、巴西、俄罗斯、瑞士、新加坡、马来西亚、泰国、捷克等27个国家数字经济规模超过500亿美元，奥地利、越南、新西兰、卢森堡等10个国家数字经济规模介于100亿美元至500亿美元之间。

在占比方面，德英美韩数字经济成为国民经济主导。2020年，受疫情影响，各国经济明显下滑，但数字经济新模式新业态获得较大发展空间，数字经济在国民经济中占比显著提升，数字化已成为一国经济现代化发展的重要标志。德国、英国、美国数字经济占生产总值比重超过60%，分别为66.7%、66.0%和65.0%，韩国数字经济占比超过50%，为52.0%[①]。日本、爱尔兰、法国、新加坡、中国、芬兰、墨西哥7个国家数字经济占生产总值比重也都超过30%[①]。

在增速方面，各国数字经济增速同比略有放缓，部分国家出现负增长。2020年，中国数字经济同比增长9.6%，位居全球第一，立陶宛、爱尔兰、保加利亚数字经济同比增长也超过了8%，此外，卢森堡、丹麦、瑞典、爱沙尼亚、芬兰、瑞士、罗马尼亚、越南8个国家数字经济同比增速超过5%，德国、韩国、加拿大、日本、法国、美国、澳

---

① 资料来源：中国信息通信研究院《全球数字经济白皮书（2021年）》。

大利亚、英国等国家数字经济均实现正增长，但仍有一些国家数字经济受疫情影响冲击较大，增速同比下降[①]。

在结构方面，各国产业数字化占比均超过 50%[①]。2020 年，各国数字产业化在数字经济中占比逐渐下降，产业数字化占比持续提升。德国数字经济与实体经济融合加速推进，产业数字化占数字经济比重达到 91.3%，此外，英国、美国、法国、日本、南非、俄罗斯、中国、巴西、挪威等国家产业数字化占比超过 80%，墨西哥、意大利、西班牙、韩国、泰国、印度等国家产业数字化占比超过 70%[①]。

在产业渗透方面，德国、英国、美国数字经济在三次产业的渗透水平均高于其他国家。在第一产业数字化方面，2020 年，英国、德国、韩国第一产业数字经济占比位列前三名，分别达到 29.9%、24.8%和 17.4%[①]，另有新西兰、法国、芬兰、美国、日本、新加坡、爱尔兰、丹麦、俄罗斯、中国、挪威 11 个国家第一产业数字经济占比超过全球平均水平。在第二产业数字化方面，2020 年，德国、韩国、美国第二产业数字经济占比领先全球，分别达到 43.9%、43.6%和 36.0%，此外，英国、爱尔兰、日本、新加坡、法国5 国第二产业数字经济占比超过全球平均水平[①]。在第三产业数字化方面，2020 年，德国、英国、美国第三产业数字经济占比超过 60%，分别达到 67.9%、66.1%和 61.0%，日本、法国、中国等国家第三产业数字经济占比超过 40%[①]。

二、国内数字经济的发展

（一）数字化经济发展政策纷纷出台

党的十八大以来，中国高度重视数字经济的发展，推动数字经济逐渐上升为国家战略（表 1.1），要做大做强数字经济，拓展经济发展新空间。党的十九大报告提出"要瞄准世界科技前沿，强化基础研究，实现前瞻性基础研究、引领性原创成果重大突破。加强应用基础研究，拓展实施国家重大科技项目，突出关键共性技术、前沿引领技术、现代工程技术、颠覆性技术创新，为建设科技强国、质量强国、航天强国、网络强国、交通强国、数字中国、智慧社会提供有力支撑"。

表 1.1　中国数字经济发展政策

发展阶段	发布时间	文件/政策名称	核心描述
信息化建设起步阶段	1999 年	《国务院办公厅转发信息产业部国家计委关于加快移动通信产业发展若干意见的通知》	移动通信
	2001 年	《国务院办公厅转发国家计委等部门关于促进我国国家空间信息基础设施建设和应用若干意见的通知》	空间信息基础设施
电子商务发展与信息化建设深入阶段	2002 年	《国务院办公厅转发国务院信息化工作办公室关于振兴软件产业行动纲要的通知》	软件产业
	2005 年	《国务院办公厅关于加快电子商务发展的若干意见》	电子商务

① 资料来源：中国信息通信研究院《全球数字经济白皮书（2021 年）》。

续表

发展阶段	发布时间	文件/政策名称	核心描述
电子商务发展与信息化建设深入阶段	2012 年	《国务院关于印发"十二五"国家战略性新兴产业发展规划的通知》	云计算
	2014 年	《2014 年国务院政府工作报告》	大数据首次写入中国中央政府工作报告
数字经济发展新阶段	2016 年	《"十三五"国家信息化规划》	统筹实施网络化强国战略、大数据战略、"互联网+"行动
	2019 年	《国务院办公厅关于促进平台经济规范健康发展的指导意见》	聚焦平台经济，加大政策引导
	2019 年	《国家数字经济创新发展试验区实施方案》	数字经济
	2020 年	《关于推进"上云用数赋智"行动 培育新经济发展实施方案》	培育数字经济新业态，深入推进企业数字化转型
	2020 年	《中小企业数字化赋能专项行动方案》	数字经济、产业集群数字化
	2021 年	《新型数据中心发展三年行动计划（2021-2023 年）》	数字经济赋能
	2022 年	《"十四五"数字经济发展规划》	数字经济现代市场体系、产业数字化转型

（二）各城市加速数字经济发展

城市作为经济活动的重要承载空间，其数字经济发展状况客观体现了中国数字经济的建设水平，2020 年中国数字经济发展呈现以下格局。

（1）北京市、上海市、深圳市为综合引领型城市，位列数字经济竞争力第一梯队。北京市是中国总体上最具数字经济竞争力的城市，同时在数字创新要素与数字融合应用方面遥遥领先。上海市是中国数字需求最为旺盛、数字基础最为完善的城市。深圳市是中国核心数字产业最为发达、数字政策最为友好的城市。

（2）广州市、杭州市、南京市、成都市、天津市、宁波市、苏州市、武汉市、重庆市、青岛市、福州市、厦门市为中国数字经济的开拓型城市，是中国数字经济发展的重要支柱，其数字经济发展各具特色。

（三）数字经济在国民经济中的地位愈发突出

2020 年中国数字经济规模为 39.2 万亿元，较 2019 年增加了 3.3 万亿元，占生产总值比重为 38.6%，同比提升 2.4 个百分点，其增速为 9.7%，是同期生产总值名义增速的 3.2 倍（图 1.2）。数字产业化规模为 7.5 万亿元，占数字经济比重为 80.9%，占生产总值比重为 31.2%。

2020 年，疫情倒逼三次产业加速数字化转型，一、二、三产业数字经济渗透率分别为 8.9%、21.0% 和 40.7%，同比分别增长 0.7 个百分点、1.5 个百分点和 2.9 个百分点（图 1.3）。

各地数字经济发展步伐加快。在疫情下，各地政府纷纷将数字经济作为经济发展的稳定器。从规模上看，2020 年，有 13 个省市数字经济规模超过 1 万亿元，包括广东、

图 1.2　中国数字经济增速与生产总值增速
资料来源：中国信息通信研究院

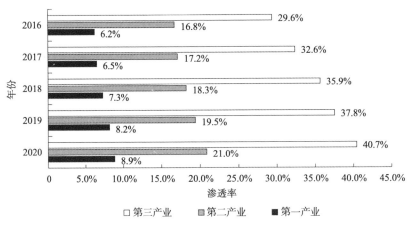

图 1.3　中国数字经济渗透率
资料来源：中国信息通信研究院

江苏、山东、浙江、上海、北京、福建、湖北、四川、河南、河北、湖南、安徽；从占比上看，北京、上海地区数字经济生产总值占比全国领先，分别达到 55.9%和 55.1%，天津、广东、浙江、福建、江苏、山东、湖北、重庆等省市数字经济占生产总值比重均超过全国水平；从增速上看，贵州、重庆、福建地区数字经济增长仍领跑全国，均超过15%，湖南、四川、江西、浙江、广西、安徽、河北、山西等省数字经济增速超过 10%，其余省区市数字经济增速在 5%~10%[①]。

广东省产业数字化发展遥遥领先，产业数字化规模约为 3.5 万亿元，江苏、山东、浙江等地区产业数字化规模也超过 2 万亿元[①]。从占生产总值比重来看，产业数字化在上海占比高达 45.1%，福建、浙江、天津、北京、山东、湖北、辽宁、重庆、广东、河北等地区均超过 30%，其余省区市占比基本处于 20%~30%[①]。

---

① 资料来源：中国信息通信研究院《中国数字经济发展白皮书（2021 年）》。

第二节　大湾区的建设为数字经济发展提供支撑

一、粤港澳大湾区高水平人才和数字人才为数字经济发展提供支撑

以珠江为界，粤港澳大湾区劳动力分布大体上呈现出东强西弱的状态，深圳、香港、广州是三大核心城市。其中制造业劳动力占比最高，超过40%，高水平人才和数字人才在深圳、广州和香港三大城市最为集中，其中深圳排在首位。粤港澳大湾区人才的平均数字化程度为26.98%，深圳超过30%，远高于其他城市[1]。制造、消费品和信息通信技术三大行业的高水平人才占比最高，均超过10%[1]。从行业人才的数字化程度看，信息通信技术行业数字化程度超过80%，基础型数字经济发展水平较高[1]。

粤港澳大湾区人才的教育背景丰富，超过25%的人才具有国际教育背景，30%以上具有硕士研究生及以上学历[1]。

与全国其他数字经济中心城市相比，相比于北京和武汉，粤港澳大湾区对数字人才具有更强吸引力。与旧金山湾区和悉尼相比，粤港澳大湾区的人才队伍更加年轻，但并不"年幼"，兼具发展能力和发展潜力。

二、粤港澳大湾区高新技术为数字经济发展提供支撑

（一）信息技术产业支撑数字经济快速发展

广东省电子信息产业已达万亿级规模，近30年来持续位居全国第一，约占全国三分之一。作为世界工厂，珠江三角洲成为中国乃至全球最重要的IT基地，具有完善的信息技术产业基础，产业链完善，并且近年以数字技术为主要方向的转型升级明显提速。同时，珠江三角洲雄厚的经济实力也推动了信息基础设施快速建设，如5G基站等，支撑数字经济发展。目前，珠江三角洲相继在人工智能、工业互联网、智能制造、云计算、大数据等数字产业加快布局。例如，珠江三角洲聚集大疆、极飞和亿航三大无人机巨头，无人机市场占有份额约占全球八成。一批优秀企业也在不同行业脱颖而出，成为珠江三角洲数字经济的重要力量，并不断带动产业链迭代升级，如华为、比亚迪、OPPO等。同时，一批数字经济领域初创企业崛起，如小马智行、云丛科技、奥比中光等，成为代表性的独角兽企业。

（二）科技龙头赋能创新产业数字化

为更好地服务大湾区制造业，阿里云全国工业互联网总部落户广州，"飞龙工业互联网平台"成为广东省四个"双跨"平台（跨行业、跨领域工业互联网平台）之一，主要围绕工业生产的供应链、研发、生产、销售、服务五大环节，为企业定制个性化解决方案，帮助企业进行数字化转型，提升质量、提高效率、节能减排，推动工业企业在智

---

[1] 资料来源：21世纪经济研究院《2020粤港澳数字大湾区融合创新发展报告》。

能制造的新赛道上加速行驶。经过短短几年的建设和发展，以平台为依托，阿里云已广泛且深入地参与到广东制造业企业的数字化转型工作中。目前，阿里云参与了包括智光电气、京信通信、黑格科技、三维家、瀚蓝环境、喜之郎、明珞装备在内的多个广东省工业互联网标杆示范项目建设；在广州、佛山、汕头等地围绕小家电、电子、服装、日化、家具等广东特色产业集群，联合阿里巴巴集团大大特卖电商平台，结合广东上云上平台政策，帮助超过 150 家中小制造企业"开源节流"，逐步实现 C2M（customer-to-manufacturer，用户直连制造）；在创新生态集聚方面，成功举办阿里云首届工业 APP 大赛。截至 2020 年，围绕"飞龙工业互联网平台"已有超过 20 家国内优秀 SaaS（software-as-a-service，软件即服务）企业落户广东，并已形成整体的创新和服务能力。

（三）电商发展推动消费和产业升级互促共进

利用电子商务，广东众多制造业企业不断探索实现精准化的市场开拓、渠道切换、品牌重构等，逐步找到了新的成长动力，同时也支撑了产业的升级。当前形势下，促消费成为"稳增长"的重要内容，消费升级的大趋势也正创造机遇，对此广东强调要推动消费升级和产业升级互促共进，电子商务将继续成为其多渠道促消费、促转型的抓手。2019 年"双十一"，阿里巴巴助力广东省再次实现销售、消费、进口的全国三冠王，实现销售 545 亿元，同比增长 14%，消费 318.6 亿元，同比增长 25.7%[①]。美的、格力、欧派、VIVO、大疆、完美日记等近 40 个品牌进入"亿元俱乐部"。服饰、家电、日用品、家具等类目，销售均超过 80 亿元[①]。"双十一"销量背后是产业带变化，珠江三角洲和长江三角洲产业带最早感知数字经济浪潮，聚划算产业带排行前 10 榜单中，6 成是广东产业带。

（四）智慧化现代物流服务强化产业竞争优势

阿里巴巴中国智能物流骨干网华南枢纽已在广州增城、东莞清溪等地设立重要节点。下一步将以南沙保税区为核心，建设阿里巴巴跨境进口全球服务中心。智能物流作为数字商业的重要基础设施，是支撑广东制造扩大销售的关键之一。2019 年"双十一"当天，广东物流发货订单量约 2.75 亿单，同比增长 24.6%；收货订单量约 1.67 亿单，同比增长 31.6%，对广东物流承载提出了新要求[①]。菜鸟智能物流骨干网，持续加强末端配送网络建设，菜鸟社区驿站已在珠江三角洲等地设立 2 000 多个站点，菜鸟乡村已覆盖广东 36 个县级市，服务 1 443 个行政村[①]。

第三节　粤港澳大湾区城市协同驱动数字经济发展

粤港澳大湾区"9+2"个城市的协调协同发展，正处在自上而下的制度创新，与自下而上的技术创新相结合的关键阶段。其中，三地各有定位。香港在金融、航运、航空、贸易、国际营销等方面拥有优势突出的国际地位，随着粤港澳大湾区在经济开放、区域

---

① 资料来源：21 世纪经济研究院《2020 粤港澳数字大湾区融合创新发展报告》。

互联互通等领域的措施进一步落实，香港的这一地位还将更加巩固。同时，香港也有条件在数字经济时代，打造辐射东亚乃至全球的数据、资讯枢纽中心，为大湾区的人工智能、工业互联网、大数据分析等新兴产业发展提供资金、技术和市场层面的支持。

澳门将围绕加强中国与葡语国家之间合作平台建设的定位，在电商、金融、会展、物流、旅游等领域，打造中国—葡语国家金融服务平台、区域性电商服务平台、中国—葡语国家经贸合作会展中心等，发挥对内紧密联系粤港澳大湾区，对外联系葡语、拉丁语系国家的作用。

珠江三角洲数字经济占地区生产总值比重全国第一，经济活跃、基础扎实，借助与港澳融合发展，进一步有效推进创新驱动发展，将加速从"世界工厂"迈向战略性新兴产业和先进制造业中心，尤其加快培育和聚集数字经济新动能，更好参与全球产业分工和国际竞争。同时，珠江三角洲地区还有望加快以生产性服务业为核心的现代服务业培育发展，通过科研、设计、金融、商业和文创等推动现代产业体系构建，以及加快融入全球服务业价值链。

第二章 粤港澳大湾区数字经济 发展现状

第一节 大湾区战略规划

2015 年国务院批准建立中国（广东）自由贸易试验区，为粤港澳经济深度融合提供了试验基地。在此充分开放自由的环境中，为推动以服务贸易自由化为关键点、以创新发展为核心的经济合作，需要粤港澳三地发挥各自优势，取长补短，深度融合成经济共同体。2017 年 7 月 1 日，为充分发挥粤港澳地区的综合优势，深化合作，推进大湾区建设，高水平参与国际合作，国家发展和改革委员会、广东省人民政府、香港特别行政区政府、澳门特别行政区政府一同制定了《深化粤港澳合作推进大湾区建设框架协议》，将大湾区建设正式写入国家战略规划。2017 年十二届全国人大第五次会议上，国务院总理李克强在政府工作报告中强调要"推动内地与港澳深化合作，研究制定粤港澳大湾区城市群发展规划，发挥港澳独特优势，提升在国家经济发展和对外开放中的地位与功能"。2018 年 4 月，《国务院关于印发进一步深化中国（广东）自由贸易试验区改革开放方案的通知》，明确了广东自由贸易试验区"两区一枢纽"的战略定位，确立了广东自由贸易试验区建设开放型经济新体制先行区、建设高水平对外开放门户枢纽、打造粤港澳大湾区合作示范区的新使命和新任务。2019 年 1 月 11 日，中央正式确立了粤港澳大湾区的五大战略定位：一是充满活力的世界级城市群；二是具有全球影响力的国际科技创新中心；三是"一带一路"建设的重要支撑；四是内地与港澳深度合作示范区；五是宜居宜业宜游的优质生活圈。其中，香港、澳门、广州、深圳作为中心城市，需要发挥辐射带动周边地区的引擎作用。

此外，广东省科技厅联合香港、澳门组织编制《粤港澳大湾区科技创新行动计划（2018-2022）》。在推进重点技术领域联合创新行动中，粤港澳大湾区将围绕人工智能、大数据等在内的新一代信息技术产业，智能制造、高端装备制造等在内的先进制造业，依托国家、粤港澳三地的重大科技项目实施和联合创新资助计划，通过多边或双边合作，联合开展基础与应用基础研究、产业关键共性技术研究、创新平台共建，协同推进成果转化和产业应用，有力推动粤港澳三地产学研深入融合。

粤港澳大湾区作为中国对外开放程度最高、经济活力最强和数字经济发展程度最高的区域之一，在国家发展大局中具有重要战略地位。加快推进数字产业化和产业数字化，推动数字经济和实体经济深度融合，建设具有国际竞争力的数字产业集群，打造全球数字经济发展新高地已成为高质量建设粤港澳大湾区的发展方向。

第二节　粤港澳大湾区数字经济发展态势

一、产业活力强劲：珠江三角洲数字经济占地区生产总值比重全国第一

粤港澳大湾区经济实力雄厚，尤其是产业门类齐全、链条完整、发展活跃。珠江三角洲强大的制造业和港澳发达的现代服务业有机结合，初步构成以战略性新兴产业为先导、先进制造业和现代服务业为主体的产业体系。随着粤港澳大湾区建设，三地集群优势凸显，产业互补性增强，产业链、价值链持续提升，特别是数字经济发展动力强劲。

粤港澳大湾区产业结构合理，特别是随着新一代信息技术服务迅猛发展，数字经济、智慧社区等新兴业态、新服务模式迅速发展，新经济逐渐成长壮大。2018 年，新经济增加值占广东生产总值已达 25.5%，数字经济已成广东尤其是珠江三角洲经济的重要引擎[①]。

数字经济推动广东生产性服务业发展活跃，如新兴信息技术服务、金融服务、租赁和商务服务等。广东服务业增加值总量已连续 34 年居全国第一，占全国九分之一左右。2018 年服务业对广东经济增长贡献率达 58.9%，并且现代服务业增加值占服务业比重达62.9%[①]。

港澳方面，2018 年香港服务业比重达到 93.1%，其中，贸易与物流占香港生产总值超过 27.3%，金融业占比达到 19.7%[①]。作为亚洲金融中心，香港管理资产超过 24 万亿港元，其中三分之二资金来自境外，基金业务规模在亚洲首屈一指，拥有全球最大人民币资金池，处理超 70%全球人民币支付交易[①]。

澳门的经济结构也在逐渐多元化，博彩业在澳门整体经济中的比重由 2013 年的63.1%降至 2018 年的 50.5%，2013~2017 年，澳门除博彩业之外的主要行业年产值从 2 800多亿澳门元增长至 3 600 多亿澳门元，增长了 29.7%，其中金融业增长 65%，不动产和工商服务业增长 37.8%，餐饮业增长 33.5%[②]。

2019 年，广东省数字经济规模为 4.9 万亿元，占全国数字经济规模的 13.6%，同比增长 13.2%，高于同期地区生产总值增速约 7 个百分点，是 2016 年数字经济规模的 1.63倍，年复合增长率高达 17.5%，成为中国数字经济发展高地之一（图 2.1）。同时，广东省数字经济占地区生产总值比重逐年提升，由 2016 年的 37%扩大到 2019 年的 45%，在粤港澳大湾区经济增长中的地位日益提升。香港数字经济稳步发展，澳门公共服务数字化水平不断提高。

2019 年，深圳、广州作为广东省数字经济规模唯二突破万亿元大关的城市，作为第一梯队，是省内其他 19 个城市数字经济规模之和的 2.2 倍，占全省数字经济总规模超过66%[①]。位于珠江三角洲地区的东莞、惠州、佛山、珠海拥有良好的数字经济产业基础，

---

① 资料来源：21 世纪经济研究院《2020 粤港澳数字大湾区融合创新发展报告》。
② 资料来源：澳门统计暨普查局《澳门经济适度多元发展统计指标体系分析报告》。

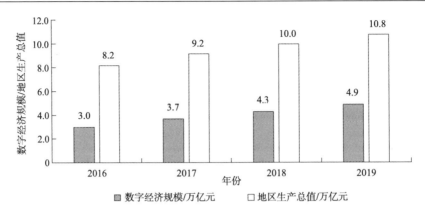

图 2.1　2016~2019 年广东省数字经济规模与地区生产总值比较

资料来源：广东省统计局

同时在深圳、广州辐射带动下数字经济规模均超千亿元，领跑广州、深圳以外的其他地区，是粤港澳大湾区数字经济发展强大的生力军和第二梯队。广东省其他 15 个城市数字经济为第三梯队，其发展规模介于 80 亿~900 亿元，仍处于发展起步与追赶阶段，数字经济发展潜能尚需进一步挖掘[①]。

在数字经济占地区生产总值比重方面，同样呈现出明显的集聚发展特征。深圳、东莞、惠州、广州数字经济占地区生产总值比重明显高于全国水平，特别是深莞惠经济圈作为全国高端新型电子新兴产业领域的龙头，也是全球重要的智能设备终端的生产基地，数字经济占地区生产总值比重已超过 65%，显示出数字经济与实体经济高度融合的发展特征[①]。珠海则与全国水平持平，中山、佛山、江门、肇庆及其他 12 个城市均低于全国水平。

综上所述，粤港澳大湾区数字产业集群以深圳、广州为双核心，沿着"广州—深圳—香港—澳门"科技创新走廊，覆盖珠江三角洲国家大数据综合试验区，形成了数字经济第一梯队。

2019 年，广东省绝大部分城市的数字经济增速均显著高于本地区生产总值的增速。快速发展的数字经济正成为构建新发展格局的重要支点，凸显出数字经济时代下的发展新趋势、新格局。各城市数字经济增速存在较大差距：肇庆、茂名、揭阳、梅州与东莞数字经济增速均超过全国数字经济 15.6%的水平；广州、湛江、云浮、江门、阳江、佛山、深圳、珠海与韶关 9 个城市的数字经济增速均在 10%以上，处于较快增长区间内；汕头、清远、惠州、潮州、汕尾、河源、中山 7 个城市数字经济增速低于 10%[①]。这些城市增速较慢的主要原因在于：一方面是数字企业数量较少、整体规模偏小、产品附加值低，极易受到外部环境影响，进而导致数字经济增长不稳定；另一方面是缺乏起引领作用的数字龙头企业及相关核心产业。因此，对处于低速增长区间段的城市而言，应当加紧培育数字经济核心优势，加快形成地区内部产业集群式发展，提升数字经济增长动能。

---

① 资料来源：21 世纪经济研究院《2020 粤港澳数字大湾区融合创新发展报告》。

　　2019 年，广东省数字产业化继续呈现平稳向上发展的势头，总规模达到了 1.7 万亿元，同比增加 5.6%。从数字产业化内部构成看，2019 年软件行业和互联网行业占数字产业的比重达 41%，较 2018 年提升 4 个百分点，电信行业占比不变，电子信息制造业占比回落（图 2.2），软化特征明显，表明粤港澳大湾区数字产业化结构正逐步升级。随着数字技术向生产、生活的各个领域加速渗透，产业数字化进程加速，逐渐成为驱动粤港澳大湾区数字经济发展的主要动力。粤港澳大湾区产业数字化占比呈逐年增大趋势。2019 年，广东省产业数字化规模为 3.2 万亿元，占数字经济总体规模的 65%，较 2017 年提升约 4 个百分点，数字经济逐步向信息通信技术产业与传统产业深度融合方向迈进。

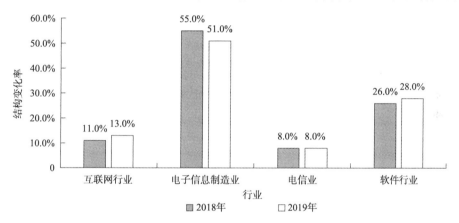

图 2.2　2018~2019 年广东省数字产业内部结构变化

资料来源：广东省统计局

　　产业数字化已成为各城市数字经济发展的主要推动力。茂名、湛江、佛山、阳江、揭阳和汕头 6 个城市产业数字化对数字经济的贡献率均超过 80.2%的全国平均水平[①]。清远、韶关、肇庆、江门、云浮、广州、潮州、中山、汕尾和梅州 10 个城市产业数字化占数字经济规模比重也达到了 70%[①]。珠海、东莞、惠州、河源、深圳 5 个城市数字产业化发展比重较大，因而产业数字化占数字经济比重相对较低。

二、创新能力出众：国际科技创新中心承载数字经济创新发展试验

　　科技创新是湾区经济核心竞争力，粤港澳大湾区科创能力较强，正在加快建设国际科技创新中心，包括建设"广州—深圳—香港—澳门"科技创新走廊，探索利于人才、资本、信息、技术等创新要素跨境流动和区域融通的政策举措，共建粤港澳大湾区大数据中心和国际化创新平台等。

　　按照国家发展和改革委员会最新明确，作为首批国家数字经济创新发展试验区之一，广东省的探索试验方向是，依托粤港澳大湾区国际科技创新中心等主要载体，加强规则对接，重点探索数字经济创新要素高效配置机制，有力支撑粤港澳大湾区建设。

　　广东尤其是珠江三角洲地区创新要素集聚、创新活跃，具备较好的探索发展数字经

---

① 资料来源：21 世纪经济研究院《2020 粤港澳数字大湾区融合创新发展报告》。

济的基础和条件。广东已累计认定国家级高新技术企业 45 280 家，居全国第一。粤港澳大湾区共约 1 800 家上市公司。其中，高新技术企业占比达 70%以上，战略性新兴企业占比达 50%[①]。

粤港澳大湾区拥有较强的数字技术创新能力，2020 年 QS 世界大学排名中，香港 5 所大学跻身全球前 100 名：香港大学、香港科技大学、香港中文大学、香港城市大学和香港理工大学；广州有 5 所大学进入国家"双一流"行列。广东拥有国家工程实验室 12 家、国家工程技术研究中心 23 家、国家认定企业技术中心 80 余家，启动 3 批 10 家广东省实验室建设，多数在珠江三角洲，并布局一批重大科学装置和科研平台。粤港澳大湾区还有超 3 000 家创投机构，有力支撑创新创业。当前，阿里等企业在香港设立淘宝大学、香港人工智能实验室等旨在支持创业的项目，加速三地的合作创新落地。

三、多元优势独特：数字技术成为促进"一国两制"创新路径

粤港澳大湾区建设启动以来，立足于推动三地融合发展，广东强化制度创新，特别是以自由贸易试验区为平台，加快构建开放型经济体制，探索完善现代化制度体系。

广东省自由贸易试验区挂牌至今，已累计形成 456 项制度创新成果，并向全国复制推广 33 项，向广东全省复制推广 102 项，并发布 92 个制度创新案例，这些制度创新涉及投资贸易便利化、国际化营商环境、金融开放创新等关键领域。

例如，针对粤港澳分属三个法域，三地成立了粤港澳大湾区仲裁联盟，加强三地仲裁规则衔接并对接国际，争议当事人可选择三地仲裁规则、庭审模式，能更好解决多元法律背景下的纠纷。同时，数字技术成为促进粤港澳规则衔接新路径，广州仲裁委员会发起成立中国互联网仲裁联盟，并开发了互联网仲裁云平台，全国已有 160 多家仲裁机构会员。粤港澳三地以此为技术支撑，有效解决跨境电子商务、跨境资本流动等新型争议，并逐步突破时间和地域的障碍，有效提升聚合大湾区整体法律服务资源的能力和水平。

第三节　粤港澳大湾区在全国：唯一获中央批复的湾区

粤港澳大湾区是目前中国唯一确定为国家战略的湾区，是中国对外开放的新前沿。粤港澳大湾区腹地广阔，产业链条完善，拥有吞吐量位居世界前列的几大港口，且珠江三角洲与港澳互补性强，具备打造国际一流湾区与世界级城市群的潜力和基础。

粤港澳大湾区是中国目前最为发达的区域，不仅港澳经济高度发达，珠江三角洲九市经济实力也非常强劲。仅以珠江三角洲来看，其不但是最早探索改革开放的前沿和窗口，而且是全国三大增长极之一，比京津冀、长江三角洲市场活力更强更发达。

就区域协同来看，早在改革开放之初，港澳与珠江三角洲之间的协同合作就极为密切，且产业之间互补性很强。在大湾区的背景之下，粤港澳的合作将不断深化，共同打造国际一流湾区和世界级城市群。

---

① 资料来源：21 世纪经济研究院《2020 粤港澳数字大湾区融合创新发展报告》。

一、不足 0.6% 的面积创造全国近 12% 的生产总值

粤港澳大湾区经济发展水平全国领先，产业体系完备，经济互补性强，创新活力十足，湾区发展腹地广阔。

粤港澳大湾区以不到全国 0.6% 的面积和 5.1% 的人口，创造了全国近 12% 的生产总值，人均生产总值是全国的近 2.5 倍，500 强企业数量占全国的 15.5%[①]。

二、长江三角洲与粤港澳大湾区两大战略比较

（一）定位不同：大湾区面向国际，长江三角洲带动区域

长江三角洲一体化发展关键是"一体化"和"高质量"，目标是带动整个长江经济带和华东地区发展，形成高质量发展的区域集群。

建设粤港澳大湾区，既是新时代推动形成全面开放新格局的新尝试，也是推动"一国两制"事业发展的新实践，其目标是打造国际一流湾区和世界级城市群。

从各自的规划纲要可以看出，二者肩负不同使命（图 2.3）。

长江三角洲战略定位	粤港澳大湾区战略定位
● 全国发展强劲活跃增长极	● 充满活力的世界级城市群
● 全国高质量发展样板区	● 具有全球影响力的国际科技创新中心
● 率先基本实现现代化引领区	● "一带一路"建设的重要支撑
● 区域一体化发展示范区	● 内地与港澳深度合作示范区
● 新时代改革开放新高地	● 宜居宜业宜游的优质生活圈

图 2.3　长江三角洲与粤港澳大湾区战略定位

长江三角洲主要侧重区域一体化和高质量发展，要用区域的一体化实践来引领带动整个地区的高质量发展，其根本在于探索区域的协同发展经验。

粤港澳大湾区立足于国际化，推动全面开放及"一国两制"。世界三大湾区都是外向型发展模式，湾区经济也决定必须走国际化道路，因此推动全面开放、打造世界级城市群，一方面加强港澳与内地城市的合作交流，另一方面加强大湾区与世界的合作交流，从而拓宽国际发展空间，增强参与国际竞争的实力。

（二）区域格局：大湾区多中心 vs 长江三角洲单极核

粤港澳大湾区由香港、澳门、广州、深圳四大中心城市作为引擎，港澳的国际地位与发达程度不用多说，广深也是两大超级城市。其他城市与四大中心城市差距较大，地区生产总值与人均地区生产总值分布的断层较为明显。

上海在长江三角洲的龙头作用毋庸置疑，杭州、南京、合肥等区域中心城市发挥辐射带动作用，苏锡常、宁波等城市或是经济强市或是次中心城市，也在各自区域内部起

---

① 资料来源：21 世纪经济研究院《2020 粤港澳数字大湾区融合创新发展报告》。

到了辐射带动作用。长江三角洲内部差距也比较大，但总体来看，从沿海到内陆，其地区生产总值与人均地区生产总值总体呈阶梯状渐次降低，差距相对平滑。

（三）经济实力：大湾区已是发达经济体，长江三角洲跨过中等收入陷阱

粤港澳大湾区 11 个城市与长江三角洲 27 个中心区城市相比实力较强，从地均生产总值与地区人均生产总值两个指标来看，大湾区均远远领先。尤其是从地区人均生产总值来看，大湾区已经迈入发达经济体行列，而长江三角洲仍离发达经济体目标有一定差距。

不过，粤港澳大湾区内部差距较大，是由于港澳人均生产总值很高，拉高了整体水平。如果单看珠江三角洲九市，虽然以 17 525 美元略超长江三角洲的 17 361 美元，但仍未迈入发达经济体[①]。

粤港澳大湾区是长江三角洲 27 个城市面积的 1/4，人口是其 1/2。这意味着，长江三角洲的发展空间较大，腹地广阔、资源丰富，而且人口红利较大。大湾区目前的土地等资源有限，发展空间面临瓶颈，仍需要调整产业结构，为高端产业留出更大发展空间，而且要不断吸引人才，以弥补人口红利的不足。

（四）产业特色：大湾区迈向服务、创新，长江三角洲工业向智能化转型

在产业发展方面，长江三角洲的机械、化工、金融科技、集成电路、汽车等是较为突出的优势行业，而大湾区在金融、旅游休闲、智能制造、人工智能等产业方面优势突出。未来，两个区域虽然存在竞争关系，但也有较大的合作空间。

从产业结构来看，两地内部均存在较大差异。长江三角洲第三产业比重为 54.4%，工业经济仍在加速转型。粤港澳大湾区第三产业比重相对更高，已经达到 64.9%[①]。港澳两地的拉动作用不可忽视，珠江三角洲九市内部差距也比较大，生产性服务业仍不发达。其中，广深两大核心城市已加速向服务经济、创新经济转型，其余城市发展阶段不一，仍处在工业经济转型升级或提质增效阶段。

第四节　全球视角：与全球其他湾区的比较

在四大湾区中，粤港澳大湾区以 5.59 万平方千米的面积和 7 116 万人口，成为面积最大、人口最多的湾区。粤港澳大湾区内部仍存在较大发展差距，这也意味着后发优势较为明显，随着核心城市向外辐射扩散，周边地区发展机遇越来越大，发展潜力也将得到释放。

湾区经济已经成为全球经济中一股强劲的力量，无论是经济贡献还是科技创新贡献，湾区的力量不容忽视。与纽约湾区、旧金山湾区、东京湾区相比，粤港澳大湾区的占地面积、常住人口、地区生产总值、机场旅客吞吐量和港口集装箱吞吐量均超过这三大湾区（表 2.1）。

[①] 资料来源：21 世纪经济研究院《2020 粤港澳数字大湾区融合创新发展报告》。

表 2.1　各湾区比较

指标	纽约湾区	旧金山湾区	东京湾区	粤港澳大湾区
人均地区生产总值（美元）	84 646	106 821	42 256	23 584
地区生产总值（万亿美元）	1.72	0.83	1.92	1.64
占地面积（万平方千米）	2.15	1.8	3.69	5.59
常住人口（万人）	2 300	777	4 532	7 116
每平方千米地区生产总值产出（万美元）	8 000	4 611	5 190	2 937
世界 500 强企业数量（个）	22	11	39	20
机场旅客吞吐量（亿人次）	1.03	0.76	1.24	2.01
港口集装箱吞吐量（万 TEU）	465	227	766	6 520
发明专利数量（万件）	3.96	5.44	13.91	25.80
第三产业占比	82.3%	89.4%	82.8%	64.9%
证券交易所市值（万亿美元）	30.44		5.30	6.22

注：TEU：twenty feet equivalent unit，20 英尺（1 英尺 ≈ 0.30 米）标准集装箱
资料来源：阿里研究院

一、粤港澳大湾区生产总值全球湾区排第三

从地区生产总值来看，纽约湾区为 1.72 万亿美元，旧金山湾区为 0.83 万亿美元，东京湾区为 1.92 万亿美元，而粤港澳大湾区生产总值达到了 1.64 万亿美元，在全球四大湾区中排名第三[1]。

从地均生产总值也就是每平方千米地区生产总值产出来看，纽约湾区为 8 000 万美元，旧金山湾区为 4 611 万美元，东京湾区为 5 190 万美元[1]，粤港澳大湾区为 2 937 万美元。由于粤港澳大湾区内部发展差距较大，其地均生产总值在四大湾区中相对靠后。

从人均地区生产总值来看，纽约湾区为 84 646 美元，旧金山湾区为 106 821 美元，东京湾区为 42 256 美元，粤港澳大湾区为 23 584 美元[1]。旧金山湾区人均地区生产总值超过 10 万美元位居榜首，纽约湾区紧随其后，人口稠密的粤港澳大湾区又与东京湾区有较大差距。

从第三产业占比来看，世界三大湾区第三产业比重均超过 80%，粤港澳大湾区为 64.9%，仍与其他湾区存在较大差距[1]。世界湾区经济的发展历程显示，湾区经济往往会经历港口经济、工业经济、服务经济、创新经济几个阶段，粤港澳大湾区当前仍在从传统制造业向先进制造业升级转型，而三大湾区已经向着金融与科创、制造、服务等融合的方向发展。

虽然与世界三大湾区仍有差距，但粤港澳大湾区地区生产总值、占地面积、常住人口等均占优势，发展空间较大，随着城镇化加速推进和数字化推动产业转型，未来发展潜力更大。

---

① 资料来源：21 世纪经济研究院《2020 粤港澳数字大湾区融合创新发展报告》。

二、金融业具备综合优势

金融业发达是各大湾区的共同特征。纽约湾区也被称为金融湾区。美国 7 大银行中的 6 家，世界金融、证券、期货及保险和外贸等近 3 000 家机构总部集聚于此。房地产和金融保险业在纽约湾区生产总值中的比重处于前两位，占比分别为 16.9% 和 16.1%[①]。

旧金山湾区聚集了大批科技公司，因此金融+科技特色明显，在其产业结构中，金融保险、房地产、贸易和信息产业规模总和占比超过 1/3，且增速较快。

东京湾区服务业发达、工业基础雄厚，金融业与湾区产业存在密切依存关系。在东京湾区的产业结构中，服务业占 20.6%，制造业和建筑业占 16.0%，金融保险业占 6.9%[①]。这里聚集了三菱日联银行、三井住友银行和瑞穗银行三大金融集团，以"日本制造"闻名的日资世界 500 强和本地龙头制造业公司总部均聚集在此。

与三大湾区相比，粤港澳大湾区的金融业发展较为综合，显示出金融+科技+产业的特色。香港是国际金融中心，对湾区发展发挥重要的支撑作用。中国 12 家大型股份制银行中，招商银行、平安银行及广发银行均将总部设在大湾区内。

从四大湾区的证券交易所总市值来看，粤港澳大湾区以 6.22 万亿美元市值超过东京湾区的 5.30 万亿美元排在第二名，纽约湾区以 30.44 万亿美元的市值排在第一（旧金山湾区无证券交易所）[①]。

三、科技创新潜力大：发明专利数超三大湾区总和

纽约湾区、旧金山湾区、东京湾区和粤港澳大湾区这全球四大湾区，构成推动各自区域经济发展和科技创新的强劲动力。

企业创新实力方面，在世界 500 强企业排行榜中，全球四大湾区占了 92 家。其中东京湾区 39 家、纽约湾区 22 家、粤港澳三大湾区 20 家。但与世界发达湾区相比，前 100 强中粤港澳大湾区仅有 2 家，有较大提升空间。

在发明专利数量方面，粤港澳大湾区为 25.80 万件，其他三大湾区总和为 23.31 万件。这说明粤港澳大湾区的科技创新能力强劲，随着内部科技合作体制机制的探索、广深科技创新走廊的建设，以及重点实验室与工程技术中心等创新平台的建设，可不断缩小其与东京、纽约、旧金山三大湾区在科技创新方面的差距。

粤港澳大湾区高校数量和质量在全球四大湾区中表现不俗，与东京湾区相比较有优势，随着广东不断加强高等教育投入及合作办学力度，实力与潜力也在不断增长。四大湾区共有 134 所大学入选大学第三方指数（third-party university ranking indexes，TUI）研究报告，占据世界全部入选大学总数的 9.13%。其中，纽约湾区 70 所，15 所大学进入世界大学第三方指数评价 TOP100；东京湾区 34 所，1 所大学进入 TOP100；粤港澳大湾区 20 所，2 所大学进入 TOP100；旧金山湾区 10 所，7 所大学进入 TOP100[②]。

---

① 资料来源：21 世纪经济研究院《2020 粤港澳数字大湾区融合创新发展报告》。
② 南方教育智库大学第三方指数课题组《全球四大湾区高等教育第三方指数竞争力评价报告（2020）》。

四、航空航运优势加速资源要素自由流动

从机场旅客吞吐量和港口集装箱吞吐量两个指标来看，粤港澳大湾区远远超出其他三个湾区。粤港澳大湾区的机场旅客吞吐量，是纽约湾区、旧金山湾区、东京湾区总和的 2/3；三大湾区的港口集装箱吞吐量总和仅占粤港澳大湾区的 22%[①]。

资源要素自由流动是一个地区经济发展的基础，而粤港澳大湾区资源要素自由流动的总量巨大，造成航空和航运指标远超其他湾区，人和货物的大规模流动必将带来资金、技术等相关资源要素的集聚，这也从一个侧面反映出粤港澳大湾区正在走向繁荣发展的道路。

参 考 文 献

阿里研究院. 2020. 2020 粤港澳数字大湾区融合创新发展报告[R].

北大汇丰智库. 2021. 2021 年粤港澳大湾区经济分析报告[R].

段博，邵传林，段博. 2020. 数字经济加剧了地区差距吗？——来自中国 284 个地级市的经验证据[J]. 世界地理研究，29（4）：728-737.

胡鞍钢，王蔚，周绍杰，等. 2016. 中国开创"新经济"——从缩小"数字鸿沟"到收获"数字红利"[J]. 国家行政学院学报，（3）：4-13，2.

金雪涛，李坤繁. 2020. 数字经济战略格局下英国创意产业的融合发展与转型[J]. 深圳大学学报（人文社会科学版），37（2）：65-73.

蓝庆新，窦凯. 2017. 共享时代数字经济发展趋势与对策[J]. 理论学刊，（6）：55-61.

李西林，游佳慧，张谋明. 2022a. 德国数字经济：回顾与展望[J]. 服务外包，（4）：52-55.

李西林，游佳慧，张谋明. 2022b. 日本数字经济：回顾与展望[J]. 服务外包，（5）：42-46.

李西林，张谋明，游佳慧. 2022c. 美国数字经济发展回顾与展望[J]. 服务外包，（Z1）：68-71.

林宏伟，邵培基. 2019. 区块链对数字经济高质量发展的影响因素研究[J]. 贵州社会科学，（12）：112-121.

刘荣军. 2017. 数字经济的经济哲学之维[J]. 深圳大学学报（人文社会科学版），34（4）：97-100.

清华经管学院. 2019. 粤港澳大湾区数字经济与人才发展研究报告[R].

邵凌云，张紫璇. 2020. 数字经济对税收治理的挑战与应对[J]. 税务研究，（9）：63-67.

苏小莉，邓彦伶. 2020. 世界主要国家数字经济发展及对中国的启示[J]. 北京经济管理职业学院学报，35（4）：13-18.

王齐齐，许诗源，田宇. 2021. 中国数字经济研究二十年：研究评述与展望[J]. 管理现代化，41（6）：118-121.

文丰安，胡洋洋. 2020. 区块链技术支撑我国经济高质量发展的路径研究[J]. 济南大学学报（社会科学版），30（5）：91-98，159.

薛岩，赵柯. 2022. 欧盟数字治理：理念、实践与影响[J]. 和平与发展，（1）：80-102，138.

杨东. 2020. 后疫情时代数字经济理论和规制体系的重构——以竞争法为核心[J]. 人民论坛·学术前沿，

[①] 资料来源：21 世纪经济研究院《2020 粤港澳数字大湾区融合创新发展报告》。

（17）：48-57.

詹晓宁,欧阳永福. 2018. 数字经济下全球投资的新趋势与中国利用外资的新战略[J]. 管理世界,34（3）：78-86.

中国信息通信研究院. 2019. 中国数字经济发展与就业白皮书（2019年）[R].

中国信息通信研究院. 2020. 中国区域与城市数字经济发展报告（2020年）[R].

中国信息通信研究院. 2021a. 全球数字经济白皮书——疫情冲击下的复苏新曙光[R].

中国信息通信研究院. 2021b. 中国城市数字经济发展报告（2021年）[R].

中国信息通信研究院. 2021c. 2021年中国数字经济发展白皮书[R].

Aidrous I A，Asmyatullin R R，Glavina S G. 2021. The development of the digital economy：GCC countries experience[C]//Bogoviz A V，Ragulina J V. Industry Competitiveness：Digitalization，Management，and Integration. Cham：Springer：163-169.

Internet Society. 2017. 2017 Internet society global internet report：paths to our digital future[R].

Lazović V，Jovović M，Backović T，et al. 2022. Is digital economy a good samaritan to developing countries?[J]. Sustainability，14（14）：8471.

United Nations Conference on Trade and Development. 2021. Digital Economy Report 2021[R].

第三章 粤港澳大湾区数字经济现阶段面临挑战

第一节 数字经济区域发展不均衡

目前，粤港澳大湾区已成为中国数字经济发展高地，"双核一廊两区"的数字产业集群优势突出。

深圳、广州作为广东省唯二突破万亿元大关的城市，作为数字经济发展的第一梯队，是粤港澳大湾区数字经济发展的主要引擎。位于珠江三角洲地区的东莞、惠州、佛山、珠海拥有良好的数字经济产业基础，同时在深圳、广州辐射带动下，数字经济规模均超千亿元，是粤港澳大湾区数字经济发展强大的生力军和第二梯队。

在数字经济占生产总值比重方面，同样呈现出明显的集聚发展特征。深圳、东莞、惠州、广州数字经济占生产总值比重明显高于全国水平，特别是深莞惠经济圈作为全国高端新型电子新兴产业领域的龙头，也是全球重要的智能设备终端的生产基地，数字经济占生产总值比重日益增加，显示出数字经济与实体经济高度融合的发展特征。综上所述，粤港澳大湾区数字产业集群以深圳、广州为双核心，沿着"广州—深圳—香港—澳门"科技创新走廊，覆盖珠江三角洲国家大数据综合试验区，形成了数字经济第一梯队。

大湾区内多元化的经济主体为大湾区数字经济发展带来了无限的潜力，但现阶段粤港澳大湾区数字经济的发展不均衡在某种程度上阻碍并限制了大湾区数字经济的高质量发展。由于各地市经济基础、产业结构、资源要素禀赋等存在显著差异，粤港澳大湾区数字经济规模区域分化明显。

虽然现阶段大湾区内各城市都在积极推动数字经济发展，但优质的数字经济企业大都集中在广州、深圳这两个一线城市。这两个城市的基础设施完备、数据资源丰富、高端人才集中度较高，而其他城市相比广州和深圳而言，由于资金、人才及产业品类和规模所限，发展的模式较为单一，差距较为明显。

从数字经济总量上看，尽管深圳与广州数字经济规模均已达万亿元以上，是广东省数字经济发展的主要动力，但广东省仍有 15 个城市数字经济规模不到 1 000 亿元，数字经济发展仍处于加速追赶阶段[①]。从人均数字经济规模上看，深圳、广州、东莞、珠海人均数字经济规模均超万元，但仍有 12 个城市人均数字经济规模不足万元，其中湛江、云浮、阳江和揭阳人均数字经济规模低于 4 000 元，粤港澳大湾区内部数字经济发展差距甚至大于全国各区域间的发展差距，呈现巨大的数字发展鸿沟[①]。

从数字经济发展增速看，广东省 21 个城市中，有 5 个城市数字经济的增速超过 15.6%

---

① 资料来源：中国信息通信研究院广州分院《粤港澳大湾区数字经济发展特点及对策建议》。

的全国数字经济增速；有 9 个城市数字经济的增速在 10%以上，处于较高增长水平；有 7 个城市数字经济增速较慢，低于 10%，凸显出各地区数字经济发展进程不平衡与不一致性①。

数字基础设施的建设不均衡也加大了城市之间数字经济发展水平的差距。大湾区 5G 网络、工业互联网等新型基础设施建设走在全国前列，为制造业数字化转型夯实了网络支撑。截至 2021 年底，广东全省累计建成 5G 基站 17.1 万座，在全国遥遥领先。广州、深圳分别集中了其中的 3.6 万座、3.4 万座，占全省总量的 40.9%，市际差异悬殊，在很大程度上制约了相应城市的制造业数字化转型①。

第二节　数字经济与传统产业融合不充分

在粤港澳大湾区数字经济得到长足发展的背景下，虽然数字经济为大湾区传统产业带来了转型升级的空间，但是传统产业存在与数字经济的融合进程缓慢、融合不充分的问题。

数字技术和数字经济的发展，促使传统产业开始逐步完善以网络、平台、安全、数据为基础的工业互联网体系，它既是传统制造业数字化、网络化、智能化转型的体现，也是互联网、大数据、人工智能与实体经济深度融合的应用模式。通过数字技术与传统产业的融合，构建起覆盖全产业链、全价值链的全新制造和服务体系，为传统产业数字化、网络化、智能化发展提供了实现途径。构建人、机、物全面互联的新型基础设施，工厂、车间、生产线、供应链等传统要素将实现数字化升级，通过系统流程把控、数据流管理，全面推动企业数字化转型。同时，传统产业开始逐步加强行业间线上要素的融合进程，突破传统模式的局限，互联网、物联网（internet of things，IoT）、人工智能等新技术加速实现新旧动能转换。

目前，大湾区已经进入由上而下的制度转轨引导，数字技术与传统产业融合，大数据和新基建为依托，"9+2"城市群协调发展的新局面。产业现状上，大湾区传统制造业规模庞大，中高端制造业的基础较为扎实，汽车、家电、医药制造和 3C（computer communication consumer electronics，计算机、通信、消费类电子产品）制造集群优势明显。

在粤港澳大湾区数字经济和数字化得到空前发展的同时，粤港澳大湾区的产业结构和地区布局还需要进一步优化。珠江三角洲现有传统产业发展方式总体上较为粗放，主要表现为技术创新能力弱、产品附加值低、产业布局不合理。大湾区传统优势产业结构趋同导致部分产能过剩，尤其表现在深圳、东莞、惠州的制造业和珠海、佛山、中山三地的工业结构趋同化明显。

同时，粤港澳三地协同发展的效应尚未发挥，数字化发展较好的城市引导作用不明显，城市间产业合作和优势产业协作互补的实践深度不足，大湾区协同效应无法完全发挥。例如，深圳数字化发展水平较高，但并未在大湾区内形成整体的辐射和带动效应。在湾区传统优势产业制造业中，大部分创新制造企业只集中在广州、深圳两地，惠州、

---

① 资料来源：2021 年广东省通信管理局公开数据。

中山、江门、珠海、肇庆等地短板明显。总体而言，由于粤港澳大湾区的产业类别丰富、各个产业链条较长，在制造业产业链上游的传统制造业企业同样占有庞大的体量和举足轻重的地位，这些传统企业数字化是大湾区数字经济发展的重要部分。数字经济引领产业创新、赋能传统产业转型的影响作用尚不明显，导致粤港澳大湾区数字经济与传统产业融合不充分。企业数字化转型步调不一致的原因主要有以下几点。

第一，大湾区内一些工业互联网企业之间缺少数据沟通的渠道，数据鸿沟明显，产业协同水平较低，很少能在原供应链各个环节、产品和技术的创新研发、产品生产加工、营销体系建设等方面进行有效的数据交流和共享。

由于缺乏数据共享、交流的渠道和平台，数字经济很难与传统产业进行深度且有效的融合。这导致粤港澳大湾区内的传统制造业产业很难推广数字经济中常见的"非接触式生产"模式。同时，不同类别产业之间也存在着明显的数据和信息鸿沟，缺乏统一的数据标准和数据共享平台，这使得产业链较长的传统制造业在数字化的过程中遭遇到前所未有的阻力。

相比发达国家，中国产业互联网生态建设缓慢，行业覆盖面、功能完整性、模型组件丰富性等方面都较为滞后，与行业内存在的数字鸿沟有较大关联。龙头企业仍以内部综合集成为主入口开展工业互联网建设，产业链间业务协同并不理想，平台针对用户、数据、制造能力等资源社会化开放的程度普遍不高。对于不少中小企业而言，即使参与了数字化合作，在安全性方面也存有较大顾虑，一定程度上制约了资源共享、业务协同的水平和效率。

同时，信息不对称造成市场低效和市场失灵，使得大量传统产业的零售商、制造商认知固化，缺乏依托数字经济进行资源配置的意识灵敏度和信任感。囿于数字化引致的经济效益并非立竿见影，部分具有转型意识的传统产业中小企业决策者也尚处观望阶段。一些企业虽已具备数字化的转型意识，但苦于难以找到转型路径和合适时机，无法在保持原有盈利的基础上实现数字化业务的发展或激活传统产业的数字化盈利模式而不选择数字化转型。

此外，由于核心数字技术及第三方服务供给不足，数字技术在传统实体经济中的应用空间亟待开拓。传统产业数字化转型面临较高成本，一方面是由于核心数字技术供给不足，如关键工业软件、底层操作系统、嵌入式芯片、开发工具等高端技术领域基本被国外垄断，相关产品需要依赖进口。另一方面是缺乏有能力承担集战略咨询、架构设计、数据运营等关键任务于一体，能够实施"总包"的第三方服务商。目前市场上的方案多是通用型解决方案，无法满足客户、行业个性化、一体化需求。更为重要的是，对于很多中小企业而言，市场上软件、大数据、云计算等各类业务服务商良莠不齐，缺乏行业标准，选择难度较大。

第二，大中小企业数字化转型步调不一致，企业与企业之间的差距也十分明显。

现阶段，大湾区传统制造企业数字化转型主要有四种方式：第一类，是拥有核心技术、业务精深、科技领先，有能力自身主导数字化转型的企业，从企业顶层设计到数字化变革的管理实践和全程技术支持都能够顺利推行和实施。第二类，是制造行业中的头部企业，可通过自身的资源优势及强大的执行能力，逐步精简产品生产线和生产基地等方式，凭借自身供应链资源、成本及市场优势，逐步渡过转型并最终实现数字系统重构和信息化转型，从而顺利实施集团数字化战略。第三类，是数量众多的中小企业，其在数字化转型过程中动力明显不足，在设计、研发、制造和销售环节需要借助更多平台赋能，才能在长期的过程中实现数字化转型。第四类，也是粤港澳大湾区数量最多且集群化分布明显的大量小微企业，这些企业同质化严重，缺乏核心竞争力和差异化的品牌，在发展过程中竞争激烈，创新能力不足，数字化资源配套滞后，进行数字化转型尤为困难。

粤港澳大湾区内的一流企业占据着发展的前端位置，拥有丰富的资源，正飞速进行企业的转型升级。各传统行业的头部企业和众多大型企业，由于其能力和资源的优势，率先布局并且成功抢占发展先机和战略制高点。虽然有一些实力较强的企业实现了数字化转型，并且取得了不错的成绩和收益，但对于大多数中小企业而言，推进数字化转型依然充满各种限制因素。

对于大多数中小型的企业而言，一方面，想要进行数字化转型的企业普遍"心有余而力不足"。作为粤港澳大湾区中坚力量的绝大多数中小企业数字化水平低，网络化、智能化基础薄弱。尽管有强烈愿望，但受限于自身的资金、人才储备、转型风险及投入成本等因素，其在生产和销售环节中数字化工具普及率低，数字化转型难以推进实施。

另一方面，部分企业由于认识不到位，缺乏方法论支撑，又对数字化转型缺乏信心，同时缺乏稳健的数字平台，很难借助平台力量快速实现数字化转型并获取收益。

数字化不但是技术更新，而且是经营理念、战略、组织、运营等全方位的变革，需要全局谋划。目前，多数企业普遍缺乏清晰的数字化战略目标与实践路径，更多还集中在生产端如何引入数字信息系统，没有从企业发展战略的高度谋划，企业内部尤其是高层管理者之间并未达成共识。同时，数字化转型是一项长期艰巨的任务，面临着技术、业务能力建设、人才培养等方方面面的挑战，需要企业全局的有效协同。

目前，多数中小企业没有强有力的制度设计和组织重塑，部门之间数字化转型的职责和权利不清晰，缺乏有效的配套考核和制度激励。多数企业仍以原有 IT 部门推动数字化转型，没有成立专门的数字化转型组织，协调业务和技术部门，系统解决数字化转型落地问题，阻碍了相关业务的价值发挥。同时，数据资产积累薄弱，应用范围偏窄。数字化转型是企业数据资产不断积累及应用的过程。数据资产是数字化转型的重要依托，如何加工利用数据、释放数据是企业面临的重要课题。目前多数企业仍处于数据应用的感知阶段而非行动阶段，覆盖全流程、全产业链、全生命周期的工业数据链尚未构建；内部数据资源散落在各个业务系统中，特别是底层设备层和过程控制层无法互联互通，形成"数据孤岛"；外部数据融合度不高，无法及时全面感知数据的分布与更新。受限于数据的规模、种类及数据的质量，目前多数企业数据应用还处于起步阶段，主要集中在精准营销、舆情感知和风险控制等有限场景，未能从业务转型角度开展预测性和决策性分析，挖掘数据资产潜在价值。

综上所述，结果就是头部大型企业和中小型企业的转型程度差距越来越大。

第三，传统产业链上的不同环节数字化发展不平衡。由于在传统制造类企业的产业链上游，提供原材料和配件的经济实体以中小企业为主，企业数字化进程推进缓慢，数字化程度不高，数字经济与实体产业融合程度偏低，进而致使产业链上游和产业链下游的不同环节在推进数字化的进程中出现了数字化鸿沟；较差的信息和数据匹配度，限制了传统产业链数字化的协同发展，从而限制并阻碍了传统产业数字化转型。

第三节　数字经济人才仍存在缺口，创新活力不足

数字经济与产业数字化领域知识覆盖面广，技能融合程度深，涵盖众多新兴技术与产业。同时数字经济领域对创新性的需求比其他传统产业高，这就对数字化人才知识技能的全面性、专业性、复合型及创新能力有了较高的要求，从而导致数字经济人才愈发紧缺。

当前，数字领域高端人才、相关领域复合型人才的不足已成为大湾区数字经济创新发展所面临的重要挑战。数字经济的发展需要一批能够熟练掌握信息数据技术和其他产业相关知识技能的复合型人才，只有这样的人才才能满足数字经济发展的创新性需求。

但现阶段数字经济领域的人才大多数都是在原专业或行业工作中自己摸索学习成长起来的，这部分人才数量有限，且成长模式所需时间长，所以有限的人才供给难以满足粤港澳大湾区数字经济发展的需求。虽然现阶段大湾区大多数高校都已经针对数字化进行了教学改革，并且与时俱进，通过学科交互和实践教学相结合的方式，逐步开始培养成熟的数字化人才，但是毕竟人才培养需要一定的时间，难以在短时间内满足数字经济发展的需求，所以数字经济相关人才的短缺在一定程度上也限制了数字经济的发展。

此外，在数字经济创新方面，尽管粤港澳大湾区作为全国最具活力的数字经济发展空间引擎，但数字创新要素供给不充分，显著滞后于数字经济发展现实需求的问题仍很突出。

首先，粤港澳大湾区各城市在创新资源、创新环境、创新投入等方面存在显著差距。深圳作为粤港澳大湾区数字经济发展的先驱，拥有腾讯、华为等数字企业巨头，科研成果转化效果显著，但存在缺乏科研实力雄厚、创新能力强的大学，科研平台与研究机构建设发展滞后等问题。香港拥有全球顶尖的大学与科研机构，对前瞻性的基础科学研究投入大，但存在产业空心化等问题，不利于数字化转型实践。广州科研资源丰富，但缺乏大型龙头数字企业，企业创新能力弱，科研成果转换效率不高。其他城市与上述城市相比，在数字创新资源供给与培育等多个方面均大幅落后，面临数字化发展困境。

其次，粤港澳大湾区仍然缺乏数字经济创新融合发展平台，各高校、研究机构及企业之间尚未形成深层次、高效率的协同合作机制，创新链尚不完善，而在数字技术人才供不应求的环境下，大数据、人工智能和算法等人才竞争一定程度上加剧了粤港澳大湾区的资源稀缺度，未来亟须通过加强粤港澳大湾区科技创新合作，推进"广州—深圳—香港—澳门"科技创新走廊建设，探索有利于人才、资本、信息、技术等创新要素跨境流动和区域融通的政策举措，共建粤港澳大湾区大数据中心和国际化创新平台，以实现粤港澳大湾区数字创新资源充分融合与高度共享。

第四章 粤港澳大湾区数字经济发展对策和建议

现阶段，粤港澳大湾区应对现有数字规则求同存异，秉持开放包容、合作共赢的态度，融入世界数字经济发展的大环境中。不断探索符合粤港澳大湾区现实和利益的数字经济发展方式和规则，建设数字产业集群，推动传统产业数字化，加速数字人才培养，将数字经济动能注入国内国际双循环、高质量发展等历史重大机遇中。

第一节 秉持开放互助态度，拥抱数字经济国际合作

第一，不断探索符合粤港澳大湾区现实发展的数字经济规则。当前，中国数字技术的利用深度与应用广度上仍有拓展空间，数字经济在普及和增长方面仍有较大空间，同时中国宣布将加入《数字经济伙伴关系协定》(Digital Economy Partnership Agreement, DEPA)，允许缔约方在全盘接受和部分接受协议条款中做选择。这将帮助粤港澳大湾区探索并发展出符合自身现状，并且能够融入国际环境的数字经济发展规则。

第二，以打造国际科技创新中心为载体，拓展粤港澳数字经济协同发展空间。粤港澳大湾区集中了大量的数字化产业和科技创新型企业，那么在数字技术和数字经济发展的过程中，粤港澳大湾区具有明显的产业与资源优势。深化粤港澳科技创新交流合作，构建开放型融合发展的区域协同创新共同体，打造全球科技创新高地和新兴产业重要策源地，将粤港澳打造成中国数字经济发展和数字技术交流的开放窗口。

第三，加强粤港澳大湾区在数字经济上与其他国家及相关组织的合作，促进数字经济协同发展。探索粤港澳与东南亚、欧美等国家的深度合作、协同发展新模式，定期举办数字经济领域相关会议，加强与国际数字经济相关组织、产业联盟和科研机构的合作与交流，推广数字经济相关技术、产品、标准、服务、规则和共识。加强粤港澳大湾区数字经济与"一带一路"沿线国家的深度合作，探索数据治理、网络安全、贸易合作等多领域的协同发展机制。以粤港澳大湾区为主体，建立"数字丝绸之路"技术创新交流合作平台，推介优秀数字化转型方案，促进数字经济协同发展。

加快粤港澳大湾区数字经济技术交流合作与协同发展全球化发展趋势已经成为粤港澳大湾区数字经济发展的必经之路，同时世界其他国家和地区数字经济的协同发展都离不开相互之间的密切交流与合作，这对拥有卓越地理位置优势、雄厚技术和经济基础的粤港澳大湾区来说是重要的发展机遇。因此，粤港澳大湾区应抓住时代和技术的浪潮，加强国际合作交流，积极融入国际数字经济发展大环境。在学习国际先进的数字经济发展经验的同时，努力打造粤港澳大湾区的数字技术产业，这样才能助力并实现粤港澳大

湾区数字经济的高质量发展。

第二节　推动高质量发展，建设数字产业集群

以推动高质量发展为主题，建设具有国际竞争力的数字产业集群。在基础产业上，大力推进数字经济产业的发展，将数字经济关键产业做大做强。

首先，全力支持新兴数字产业的发展，如芯片设计、集成电路生产制造、工业软件研发、信息通信及人工智能等产业，夯实数字经济发展的基础。其次，推动制造业智能化发展，以机器人及其关键零部件、高速高精加工装备和智能成套装备为重点，大力发展智能制造装备和产品，培育一批具有系统集成能力、智能装备开发能力和关键部件研发生产能力的智能制造骨干企业。同时，推动大数据产业、云计算产业、人工智能产业、智慧城市产业等发展壮大为新支柱产业，围绕信息消费、新型健康技术、海洋工程装备、高技术服务业、5G和移动互联网、3D打印、北斗卫星应用等重点领域及其关键环节实施一批战略性新兴产业重大工程。最后，培育发展新兴服务业态，加快节能环保与大数据、互联网、物联网的融合。发展数字农业，建设智慧农场，开拓农业数字化市场，延伸数字农业产业链。

此外，依托香港、澳门、广州、深圳等中心城市的科研资源优势和高新技术产业基础，联合打造一批产业链条完善、辐射带动力强、具有国际竞争力的电子信息制造业、软件与信息服务、半导体与集成电路、高端装备制造、智能机器人、区块链与量子通信、前沿新材料、新能源、数字创意等数字产业集群。

第三节　加快推动传统产业数字化转型

首先，依托香港、澳门、广州、深圳四个粤港澳大湾区中心城市的数字技术资源和优势产业基础，在纺织服装、食品饮料、建筑材料、家具制造、家用电器和贸易物流等传统产业进行重点数字化项目的资金和基建投入，以点带面、以面带全，梯度推进传统产业数字化转型进程。同时，充分发挥粤港澳大湾区发展核心引擎作用，实行粤港澳三地数据跨境开放共享及安全管理，促进粤港澳地区跨境资金和商贸物流等方面便利化流动。

其次，加速文化旅游、交通出行、商业零售、医疗卫生等场景与区块链等数字技术融合应用，推动交通出行、酒店餐饮娱乐、养老、托育、家政、旅游票务等领域"互联网+"和平台经济发展。推进互联网、大数据、云计算、人工智能等数字技术在粤港澳大湾区制造业领域的全面渗透和深度融合应用。深入实施工业互联网创新发展战略，推动工业化和信息化在更广范围、更深程度、更高水平上实现融合发展，进一步提升粤港澳大湾区产业数字化水平。

再次，在此基础上，鼓励企业研发支撑数字基建的新技术，发展新基建。支持大数据、人工智能、云计算、物联网、区块链、5G和移动互联网、北斗卫星导航等新技术在

服务业领域的创新应用，促进粤港澳大湾区新业态、新模式发展壮大。为了整体推进传统产业数字化转型，联合粤港澳大湾区传统行业企业协会、科研管理人员、第三方咨询服务机构等，定期举办数字化技术分享与产品交流活动，鼓励并促进企业通过数字化产品应用，解决企业数字化管理和信息化升级难题，使企业提高对供应链管理、企业资源计划（enterprise resource planning，ERP）等信息系统应用的普及率，形成成熟的产业及企业数字化系统，逐步建立数字化竞争优势，打破产业内、产业间和企业间的信息孤岛，加快数字经济赋能传统产业转型升级。

最后，对于传统企业中数字化转型极度落后的中小型企业，通过数字化营商环境的构建、鼓励自身建立数字化运营部门等措施，切实解决在数字化过程中，在生产经营上遇到的现实问题。在保持企业存活和生存最低需求基础上，逐步进行数字化的转变。

建议一，构建起数字经济生态系统，更好地帮助中小企业实现数字化，构建包含中小企业在内的，以数字化为基础、以深化供给侧结构性改革为主线、以新发展理念为指引的新型数字经济生态系统，这是一种涉及政府、行业、企业、社会等多方主体、全方位的变革。首先，对数字经济生态系统中的各要素进行数字化赋能，即全面提升政府、行业、社会、企业的数字化水平。系统中每个要素的数字化能力的强化为系统发展提供了有力保障。其次，强化数字经济生态系统各要素之间的协同。协同表现为系统诸要素之间的相互联系、相互协调、相互作用、相互合作，是一种集体化的状态和行为。政府、行业、社会和企业要基于共享、开放、可持续发展理念组成系统结构，加强要素之间的相互协作，以更为优化的结构促进系统功能。

建议二，通过数字普惠金融破解中小企业融资难、融资贵的困境。疫情期间以互联网银行为主的数字普惠金融机构为中小企业的资金流转提供了有力保障，也为通过数字化技术破解长期困扰中小企业的融资难问题带来新的可能性。中小企业融资困境主要表现为供需端的信息不对称，处于资金供给端的传统商业银行无法有效判断中小企业的真实运营状况，资金需求端的中小企业运行过程中也缺少数据的留存以供金融机构予以识别。此外，传统银行业主要依托于线下办理，尽职调查成本高，贷款审核周期长，同时基于不良贷款率考核压力，传统商业银行对中小企业贷款更加谨慎，贷款触及率低。数字普惠金融的发展将有效解决供需两端信息不对称问题，可通过对企业、行业、经济发展中大量数据的搜集、处理和研判，评估中小企业的运营状况和风险承受能力，给予合理的信贷支持与金融服务。除去互联网银行外，第三方支付在数字经济条件下由单纯的通道服务商转变为数字化综合服务提供机构，链接中小企业运营、融资和投资过程的各个环节，为中小企业在风险防控、信用提升、资金流转等方面提供支持。这些数字普惠金融支持有助于中小企业破解融资难困境，以及获取必要的数字化转型资金。

建议三，提倡"数字包容""数字普惠"，避免中小企业"数字鸿沟"的出现。作为通用目的技术的数字经济具有普惠性特征，主要包括两方面，一方面企业对数字化的获取门槛要低，技术红利能够下沉惠及广大中小企业，数字化服务的定价要低于企业能够负担的日常成本及企业数字化转型的开支；另一方面数字化技术要提供便利化服务，易于操作，使得新兴技术能够"飞入寻常百姓家"。概言之，数字化发展的过程中要体现数字包容和数字普惠的理念，杜绝中小企业由于资金、规模、技术等方面的弱势而无法享受数字红利等问题，避免在数字经济时代产生"数字鸿沟"。

第四节 加速创新人才培养，提高创新活力

加快数字化人才培养，解决数字化人才缺口。数字化人才的培养需要明确素质标准、拓宽培养渠道。数字化人才可以分为数字化技术应用人才、数字化管理人才和数字化创新人才，要精准施策、分类培养，积极推进数字化人才同传统行业的融合发展。充分发挥行业协会、教育和科研机构等在数字化人才培养和应用中的协调作用，有效链接"政企校"三方，推进校企合作，完善和创新人才培养机制，为数字化转型和数字经济发展提供人才支撑。

一方面，基于大学本科教育和高等职业教育，开展大湾区高校对数字化、信息化建设的知识普及和观念教育，为未来企业中高层人才的数字化意识培养打下坚实基础；另一方面，充分利用香港、澳门国际一流水平高校数量多、质量好的优势，与"珠9市"的科研院所、知名高校和传统行业的大型企业进行数字化人才联合培养，建立数字化复合型人才培养储备池。鼓励香港、澳门两地的知名学府在"珠9市"设立分校、分院或进行学位联合培养，企业可对相关项目进行投资，直接对接高校资源，并借此加快产业、行业和企业的创新步伐。

第五章 粤港澳大湾区数字经济预测与展望

第一节 数字经济将成为大湾区各城市与地区未来重要发展方向

作为中国未来经济发展的重要组成部分，数字经济得到了国家的高度重视，并且由国家引导推动，不断完善顶层设计，促进政策和规则体系建设。2021年9月2日在中国国际服务贸易交易会上，习近平主席宣布设立数字贸易示范区，标志着中国数字贸易进入制度创新和高水平开放、高质量发展阶段。"十四五"时期，中国将立足新发展阶段、贯彻新发展理念，构建以国内大循环为主体、国内国际双循环相互促进的新发展格局，着力推动规则、规制、管理、标准等制度型开放，数字产业化和产业数字化加速推进，数字贸易发展将迎来重要战略机遇期，将在推动贸易高质量发展和构建新发展格局中发挥重要作用。

当前，新一轮科技革命和产业变革动能持续释放，发展数字经济既是顺应历史变革的大势所趋，也是构筑竞争新优势的战略选择，是推动大湾区高质量发展的必由之路，是构建"双循环"新发展格局的关键依托。大湾区各城市和地区正加快落实国家数字经济顶层战略规划，制定和细化政策文件，将大力发展数字经济作为推动各地经济高质量发展的重要举措。当前和未来一段时间，发展数字经济仍是粤港澳大湾区各地区与城市支撑新发展格局、打造经济增长新动能、提供经济社会发展新机遇的重要手段和发展方向。

第二节 各城市与地区数字经济发展路线更加清晰

粤港澳大湾区各个城市与地区在积极落实国家数字经济顶层战略设计的过程中，将自身区位条件、产业基础、资源禀赋等特征与数字经济发展相结合，形成了鲜活的数字经济发展案例，为其他地区发展数字经济提供广泛思路。但是，现阶段大湾区仍存在着区域数字经济发展不平衡的问题，随着数字经济的发展，粤港澳大湾区各城市与地区之间、企业与企业之间数字鸿沟问题愈加凸显。大湾区部分地区存在数字基础设施不完善、专业技术人员缺乏等问题，很多企业难以快速实现数字化，很多传统产业难以在数字经济发展的前期融入数字经济并且获得数字化红利，从而一定程度上错失了数字经济发展的前期机遇。

然而，随着各城市与地区数字经济发展经验的积累和对自身定位的进一步明晰，未来大湾区各城市与地区发展数字经济将与当地实际情况结合得更为紧密。随着广州与深圳两个数字经济发展的核心城市强有力地带动,数字化将以广州及深圳两个城市为核心,逐渐扩散到大湾区其他城市与地区。大湾区各个城市与地区将探索出一条条具有当地特色的数字经济发展道路,呈现出百花齐放的蓬勃发展之势,支撑粤港澳大湾区数字经济整体发展。

在数字经济结构上,粤港澳大湾区将会着力发展优势产业,各个城市和地区的数字化特色产业将蓬勃发展,逐步弥补数字经济发展前期的不足。传统产业作为在粤港澳大湾区数字化进程前期发展较为缓慢的部分,将会为粤港澳大湾区未来数字经济和数字化提供较大的发展和应用空间。同时大湾区各个城市和地区将会逐渐形成符合自身产业定位的发展模式和路径,这些宝贵的经验和发展理念将成为粤港澳大湾区数字经济发展的重要财富。

第三节　国际合作为数字经济发展注入新动力

现阶段,全球数字经济和产业数字化正处于高速发展时期,各个国家正加紧推进制造业数字化、数字基础设施建设、数字化人才培养等数字化发展进程。未来,全球数字经济将得到空前的发展,这将为粤港澳大湾区数字经济创造更多的发展机遇和空间。因此秉持开放态度,融入国际数字经济大环境,加强数字经济领域的国际合作将是粤港澳大湾区数字经济发展的大势所趋,同时也可为大湾区数字经济发展注入新的动力。

"一带一路"倡议提出以来,中国坚持引进来和走出去并重,在政策沟通、设施联通、贸易畅通、资金融通、民心相通等方面均取得显著成效。东南亚国家联盟、金砖国家、G20等各国际合作组织都将数字经济作为合作发展的重要领域。作为中国开放创新和经济发展的前沿窗口,粤港澳大湾区在国际数字经济发展的过程中扮演了重要的角色。当前,粤港澳大湾区在"一带一路"沿线已完成众多数字贸易、数字技术研发合作、数字基础设施共建共享等数字经济领域合作共赢的案例。这说明中国数字经济在增长、技术创新、规则创新、实践案例、人才培养等多方面都离不开国际化的合作与协同。粤港澳大湾区作为中国开放的窗口,将会成为数字经济国家化的前沿阵地。

未来,国际合作带动的数字经济发展新机遇将进一步释放,大湾区各城市与地区有机会发挥区位和产业优势寻求数字经济发展新突破,支撑构建国内国际双循环相互促进的新发展格局。

参　考　文　献

艾尚乐. 2021. 粤港澳大湾区数字营商环境构建的核心问题与发展对策[J]. 商业经济研究,(19):170-173.

曹晋丽,高雅. 2022. 粤港澳大湾区建设三年回顾与展望[J]. 中国外资,(7):66-69.

范拓源. 2018. 粤港澳大湾区战略性新兴产业发展与财政扶持模式研究[J]. 开发性金融研究,17(1):

32-38.

韩晶,孙雅雯,陈曦.2020.后疫情时代中国数字经济发展的路径解析[J].经济社会体制比较,（5）:16-24.

蒋雨婷.2022.粤港澳大湾区数字经济发展现状、问题和建议[J].财富时代,（1）:142-144.

李敏辉,李铭,曾冰然,等.2022.后疫情时代发展中国家高等教育数字化转型:内涵、困境与路径[J].北京工业大学学报（社会科学版）,22（1）:35-46.

李铁成,刘力.2021.粤港澳大湾区协同创新系统的政策体系研究[J].科技管理研究,41（8）:19-27.

刘璟.2021.粤港澳大湾区经济高质量增长的路径选择研究[J].经济论坛,（2）:43-51.

刘莉.2022.后疫情时代跨境电商发展的机遇与挑战[J].现代商业,（1）:47-49.

刘然.2020.后疫情时代中小企业数字化转型之路[J].人民论坛·学术前沿,（13）:104-107.

吕铁.2019.传统产业数字化转型的趋向与路径[J].人民论坛·学术前沿,（18）:13-19.

任志宏.2019.粤港澳大湾区定位于"数字湾区"发展的意义价值[J].新经济,（10）:8-14.

孙亚平,高艳荣,何邓娇.2021.数字经济对粤港澳大湾区税收协调的挑战与应对[J].财会月刊,（9）:142-148.

滕堂伟.2021.上海制造业数字化转型经验及对粤港澳大湾区的启示[J].科技与金融,（7）:15-22.

万晓琼,王少龙.2022.数字经济对粤港澳大湾区高质量发展的驱动[J].武汉大学学报（哲学社会科学版）,75（3）:115-123.

肖小爱.2021.粤港澳大湾区数字经济发展研究[J].科技创新发展战略研究,5（2）:41-44.

臧悦悦,樊重俊,朱玥,等.2020.大湾区数字经济与电子商务发展状况分析[J].电子商务,（11）:7-8.

曾坚朋,王建冬,黄倩倩,等.2021.打造数字湾区:粤港澳大湾区大数据中心建设的关键问题与路径建构[J].电子政务,（6）:29-38.

朱金周,方亦茗,岑聪.2021.粤港澳大湾区数字经济发展特点及对策建议[J].信息通信技术与政策,（2）:15-21.

朱文博浩,李晓峰,孙波.2021.后疫情时代数字化促进粤港澳大湾区传统产业升级研究[J].国际贸易,（3）:52-59.

第六章 全球数字经济发展趋势和发展经验

第一节 数字经济概况

一、数字经济的含义

2016 年 G20 杭州峰会发布的《二十国集团数字经济发展与合作倡议》将数字经济定义为："数字经济是指以使用数字化的知识和信息作为关键生产要素、以现代信息网络作为重要载体、以信息通信技术的有效使用作为效率提升和经济结构优化的重要推动力的一系列经济活动。"中国信息通信研究院在 2021 年 8 月发布的《全球数字经济白皮书——疫情冲击下的复苏新曙光》中提出："数字经济是以数字化的知识和信息作为关键生产要素，以数字技术为核心驱动力量，以现代信息网络为重要载体，通过数字技术与实体经济深度融合，不断提高经济社会的数字化、网络化、智能化水平，加速重构经济发展与治理模式的新型经济形态。"具体包括四大部分：一是数字产业化，即通信产业，包括电子信息制造业、电信业、软件和信息技术服务业、互联网行业等；二是产业数字化，即传统产业应用数字技术所带来的产出增加和效率提升部分，包括但不限于工业互联网、两化融合、智能制造、车联网、平台经济等融合型新产业新模式新业态；三是数字化治理，包括但不限于多元治理，以"数字技术+治理"为典型特征的技管结合，以及数字化公共服务等；四是数据价值化，包括但不限于数据采集、数据标准、数据确权、数据标注、数据定价、数据交易、数据流转、数据保护等。

二、数字经济的历史沿革

以数字技术为支撑的经济活动起源于 20 世纪 50 年代，其历史沿革大致经过了 3 个阶段：①20 世纪 50 年代至 2000 年的技术准备期。IBM（International Business Machines，国际商业机器）公司个人电脑、微软操作系统等创新产品的出现，为数字经济腾飞提供了技术准备。同时，数字服务领域开始萌芽。例如，美国第一资讯公司（First Data Corporation）基于上千家银行数据，开展信用卡发行、收单、支付、信用评分等服务；美国三极通信公司（Level 3 Communications）用光纤构建骨干网，从此奠定了互联网的雏形。②2000~2012 年的快速繁荣期。电子商务、搜索引擎、社交媒体等新商业模式的迅速崛起，诞生了亚马逊（Amazon）、谷歌（Google）、脸书（Facebook）、贝宝（PayPal）等互联网科技巨头，为数字经济提供了丰富的数据，并进一步拓展了应用场景。③2012 年至今的大数据与人工智能时代。全球加速推进数字产业化。例如，美国奥巴马政府将大数据定义为"未来的新石油"，进而出台了《大数据研究和发展计划》和《国家人工智能研发战略计划》，并将大数据与人工智能提升至国家战略高度。美国、西欧、日本等先进经济体积极将现代信息技术应用于传统行业，产业数字化进程也得到快速发展，使得数据分析成为开展各项业务的基础支撑。

三、数字经济的信息技术

当前，以人工智能、量子信息技术、云计算、物联网、区块链、大数据分析、机器人和自动化系统、5G 等新一代信息技术为代表的通用目的技术与实体经济深度融合，推动全球数字经济快速发展，带动传统生产方式和产业结构发生深刻变革，加快新兴产业的形成。数字经济已经成为重组全球要素资源、重塑全球经济结构、改变全球竞争格局的关键力量。

（一）人工智能

人工智能是研究、开发用于模拟、延伸和扩展人的智能的理论、方法、技术及应用系统的一门新的技术科学，该领域的研究包括机器人、语言识别、图像识别、自然语言处理（natural language processing，NLP）和专家系统等。

第一，人工智能已成为全球性战略，世界各国高度关注。目前已有 35 个国家（占全球生产总值的 90%以上[①]）出台了明确的人工智能战略，关注的焦点在于数据与计算资源、人才培养、技能培训与再就业、军事应用等。第二，人工智能的算力加速演进，人工智能算法性能在 16 个月即可翻倍，高于摩尔定律 18 个月才翻一番的发展速度。第三，人工智能前沿技术不断推陈出新，深度学习、卷积神经网络、迁移学习、共识等已成为当下最新研究前沿。第四，人工智能正向第三代迈进，第三代人工智能将充分利用的四个要素是知识、数据、算法和算力，知识驱动和数据驱动是典型特征。目前人工智能的代表性突破无不引起业界的广泛关注，如英国深度学习团队在 2020 年利用人工智能技术"阿尔法折叠"方法成功预测蛋白质氨基酸线性链折叠为 3D 蛋白质结构的过程，攻克了生物学领域的一大难题。

（二）量子信息技术

量子信息是量子物理与信息技术相结合发展起来的新学科，主要包括量子通信和量子计算两个领域。量子通信主要研究量子密码、量子隐形传态、远距离量子通信的技术等；量子计算主要研究量子计算机和适合于量子计算机的量子算法。

首先，科技强国竞相布局。量子科技成为事关国家未来核心竞争力的关键战略领域，科技强国纷纷启动相关战略规划，推进在量子科技领域进行基础研究、关键技术研发、工程化攻关的一体化布局。例如，英国在 2015 年发布《量子技术国家战略——英国的一个新时代》，欧盟在 2018 年发布"量子技术旗舰计划"，美国在 2018 年颁布《国家量子计划法》，俄罗斯在 2019 年提出"国家量子行动计划"。在中国，2020年习近平总书记

[①] 资料来源：https://www.holoniq.com.

在中共中央政治局就量子科技研究和应用前景举行第二十四次集体学习中强调："要充分认识推动量子科技发展的重要性和紧迫性，加强量子科技发展战略谋划和系统布局。"其次，突破性创新态势显著。在量子通信领域，2020年6月，中国科学院"墨子号"量子科学实验卫星2020年6月在国际上首次实现千公里级基于纠缠的量子密钥分发，中国科学院在量子通信方面持续引领世界，在量子计量领域正在酝酿颠覆性突破，商业化前景显现，开始引起投资者关注。

（三）云计算

云计算是与信息技术、软件和互联网等相关的一种服务，其核心是以互联网为中心，为用户提供快速且安全的服务与数据存储，让每一个使用互联网的客户都能使用网络上的庞大计算资源与数据中心。云计算服务类型一般分为基础设施即服务（infrastructure as a service，IaaS）、平台即服务（platform as a service，PaaS）和SaaS三类。IaaS向用户提供虚拟化计算资源；PaaS向开发人员提供通过全球互联网构建应用程序和服务的平台；SaaS主要向用户交付完整且可以直接使用的软件应用，这些应用程序运行在云基础设施之上，可以通过各种各样的客户端设备访问。

（四）物联网

物联网是指物体和物体间连接以后所组成的网络环境。物联网运行是以互联网技术为基础的。物联网具备很多功能，其中最主要的功能是数据采集和通信等，可以把现实世界中的有用数据采集出来并通过网络来进行传输，由此来实现相应的功能。物联网能够借助各种传感技术及设备，如红外感应技术、全球定位系统、激光扫描仪等，由此构建一个覆盖面比较广的感知网络系统。随着信息技术的发展和数字经济的壮大，物联网将与人的生活方方面面实现深入融合，如对车辆的监控、对工业生产的监控、对城市规划管理的监控、对环境的监测、对天气环境的监控等。物联网中传感设备的种类非常多，主要包含物理类、生物类和化学类传感器，每种传感技术都能够参照相关信息和数据做出快速的感知。

（五）区块链

区块链技术是将分布式架构、分布式存储、点对点网络协议、加密算法、共识算法和智能合约等多个技术组成在一起的技术集。鉴于区块链技术具有加密算法、数据真实、信息共享等特点，在数字经济时代，区块链较多应用于经济领域。目前，已有许多国家发布了区块链行业相关的政策或法规，各国政府积极布局区块链产业，推进项目落地。世界各国布局的区块链项目数量高达150余项，强调区块链技术与实体经济的融合。

（六）大数据分析

近年来，大数据的重要性迅速提升，大数据在驱动组织决策中的应用引起了越来越多的关注，越来越多的公司将投资重点放在大数据分析上，以期获得重要的解决方案建议，从而最终为企业赢得竞争优势。迄今为止，关于大数据的研究重点仍在大数据的技术方面，而对其带来的组织变革及战略利用方式的关注还很少。当前大数据分析显现出五大趋势：计算和数据分离成为默认选择，云数据仓库的光芒逐渐消失，数据湖比数据仓储更具效用，数据隐私和治理引起关切，成本控制和数据治理需求不断增加。可利用的数据、可获取的数据、气候变化数据、数据库服务、连续的情报、干净的数据、NLP等将成为人数据领域关注焦点。

（七）机器人和自动化系统

机器人和自动化系统将在工业、交通、物流、日常生活、教育等方面得到日益广泛的应用，随着自动化程度的不断升级，诸多传统工作岗位将被机器取代，进而引发经济、社会与就业问题。《2019年OECD就业展望》报告指出，未来20年全球将有近一半的岗位被自动化系统与机器人替代或者发生重大转型。在此过程中，机器学习、传感器与控制系统、人机交互等代表性技术的发展水平将决定自动化系统与机器人产业发展水平。

（八）5G

5G具有高速、低延迟和高容量的优点，将对产业结构、生产生活方式、文化活动等产生颠覆性变革。随着其在商业领域的跨行业、跨界别的广泛运用，智能互联将日益广泛，人们与物理世界的联系也将进入全新体验阶段，人与物的联系更加紧密。无人驾驶、智慧生活方式、智慧城市、智能制造、智慧农业等产业将得以长足发展。

第二节　当前全球数字经济发展状况

一、数字经济对世界经济的深刻影响

（1）数字经济是增长最快的经济领域，加速了世界范围内的产业结构变化，成为世界经济增长的新动能。

在数字技术不断创新、数据流量呈几何倍数增长的背景下，数据一定程度上已超过资本和劳动，成为促进经济增长最有力的生产要素。据联合国贸易与发展会议发布的报告，2020年全球每月的数据流量已经激增到230艾字节，并预计到2026年将达780艾字节。2020年全球互联网的带宽增加了35%，远远超过全球经济增长及消费、投资增长的速度。由于边界和范围模糊，加上数字的流动不可见，对数字经济的统计尤其是增加值的统计是一件极其困难的事情，任何机构或专业学者都难以拿出精确且可靠的统计数据；但还是有一些国际机构对此做出努力，其统计结果显示，数字经济是过去20年来全球经济增长最快的领域。联合国贸易与发展会议2019年的报告显示，全球按宽口径衡量的数字经济增加值已占生产总值的15.5%，在美国这个数字达到21.6%，中国则高达到30%；全球数字化交付服务（可通俗地理解为数字贸易）额从2005年的1.2万亿美元增长到2019年的2.9万亿美元，年均增速7%，远超国际货物贸易和服务贸易的年均增速。如果说宽泛的数字经济统计难以精确的话，那么像集成电路、移动通信、数字广告这些确定行业的增长趋势也能反映出数字经济的快速发展。2019年，全球数字媒体的广告支出达到 3 000 亿美元，并第一次超过了传统媒体的广告支出。数字经济的快速发展推动了世界经济的结构性变化，围绕数字产品生产、销售和服务的产业在产业结构中占据更加重要的地位，物质生产部门创造的增加值占比进一步降低。

（2）数字经济有力促进了新技术的出现和传播，带动了一大批新兴产业的发展，数字经济与技术创新相辅相成、互为因果。

一方面，数字经济的形成与发展离不开互联网、信息与通信等新技术的支撑；另一方面，数字经济的快速发展，又对新技术提出了需求与呼唤，促进了新技术的进一步发展。正是因为数字经济越来越活跃，数字产品越来越丰富，进而促使越来越先进的集成电路制造技术不断涌现，其制程标准从 14 纳米级进化到 10 纳米级、7 纳米级、5 纳米级，并很快将升级到 3 纳米级，以至于今天一个指甲盖大小的硅片上能够集成多达 150 亿只晶体管，足以支撑智能手机承载更多高级别软件，以及满足流畅地看视频、玩游戏、拍摄高分辨率照片等需要。同样，在数字经济需求的引导下，5G、大数据、物联网、人工智能、云计算、区块链等先进技术得以不断创新。数字经济在全球范围内有力地带动了电子商务、互联网金融、移动软件开发、网络消费、智能汽车等一大批新兴产业的快速发展。

（3）数字经济在很大程度上改变了全球价值链，数字交付和数字服务在全球价值链中占据十分重要的地位。

在数字经济出现之前，全球价值链主要是围绕具体的物质产品构建，主体是制造品的价值链，虽然也有服务产品的全球价值链，但比较简单，而且基本依附在制造品的价值链上。随着数字经济的不断发展，独立的数字交付和数字服务的价值链逐渐形成，而且其内容越来越丰富。在数字技术进步的带动下，数字跨境流动成为大量而普遍的现象，构成了数字产品或数字服务的全球价值链。在这种价值链中，数字产品是主体，是价值形成的主角，而不再是从属的配角。数字经济的出现，在全球价值链中嵌入了更多的数据元素和服务元素，使得原有传统的全球价值链进入一个更新和重塑的过程。例如，工业互联网的出现及物联网技术的应用，加上通信和定位技术的更新，提高了产业链、供应链的智能化管理水平，赋予传统价值链更多的功能。通俗地讲，就是数字经济为传统全球价值链"赋能"助力。

（4）数字经济改变了市场竞争结构，孕育出一批巨型的全球性跨国公司，提高了市场集中度。

数字经济时代以前，在许多竞争性行业也有不少巨型跨国公司，但除了像大型飞机制造这些特殊产业外，市场仍是充分竞争的。数字经济的发展改变了游戏规则，市场开始出现一种特有的呈现"长尾"形态的竞争结构，即一两个或极少数几个"头部企业"规模巨大，拥有极高的市场份额；而大量中小企业的市场份额占比极低，排列在一起就像坐标图上一条长长的尾巴。或换句话讲，市场结构呈"幂率"状态。这些巨无霸的企业一般都是数字平台企业，而且这些巨型数字平台企业都是全球布局的，在全球范围内构建价值链，占有很高的市场份额。

（5）数字经济使世界经济版图发生变化，一定程度上重塑了世界经济格局。

相对于传统经济而言，数字经济是一个崭新的领域，一定程度上使得发达国家和后发展起来的国家站在了同一条起跑线上，甚至有可能使部分发展中国家实现跨越式发展，走在数字经济的前列，而一些发达的国家却有可能落于其后。中国是数字经济发展相对超前的国家，从 5G 通信、数字平台企业、智能手机用户数等重要观察指标看，数字经济的发展水平远超其经济发展水平。例如，中国的 5G 基站数已超过 100 万个，占全球七成以上，中国的移动支付普及率全球最高。这与中国发挥体制优势长期在信息与通信领域大量投资及中国人口多、居住密集、市场渗透性强等国情有关。韩国也是数字经济发展非常迅速的国家，其发展程度超过了大多数发达国家。相对而言，欧洲数字经济落后于其经济发展水平，至少在平台性数字企业方面已经落后于美国和中国。在瑞士洛桑国际管理发展学院(International Institute for Management Development)发布的全球"2020数字竞争力排名"中，欧盟的平均排名仅在 21 位[①]。

（6）数字经济使国际贸易和国际投资的结构和流向发生变化，因数字产品和数字服务引起的贸易和投资规模不断扩大。

数字产品交易占服务贸易的比重越来越大，服务贸易变得越来越像数字贸易。2018 年，全球数字化交付服务规模达 2.9 万亿美元，占到当年全球服务贸易的一半。该数值占比 2019 年提升至 52%，2020 年在疫情中更是大幅提升，占到当年全球服务贸易的 64%，而传统服务贸易因疫情却大幅萎缩[②]。数字贸易的流向几乎是单向的，即落后国家几乎没有什么数字产品可出口，只能接受来自发达国家或数字贸易大国的数字产品。同时，数字经济也改变了国际投资的面貌，凭借数据传输和数字产品交付，数字跨国公司可以减少在东道国的投资。据初步估算，全球数字跨国企业有 70%的收入来自境外，但在境外的投资只占其投资的 40%左右，这导致跨国公司在当地创造的就业机会大幅减少[②]。

二、数字经济成为后疫情时代经济发展的重要动能

随着传统产业数字化转型升级持续推进和数字技术引领的新兴产业持续发展，全球经济数字化程度不断深化，数字经济作为一种新的经济形态已经成为推动经济增长的重要引擎。一方面，传统要素供给对经济增长的贡献率逐渐降低，数字经济成为提高全要素生产率的重要途径。经济数字化转型能够提升资本和劳动生产率，降低交易成本，促进一国融入全球市场体系。同时，数字技术的深度应用能够提升企业竞争力，提高企业绩效。另一方面，数字技术与实体经济的深度融合能够加快信息传播速度，将经济活动中各主体连接起来，提高经济系统中资源渗透、融合、协同能力，降低市场交易和资源配置成本，促进资源重组与聚合。

如图 6.1 所示，2020 年全球 47 个国家的数字经济增加值规模达到 32.6 万亿美元，同比名义增长 3%；占全球生产总值的比重达到 43.7%。据互联网数据中心预测，到 2023年数字经济产值将占到全球生产总值的 62%，全球将进入数字经济时代。数字经济的快速增长为疫情期间全球经济复苏提供了新的支撑。受疫情冲击，2020 年全球经济出现负

---

① 资料来源：https://www.imd.org/.

② 资料来源：Investment and the Digital Economy Report 2017.

增长，全球生产总值平均增速为−3.6%，而全球数字经济依旧保持稳步发展，平均增速3.0%。随着疫情在全球持续蔓延，数字经济能为促进世界经济的复苏和发展做出重要贡献，将成为应对全球经济下行压力的稳定器。

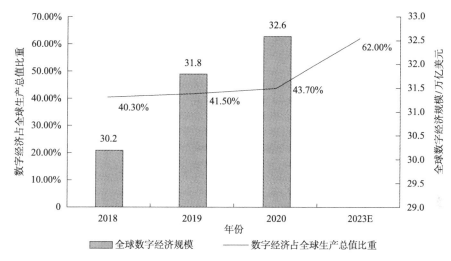

图 6.1　2018~2023 年全球主要国家数字经济规模及占全球生产总值比重
资料来源：中国信息通信研究院

三、数字经济基础设施、数字技术区域差异加剧数字鸿沟

当前，全球各国间数字经济基础设施建设仍有较大差距。《衡量数字化发展：2020年事实与数字》显示，在全球 5G 网络区域覆盖率方面，经济合作与发展组织（Organization for Economic Cooperation and Development，OECD）国家、亚太地区、拉丁美洲地区、撒哈拉以南非洲地区分别为 34%、15%、3.2%、0。此外，同一地区内不同国家间数字基础设施发展不平衡的态势也很明显。在非洲，南非的互联网使用率达到 50%，而部分非洲国家仅有约 10%。

从数字经济规模来看，高收入国家、发达经济体占全球数字经济规模的绝大部分。2020 年全球 47 个样本国家数字经济规模增加值为 32.6 万亿美元。数字经济规模增加值超万亿美元的国家为美国、中国、德国、日本、英国、法国，六国合计规模为 26.9 万亿美元，在全球 47 个样本国家总规模中的占比为 82.52%（中国信息通信研究院，2021）。

从数字经济增速来看，中高收入国家、高收入国家数字经济增速较快，低收入国家在疫情中出现数字经济规模负增长。高收入国家、中高收入国家国民经济虽然遭遇负增长，但数字经济规模仍保持正增长，对传统经济发挥了重要的支撑和缓冲作用，显示出更强的韧性。

各个国家之间数字基础设施发展水平的差异，会导致数字鸿沟的出现。一方面，数字基础设施建设相对完备的国家可以广泛利用人工智能、5G、大数据等新一代数字技术，并充分发挥产业数字化过程中产生的海量数据集；另一方面，数字基础设施建设相对滞后会导致数字化领域人才缺失，据估计，在欧盟国家 57% 的企业信息和通信技术领域缺少相关人才，英国超过 75% 的职位空缺需要数字技能，非洲近 65% 的工作机会需要基本的数字技能水平[①]。

全球数字基础设施建设和核心技术领域的巨大差距，导致全球数字鸿沟现象依然明显，从数字经济规模来看，高收入国家、发达经济体占全球数字经济规模的绝大部分。

第三节　全球数字经济发展趋势

一、数字经济深度融合下制造业数字化转型加快

数字经济与实体经济的深度融合推动了数字产业化和产业数字化发展。一方面，以 5G、人工智能、物联网等为代表的数字技术产业化进程不断加速，为全球产业链升级提供关键支撑；另一方面，传统产业为数字技术提供了广阔的应用场景和庞大的需求空间。未来，制造业数字化转型速度有望进一步加快。首先，各国高度重视制造业数字化转型，着力推动数字技术赋能以制造业为基础的传统产业。美国先后发布《智能制造业振兴计划》《先进制造业美国领导力战略》，提出依托新一代信息技术等创新技术加快发展技术密集型的先进制造业；德国提出《数字化战略 2025》，强调利用"工业 4.0"促进传统产业的数字化转型。其次，物联网、云计算和区块链技术充分释放制造业数字化后发优势。物联网、云计算和区块链技术的深度应用，有利于实现制造业供需的精准调度与匹配，突破以往由于产业链条冗长导致的算力与工业信息流不匹配之间的障碍，充分整合制造业细分行业资源，释放制造业海量数据。最后，疫情进一步强化制造业领域对数字化转型的需求。据世界经济论坛 2021 年 6 月初分析，疫情下"工业 4.0"技术是全球市场中企业生存的必备技术。Trend Force 集邦咨询显示，疫情之下数字化转型加速，2021 年全球智能制造市场规模上升至 3 050 亿美元，预计至 2025 年有望达 4 500 亿美元，年复合增长率达 10.2%。

二、各国加快布局新型数字基础设施建设

作为数字经济发展的基础，数字基础设施建设也将成为未来国际竞争的主要赛道。近年来，各国加快在新型数字基础设施方面的布局，数字基础设施成为国家核心竞争优势之一。以 5G 网络、千兆固网、工业互联网、大数据平台等为代表的新型数字基础设施建设将为各国数字经济长期高质量发展提供持续动能。此外，数字技术的深度发展对数字基础设施建设不断提出新的要求。例如，预计到 2023 年实时数据将占全球数据圈 25% 的份额，在新应用数据实时处理需求驱动下，高性能数字基础设施成为发展方向。

三、使用和保护成为处理数据要素的两大主题

移动互联网和物联网持续普及，智能终端设备加速应用，人、机、物逐步交互融合，

① 资料来源：国际技术经济研究所《全球数字技能差距成"新常态"？数字技能领域发展将严重制约 GDP 增长》。

推动与经济增长和社会发展相关的各项活动迈入数字化进程。作为关键性生产要素，数据有效促进全要素生产率优化提升，为国民经济社会发展提供充足新动能。一方面，各国将加快发展对数据要素的储存、利用和分析。互联网数据中心预测数据显示，预计 2025 年全球数据总量将达到 334 泽字节。为了加快释放海量数据要素价值，各国将持续加快公共数据开放和行业数据标准化。另一方面，数据保护也将成为国际合作的长期重心。目前关于数据要素的测度尚缺乏统一的标准，而国际贸易过程中对数字产品、数据要素的保护也由于多边协定的差异而缺乏有效完备的手段，因此未来各国有望深度探讨数据安全问题，针对数据跨境流动展开更加有效的保护和合作。

四、数字货币成为数字经济发展过程中的重要产物

数字货币作为以区块链技术为核心基础的货币数字化形式，是全球数字经济发展到一定水平的必然产物。2020 年国际清算银行发布的调查结果显示：10%的中央银行考虑在短期内发行数字货币，这些中央银行所在经济体覆盖了全球 20%的人口。2022 年中国人民银行、市场监管总局、银保监会、证监会联合印发《金融标准化"十四五"发展规划》，提到稳妥推进法定数字货币标准研制。国家宏观层面的规划标志着中国法定数字货币的发展进入新的阶段。

五、数字经济领域各国重塑国际合作和竞争新格局

各国政府、国际组织近年来不断出台数字经济领域的合作倡议，区域间数字贸易领域合作主要包括三类，一是以 WTO（World Trade Organization，世界贸易组织）为代表的多边贸易协定；二是以 CPTPP（comprehensive and progressive agreement for trans-pacific partnership，全面与进步跨太平洋伙伴关系协定）、RCEP（regional comprehensive economic partnership，区域全面经济伙伴关系协定）、DEPA、USMCA（United States-Mexico-Canada agreement，美国墨西哥加拿大协定）等为代表的区域协定；三是基于双边合作或多边合作提出倡议。整体上，虽然目前区域协定的国际影响力有限，但随着数字经济在全球经济中的地位日益凸显，区域数字协定很有可能在未来走向多边化，并推动各国在其他领域重新开展国际合作。此外，区域间数字贸易合作也存在一定程度的竞争和分歧，主要集中在跨境数据流动与网络安全、知识产权保护和数字关税等方面。

（一）数字经济成为促进全球化发展的新动力

数字经济成为新的崛起性力量，推动全球化加速发展。随着跨境电子商务的发展壮大，数据成为除商品、资本和劳动力之外的要素在国家之间流动。进入 21 世纪，随着社交平台的发展和互联网通信成本的降低，国际交流更为频繁，数据跨境流动以更快速度和更大规模展开。数字科技发展推动"工业 4.0"进程不断加快，以大数据、人工智能和物联网为代表的数字在企业的生产、销售和流通环节逐步得到应用。数字技术带动经济活动发生根本性变化。在原有贸易、服务和投资跨国流动的基础上，以数据跨国流动为基础的数字经济成为推动国家之间经济互动的新动力。跨境电子商务

将全球范围的产品以线上模式提供给消费者，消费者可享受更低价格和拥有更多选择。电子商务的便利性也使消费者减少"本土偏好"，不再拘泥于本国生产的产品。研究表明，与传统零售业相比，电子商务将消费者的"本土偏好"减少至65%。电子商务已经逐渐成为消费者的主要购物方式，而跨国货物流动的便利化则加速了商品和服务在全球范围的流动。

同时，数字经济不断拓展其内涵和外延，深入国际经济各个领域。从以电子商务为代表的数字贸易，到数字技术推动的跨国公司供应链生产，再到以比特币等为代表的区块链金融及主要中央银行推出的数字货币，数字经济已从国际贸易向国际生产和国际金融等方面深度渗透。数字经济在国际经济领域的发展，从根本上改变了国际经济活动中各主体的分工和协作的组织方式，并通过技术对国际生产、贸易和金融带来变革性影响。由于数据边际成本接近于零的基本特性，这些变革将以更快的速度在更广的范围内展开，使数字经济不断发展并形成自我加强趋势，从而增强其在世界经济中的影响力。尽管面临全球化减速和地缘政治风险上升的问题，由数字技术不断革新驱动的数字经济发展成为重要力量，推动新一轮经济全球化趋势不断向前。

（二）数字经济重塑国际经济格局

数字技术的快速进步和数字经济发展已成为国际经济秩序演化的重要变量，数字竞争力成为衡量国家综合竞争力和发展潜质的重要维度，它不但影响国家竞争实力，更影响国家间力量对比。各国在打造数字竞争力的同时，数字经济发展也在国家和地区之间呈现分化态势。

第一，发展中国家和发达国家之间的分化。在自20世纪80年代开始的全球化中，以东亚为代表的发展中国家参与全球分工，获得了先进技术和广阔的国际市场，从而实现了自身工业化的推进和经济的高速增长。对于发展中国家来说，数字和信息革命是发展自身生产力、提升创新能力及融入世界实体经济的历史性机遇。这些国家通过接入互联网，享受世界范围内的信息，通过电子商务、移动支付等数字经济活动，赢得"弯道超车"的机会，逐步形成自己的后发优势，为这些国家参与国际经济竞争带来更多动能。数字经济因此成为世界各国实现包容性发展的重要推动力。然而在现实中的数字经济时代，一个国家的数字经济竞争力由该国掌握的数字技术、数字基础设施、企业的数字化程度和数字生态系统等多个维度所定义。与发达国家相比，发展中国家在构建自身数字竞争力上存在明显的短板，因此有关国家在推动经济的数字化转型，打造数字经济竞争实力的同时，出现了分化甚至极化的趋势。

第二，世界范围内不同区域之间数字竞争实力的差异化。数字经济在世界各地区存在巨大差别。发达国家数字基础设施水平较为完善，经济的数字化程度较高，数字经济的整体发展水平也更高。然而，包括发展中国家在内的众多国家在享受全球分工带来的经济增长的同时，也在积极寻求数字转型，进而加快数字化发展速度。瑞士洛桑国际管理学院从2016年开始对世界范围内63个国家从知识、科技和对未来的准备三个方面进行数字竞争力排名。在"2020全球数字竞争力"排名中，东亚地区是数字竞争力上升最快的区域，这一地区的国家竞争力从2016年的各国平均第20位上升到2019年的第15

位，再提升到 2022 年的第 13 位。欧盟的数字竞争力平均排名则一直处于第 21 位。欧盟主要国家虽然数字化程度很高，但成熟后数字经济增长较慢，缺少深入发展动能，被认为是数字经济领域的"停滞"国家。北美从 2016~2019 年的平均第 20 位，略微下滑至 2020 年的第 22 位。南美和中亚等发展中国家集中的区域，数字竞争力处于相对落后的地位。这些地区和国家包括数字基础设施在内的数字能力相对薄弱，数字发展势头尚未形成，被认为是数字经济发展的"观望"地区。

第三，主要国家之间数字经济竞争白热化。世界主要国家都力图加强数字竞争力来建立自身在数字经济下的竞争优势，进而在新一轮全球竞争中赢得主动。主要国家在数字技术、市场准入、数字竞争秩序及数字规则制定方面都采取了积极的政策，数字经济成为各国国家利益博弈的重要领域。特别是疫情的暴发给各国经济带来巨大冲击，主要经济体在对数字产品和技术实施保护主义政策的同时，瞄准数字领域限制市场准入，目的在于遏制竞争对手数字经济竞争力的快速提升。各国数字经济竞争政策重蹈 20 世纪 30 年代欧美国家"以邻为壑"的保护主义政策的覆辙，国际数字竞争处于尚未规范的无序状态。

第四节　主要地区数字经济发展经验

自美国于 20 世纪 90 年代大力推广电子商务以来，数字经济在近 30 年的时间中飞速发展，表现出旺盛的生命力，为各国带来了巨大效益。疫情当下，全球经济发展遇到严重阻碍，数字经济更是成为世界各国恢复经济的一剂强心针。目前，世界上主要发达国家依托自身国情及优势形成了各具特色的数字经济发展之路，为各国加快数字产业发展，促进数字技术同实体经济深度融合，为经济高质量发展提供重要的发展经验与参考价值。

一、美国

（一）全面扶持捍卫数字高地

美国政府大力发展信息通信技术，2013~2015 年在信息通信技术领域的投资逐年上涨，2015 年投入 47 亿美元用于高速网络与个人信息通信技术设备的购买。为了让高速网络和最新的信息技术进入学校和图书馆，美国联邦通信委员会（Federal Communications Commission，FCC）提供"教育折扣项目"，给予学校和图书馆 20%~90% 的联邦补助资金。2016 年出台"全民联网"计划，提出让 98% 的公民接入无线网络。同年，美国制定国家人工智能研究和发展战略计划，对人工智能合作、人工智能安全、人工智能管理研究加大资助。美国国家科学基金会还制定了 RI（robust intelligence，稳健智能）计划，进一步推动人工智能前沿领域的突破，促进人工智能同各学科的交叉融合。2019 年美国发布《维持美国人工智能领导力的行政命令》，强化其在人工智能方面的领先地位。

（二）重点打造制造业数字化

2012 年美国打造"美国工业互联网"，对标德国"工业 4.0"，促进制造业与数字经济的融合，推动工业体系的变革，维护制造业的领先地位。同年，美国又陆续颁发《重振美国制造业框架》《先进制造伙伴计划》《先进制造国家战略计划》《国家制造业创新网络：一个初步设计》等文件，把制造业确立为实体经济的核心，研发工业机器人、优化人机交互，推动智能制造的发展。政府通过宏观指导、市场引导、国际事务协调，为制造业与实体经济融合营造良好的环境。

（三）积极推进数字政府建设

美国最早提出电子政务，以"透明""协作""共享"三大原则极力推动数据开放与政府开放。美国建设数据门户网站 data.gov，以此整合各级政府管理部门、公共服务部门、自愿参加企业及其他国家证书提供的开放数据资源，便捷社会对政府数据的高效利用。美国还积极推动数字政府建设，以三大原则推动实施《数字政府战略》：以信息为中心变革传统文件的管理方式；通过共享平台提升政府雇员的工作效率；以客户为中心提供数字服务；建设安全隐私平台保护信息和隐私；以数字政府建设促进国家创新、提高公共服务质量。

二、德国

（一）建设工业强国引领融合

在德国实施多年"高科技战略 2025"后，2011 年德国提出了以实施智能生产、打造智能工厂、建设智能物流为核心的"工业 4.0"计划，期望打破传统生产壁垒，构建高度个性化、协同化和智能化的生产模式。2014 年德国发布了将智能制造深化并延展至未来社会各领域的顶层设计文件《数字议程 2014—2017》，助力"工业 4.0"战略，促进各产业数字化全面且深入发展，从夯实基础设施建设、发展电子商务、促进数字就业、激励数字创新、推进数字研发、保障数字安全和加强国际开放合作七个方面助推数字经济与实体经济的融合。

（二）促进数字渗透推动融合

2016 年，德国在发布的《德国 ICT 战略：数字德国 2015》中明确了 10 项举措：创建千兆光纤网络；启动新征程（new-start-era），协助初创公司并鼓励新老企业合作，为更多的投资和创新创建监管框架；在关键商业基础设施领域采用智能网络；加强数字安全并发展信息自治；为中小企业、手工艺部门和服务注入新的商业模式；利用"工业 4.0"增强数字技术的研发和创新能力；将数字教育融入各层次的人群；创建数字代理商，尤其强调配套政策激发新老企业创新能力，2017 年投入 3 亿欧元用于高新技术创业；每年 50 万欧元内的私人风险投资（venture capital，VC）将获得两成的投资额补助；挖掘中小企业与新兴企业的创新潜力，联合大型企业为中小企业数字化发展提供服务和帮助。2018 年，德国出台《高科技战略 2025》，提出到 2025 年将研发成本扩大为生产总值的 3.5%，并将数字化转型作为科技创新发展战略的核心，推动人工智能技术的开发和应用，提升国家竞争力。

（三）强化数字教育保障融合

德国注重强化信息技术与数字高等教育，以此推动数字经济与实体经济融合的可持续发展。德国将高等院校的数字教育作为突破重点，推出"数字战略 2025"教育战略，协同教育部探索数字技术与大学教育的融合模式，投入科研经费用于大学数字化教育平台的搭建与应用，并资助设立人工智能教授岗位，扩大专业人才培养数量。在高新技术方面，将通信系统、材料、微电子、量子技术、现代生命科学、航天航空等领域作为关注的重点；在应对社会问题方面，重点关注抗击癌症、发展智能医学、减少环境污染、启动脱碳计划、推进循环经济；在高新技术和社会应用两大方面展开专业人才培养、关键技术攻克、社会力量的深度参与和融合。

三、日本

（一）以尖端 ICT 和互联工业为抓手

日本在经历"U-Japan"信息化建设后，2013 年统筹部署和公布了"日本卷土重来"战略，加快制度改革和完善配套政策辅助该战略的实施，以创建世界最尖端的 IT 国家。2016 年日本在《第五期科学技术基本计划（2016—2020）》中提出要重点打造"社会 5.0"，进一步推动数字经济对社会的变革，使社会资源得到高度整合并可以智能地按需分配到每个人。日本资源匮乏，始终将数字资源作为关键要素，将数字经济的基建、维护和高新科技的研发置于核心位置，从战略部署、配套法律、人才培育、政策支持等方面强化信息通信技术、促进尖端技术发展。2018 年日本出台《制造业白皮书》，提出利用数字化工具提升制造效率，把握工业互联网的发展机遇。

（二）以集成创新推动部门合作

日本推行集成创新战略，以集成创新促进数字经济与实体经济融合过程中跨领域、跨部门的合作。在经济社会服务与管理方面，将物理空间、网络空间、人工智能、自动驾驶等相关技术作为重点集成创新领域加以发展；在人工智能人才培养方面，完善一条龙集中创新体系，涵盖创新基础、创新创造、创新社会应用等环节；在集成领域方面，将人工智能、环境能源、生物技术、国民安心、国家安全、农业、防灾减灾、健康医疗、环境能源、海洋、宇宙等作为发展的重点。

（三）以综合创新夯实融合基础

为提升科学技术创新能力，日本提出了综合创新解决方案，明确要重新思考长期建立的制度与机制、企业行动、既有惯例、工作方式等整个经济社会的存在形式，将数字技术、科研成果应用于社会所需。综合创新战略关注的重点包括推动大学的改革、加强政府对创新的支持、培养人工智能领域人才、促进智慧农业发展、应对环境能源问题五大方面。尤其注重人工智能人才的培育，计划到 2025 年培养几十万 IT 人才，在 2032 年前要使大部分大学生都具备 IT 能力。不断加强官民合作，实现不同领域数据的互联互通，完善数字经济发展基础。

四、英国

（一）打造一流的数字经济基础设施

英国政府为了加强全光纤和 5G 等未来网络建设，计划投资 4 亿英镑用于新数字基础设施建设，帮助英国实现宽带网络的全光纤化，为更高速、更大容量的网络传输奠定基础；积极推动 5G 建设与应用，明确 5G 技术的愿景与实现的具体措施。政府鼓励运营商对数字基础设施进行投资，大力改进管理措施，使运营商能够以更低的成本和更快的速度构建和发展数字基础设施。大力促进社区与通信供应商合作，与本地的实际需求紧密连接，构建有效的数字基础设施布局。

（二）促进数字与信息技术创新发展

在支持创新方面，英国通过优惠的税法政策鼓励企业创新，吸引来自世界各地的数字科技人才，政府与独立的监管部门展开合作，以确保监管体制能够为数字创新提供良好服务。英国具备与高水平的信息技术相关的大学和实验室，为了确保走在世界数字技术的前列，每年投资 13 亿英镑用于数字技术研发。在支持企业方面，英国一方面持续扶持本土科技创新企业的发展，另一方面大力吸引全球各地的优秀数字科技企业。同时，英国还通过政府采购在公共部门和私人产业供应链中驱动创新和创造价值。

（三）推动企业和政府数字化转型

帮助每家英国企业成为数字化企业，在这一过程中，英国政府推行多种方案，缩小不同行业之间在数字化上的差距，分类解决各个行业面临的具体问题。英国打造政府一体化数字平台，提供跨部门服务，推动国际贸易的数字化，支持和培育 10 万多个数字化出口商，采用电子商务方式帮助英国企业打入国际市场。同时，还建立了政府通告系统 GOV.UK Notify、政府在线身份识别系统 GOV.UK Verify、政府支付系统 GOV.UK Pay 等数字化政务平台，为市民和企业提供更为优质的服务。

（四）培养数字技术与融合发展能力

英国要成为世界领先的数字经济体，与实体经济和现代社会融合，需要公民具备必要的数字技能和素养。一方面，强化培养数字能力，英国政府与工业制造业合作，帮助身处数字鸿沟的企业提升数字能力，确保小型企业能够获得所需的技术，最大限度地利用数字经济带来收益；另一方面，强化数字技能教育，英国在中小学必修课程中加入编程、数据分析等课程，支持教师学习和进修数字技术课程，并为学生提供了许多创新项目，激发他们学习数字技能的热情。英国发展包容数字技能的教育战略，提升个人数字化技能，为数字经济与实体经济融合注入活力。

参 考 文 献

黄百灵.2020. 全球数字经济发展趋势展望[J]. 现代信息科技，4（22）：6-10.

潘晓明，郑冰.2021. 全球数字经济发展背景下的国际治理机制构建[J]. 国际展望，13（5）：109-129，157-158.

石勇.2022. 数字经济的发展与未来[J]. 中国科学院院刊，37（1）：78-87.

王雨青.2021. 全球数字经济发展现状[J]. 中国外资，（6）：12-13.

徐晨阳，陈艳娇，王会金.2022. 区块链赋能下多元化发展对企业风险承担水平的影响——基于数字经济时代视角[J]. 中国软科学，（1）：121-131.

徐康宁.2022. 数字经济对世界经济的深刻影响及其全球治理[J]. 华南师范大学学报（社会科学版），（1）：83-92，206.

中国信息通信研究院.2021. 全球数字经济白皮书——疫情冲击下的复苏新曙光[R].

宗良，刘晨，刘官菁.2022. 全球数字经济格局变革前景与策略思考[J]. 中国经济评论，（3）：85-88.

第七章　中国数字经济发展概况

第一节　总体规模不断增大

2020 年突如其来的疫情成为冲击全球经济的最大不确定性。疫情在全球蔓延，国际形势中不稳定不确定因素增多，世界经济形势复杂严峻。中国交通、餐饮、旅游、娱乐等行业遭受较大冲击，制造业开工不足，短期经济增长承压显著，国内经济、科技等格局发生重大调整，而数字经济展现出顽强的韧性，电子商务、在线教育、远程医疗、在线办公等新模式新业态加速创新突破，数字经济成为支撑宏观经济稳定发展的新动能。在此背景下，《中华人民共和国国民经济和社会发展第十四个五年规划和 2035 年远景目标纲要》明确提出加快数字化发展、建设数字中国的宏伟目标。以数字化技术的创新运用驱动产业方式变革，加速经济发展，加快构建数字社会、数字政府等将成为中国"十四五"时期经济社会发展的重要战略任务。随着中国数字经济生态的不断优化，数字经济必将成为推动经济高质量发展的重要动力，建设"数字中国"，成为驱动中国经济增长的新引擎，发展数字经济已成为不可阻挡的时代潮流。

一、中国数字经济在疫情中逆势崛起

2020 年，中国数字经济延续蓬勃发展态势，规模由 2005 年的 2.6 万亿元扩张到 2020 年的 39.2 万亿元，如图 7.1 所示。伴随着新一轮科技革命和产业变革持续推进，叠加疫情因素影响，数字经济已成为当前最具活力、最具创新力、辐射最广泛的经济形态，是国民经济的核心增长极之一。

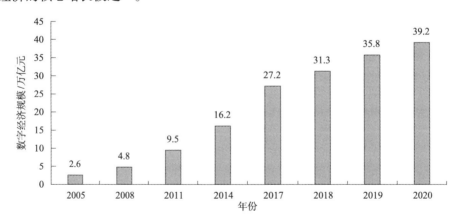

图 7.1　中国数字经济规模

资料来源：中国信息通信研究院

当今世界仍处在经济危机的深度调整期，经济下行压力大。叠加疫情冲击，世界经

济陷入了第二次世界大战以来最严重的大衰退。在全球经济增长乏力甚至衰退的背景下，数字经济仍然保持高速增长。2020 年，中国数字经济依然保持 9.7%的高位增长，远高于同期 GDP（gross domestic product，国内生产总值）名义增速约 6.7 个百分点，如图 7.2 所示。数字经济成为推动国民经济持续稳定增长的关键动力，对夺取疫情防控和经济社会发展双胜利发挥了重要作用。

图 7.2　中国数字经济增速与 GDP 增速

资料来源：中国信息通信研究院

数字经济占 GDP 比重逐年提升，在国民经济中的地位进一步凸显，为经济社会持续健康发展提供了强大动力。2015~2020 年中国数字经济占 GDP 比重由 27.0%提升至 38.6%，2020 年占比同比提升 2.3 个百分点，如图 7.3 所示。

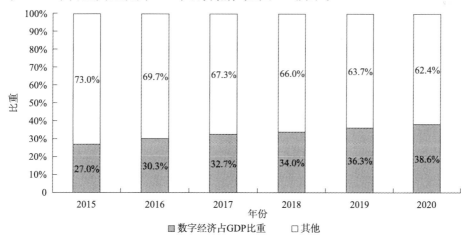

图 7.3　中国数字经济占 GDP 比重

资料来源：中国信息通信研究院

二、数字经济贡献水平显著提升

这场百年不遇的公共卫生危机带来变革契机，在线办公、在线教育、网络视频等数字化新业态新模式在疫情倒逼下蓬勃涌现，大量企业利用大数据、工业互联网等加强供需精准对接、高效生产和统筹调配，使得三次产业数字化发展深入推进。疫情是一堂生动的数字化培训课，也是强劲的数字化加速器，促使产业数字化转型提速，融合发展向深层次演进。

农业作为第一产业，数字经济的渗透率偏低。2016~2020 年，中国农业数字经济渗透率呈现上升趋势，但上升幅度有限。2020 年，中国农业渗透率为 8.90%，同比上涨 0.7 个百分点。工业作为第二产业，数字经济渗透率处于中等水平。2016~2020 年，中国工业数字经济渗透率不断增长，增速相比农业较快。2020 年，中国工业数字经济渗透率为 21.0%，相比 2019 年上涨了 1.5 个百分点，相比 2016 年上涨了 4.2 个百分点。服务业作为第三产业，数字经济渗透率最高。2016~2020 年，中国服务业数字经济渗透率保持较快速度增长，渗透率不断提高。2020 年，中国服务业数字经济渗透率为 40.7%，相比 2019 年增加了 2.9 个百分点，相比 2016 年增加了 11.1 个百分点，中国服务业数字经济占行业增加值比重不断提高，如图 7.4 所示。

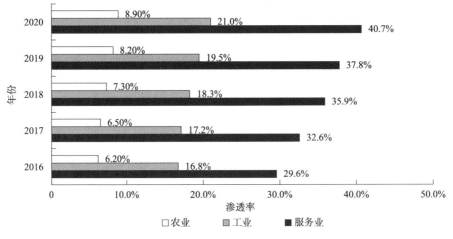

图 7.4　中国数字经济渗透率

资料来源：中国信息通信研究院

三、数字经济结构持续优化升级

疫情之下数字经济"补位"作用凸显，内部结构中产业数字化的主导地位进一步巩固。一方面，数字产业化实力进一步增强，数字技术新业态层出不穷，一批大数据、云计算、人工智能企业创新发展，产业生产体系更加完备，正向全球产业链中高端跃进。2020 年，数字产业化规模达到 7.5 万亿元，占 GDP 的比重为 7.3%，同比名义增长 5.3%，占数字经济的比重由 2015 年的 25.7% 下降至 2020 年的 19.1%。另一方面，产业数字化深入发展获得新机遇，电子商务、平台经济、共享经济等数字化新模式接替涌现，服务业数字化升级前景广阔，工业互联网、智能制造等全面加速，工业数字化转型孕育广阔成长空间。2020 年产业数字化规模达 31.7 万亿元，占 GDP 比重为 31.2%，同比名义增长 10.3%，占数字经济比重由 2015 年的 74.3% 上升至 2020 年的 80.9%，为数字经济持续健康发展输出强劲动力，如图 7.5 所示。

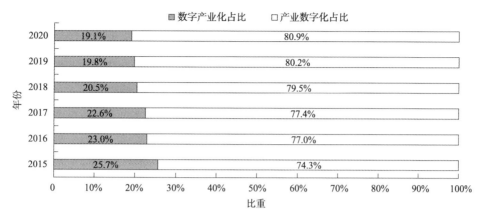

图 7.5　中国数字经济内部结构
资料来源：中国信息通信研究院

第二节　多方面助力数字经济发展

一、政策法规方面

（一）优化发展环境

国家推进数字化转型的认识和决心不断强化，不断出台支持政策，数字化转型的发展环境不断被优化。《中华人民共和国国民经济和社会发展第十四个五年规划和 2035 年远景目标纲要》将"加快数字化发展，建设数字中国"单独成篇，提出以数字化转型整体驱动生产方式、生活方式和治理方式变革，在顶层设计中明确数字化转型的战略地位。《中华人民共和国国民经济和社会发展第十四个五年规划和 2035 年远景目标纲要》也明确，要"营造规范有序的政策环境。构建与数字经济发展相适应的政策法规体系。健全共享经济、平台经济和新个体经济管理规范，清理不合理的行政许可、资质资格事项，支持平台企业创新发展、增强国际竞争力。依法依规加强互联网平台经济监管，明确平台企业定位和监管规则，完善垄断认定法律规范，打击垄断和不正当竞争行为。探索建立无人驾驶、在线医疗、金融科技、智能配送等监管框架，完善相关法律法规和伦理审查规则。健全数字经济统计监测体系"。2021 年 1 月，中共中央印发《法治中国建设规划（2020-2025 年）》明确提出，要加强信息技术领域立法，及时跟进研究数字经济、互联网金融、人工智能、大数据、云计算等相关法律制度，抓紧补齐短板。2021 年 9 月 1 日起正式实施的《中华人民共和国数据安全法》是中国数据领域的基础性法律，也是保障数据安全建设的纲领性文件，其中第十四条明确要求"省级以上人民政府应当将数字经济发展纳入本级国民经济和社会发展规划，并根据需要制定数字经济发展规划"。

（二）推动企业数字化转型

国家部委也都密集发布政策，全方位解决企业转型难题，大力推动产业数字化发展。2020 年 4 月，国家发展和改革委员会、中央网信办印发《关于推进"上云用数赋智"行动 培育新经济发展实施方案》的通知，从夯实技术支撑、构建产业互联网平台、加快企业"上云用数赋智"、建立数字化生态、加大支撑保障力度等方面做出部署，深入推进企业数字化转型。2020 年 5 月，国家发展和改革委员会、工信部等 17 部门联合发起了"数字化转型伙伴行动"，推出数字化转型评估服务，在线为企业数字化转型"问诊把脉"，解决"不会转、不能转、不敢转"难题，为企业数字化转型和纾困发展保驾护航。2020 年 8 月，国有资产监督管理委员会发布《关于加快推进国有企业数字化转型工作的通知》，系统地明确国有企业数字化转型的基础、方向、重点和举措，积极引导国有企业在数字经济时代准确识变、科学应变、主动求变，加快改造提升传统动能、培育发展新动能。工业和信息化部接连发布《工业互联网创新发展行动计划（2021-2023 年）》《"双千兆"网络协同发展行动计划（2021-2023 年）》等政策，加大数字化转型基础设施政策供给，为加快产业数字化进程筑牢根基。

二、新基建方面

（一）新基建概念

数字技术正以新理念、新业态、新模式全面融入人类经济、政治、文化、社会、生态文明建设各领域和全过程，给人类生产生活带来广泛而深刻的影响。2020 年两会期间，新基建这一全新概念引起社会各界的广泛关注。新基建即信息数字化的基础设施建设，国家发展和改革委员会将其初步定义为："以新发展理念为引领，以技术创新为驱动，以信息网络为基础，面向高质量发展需要，提供数字转型、智能升级、融合创新等服务的基础设施体系。"新基建主要包括七大领域，分别为 5G 基建、特高压、城际高速铁路和城际轨道交通、新能源汽车充电桩、大数据中心、人工智能与工业互联网。基础设施建设本质上是为经济发展、人口和产业发展所服务。中国社会当前主要矛盾转变为人民日益增长的美好生活需要和不平衡不充分的发展之间的矛盾，中国经济已由高速增长阶段转向高质量发展阶段，产业链要迈向全球中高端，新时代对基础设施建设产生了新要求，新基建应运而生。

（二）与传统基建区别

新基建与传统基建的区别在于，与铁路、公路、机场、桥梁等传统基建相比，面向数字转型、智能升级、创新融合的新型基础设施建设内涵更加丰富，涵盖范围更广，更能体现数字经济特征，能够更好推动中国经济转型升级。同时，新基建又是对传统基础设施的有益补充，通过对已有传统基建进行数字化、网络化、智能化的技术应用，提升了传统基础设施的使用率和运行效率，有助于延长基础设施的生命周期和降低维护成本。通过新基建的投入，提高后续对传统基础设施的投资的数据化、智能化决策。在传统基建基础上进行新型基建升级，能够实现数字世界和现实世界的双重镜像和深度融合。

（三）新基建为数字经济发展提供动力

数字经济是新基建的组成部分，新基建构成数字经济发展的基石，也是数字经济投资和创新的导向。数字经济发展的"四化"框架与新基建的建设目标相互契合，数字经济中的数字产业化对应新基建的信息基础设施建设目标，数字经济中的治理数字化、产业数字化、数据价值化、资产数字化对应新基建中的融合基础设施建设方向。新基建实际是中国未来数字经济发展所需的国民经济基础建设中的新投资领域。新基建发力于高科技，布局于中长期的价值成长和战略性信息产业发展，致力于催生新业态、培育新的市场要素、开拓新市场。新基建不仅关注于短期疫情后经济复苏的问题，更重要的是为中长期的经济发展提供巨大推动力，为未来十年乃至更长时间的数字经济发展赋能。

2015 年起，连续五年组织网络提速降费专项行动，先后开展"宽带中国"示范城市、光网城市建设。到 2020 年时，又开始全面推动新基建，进一步推进数字经济基础建设。这样，中国以全球最快的普及速度建成全球规模最大的移动通信网。2021 年，中国网民规模达 10.11 亿人，互联网普及率达 73%[①]。十亿用户接入互联网，形成了全球规模最大、应用渗透最强的数字社会，互联网应用和服务的广泛渗透构建起数字社会的新形态，而以 5G 为代表的新型基础设施建设与网络用户快速增长相匹配，仅新型消费方面，将为中国新经济增长增添更多活力。新基建促进新产业链萌生，将促进交通、建筑、娱乐、教育、通信和医疗卫生等领域的深刻变化，为社会生活的各个层面都带来革命性的变化。新基建具有兼顾"稳增长"和"促创新"的双重任务，同时还推动了经济新旧动能转换，促进了传统产业的转型。

三、治理体系方面

数字经济治理是对数据资源、现代信息网络、信息通信技术融合应用及数字经济相关主体、活动、环境的综合治理，是数字时代宏观经济治理的重要内容。2021 年 12 月，国务院印发《"十四五"数字经济发展规划》，从全局和战略高度，对健全完善数字经济治理体系做出了系统部署，这对于培育健康繁荣的发展生态，促进中国数字经济持续、高效、安全发展具有重要意义。

（一）强化协同治理和监管机制建设

数字经济活动体现出跨时空、跨专业、高技术性、虚拟化等特点，规范和强化治理亟须创新治理方式，推进主管部门、监管部门等更大范围协作。《"十四五"数字经济发展规划》要求："规范数字经济发展，坚持发展和监管两手抓。探索建立与数字经济持续健康发展相适应的治理方式，制定更加灵活有效的政策措施，创新协同治理模式。明晰主管部门、监管机构职责，强化跨部门、跨层级、跨区域协同监管，明确监管范围和统一规则，加强分工合作与协调配合。深化'放管服'改革，优化营商环境，分类清理规范不适应数字经济发展需要的行政许可、资质资格等事项，进一步释放市场主体创新活

---

① 资料来源：中共中央网络安全和信息化委员会办公室。

力和内生动力。鼓励和督促企业诚信经营，强化以信用为基础的数字经济市场监管，建立完善信用档案，推进政企联动、行业联动的信用共享共治。加强征信建设，提升征信服务供给能力。加快建立全方位、多层次、立体化监管体系，实现事前事中事后全链条全领域监管，完善协同会商机制，有效打击数字经济领域违法犯罪行为。加强跨部门、跨区域分工协作，推动监管数据采集和共享利用，提升监管的开放、透明、法治水平。探索开展跨场景跨业务跨部门联合监管试点，创新基于新技术手段的监管模式，建立健全触发式监管机制。加强税收监管和税务稽查。"（国务院，2022）

（二）增强政府数字化治理能力

数字化治理能力是数字时代有为政府的基本能力，也是健全完善数字经济治理体系基础保障。《"十四五"数字经济发展规划》要求："加大政务信息化建设统筹力度，强化政府数字化治理和服务能力建设，有效发挥对规范市场、鼓励创新、保护消费者权益的支撑作用。建立完善基于大数据、人工智能、区块链等新技术的统计监测和决策分析体系，提升数字经济治理的精准性、协调性和有效性。推进完善风险应急响应处置流程和机制，强化重大问题研判和风险预警，提升系统性风险防范水平。探索建立适应平台经济特点的监管机制，推动线上线下监管有效衔接，强化对平台经营者及其行为的监管。"

（三）完善多元共治新格局

数字经济是具有高创新性、强渗透性、广覆盖性的新经济形态，其治理惠及多元主体，也需要依赖多元主体。《"十四五"数字经济发展规划》要求："建立完善政府、平台、企业、行业组织和社会公众多元参与、有效协同的数字经济治理新格局，形成治理合力，鼓励良性竞争，维护公平有效市场。加快健全市场准入制度、公平竞争审查机制，完善数字经济公平竞争监管制度，预防和制止滥用行政权力排除限制竞争。进一步明确平台企业主体责任和义务，推进行业服务标准建设和行业自律，保护平台从业人员和消费者合法权益。开展社会监督、媒体监督、公众监督，培育多元治理、协调发展新生态。鼓励建立争议在线解决机制和渠道，制定并公示争议解决规则。引导社会各界积极参与推动数字经济治理，加强和改进反垄断执法，畅通多元主体诉求表达、权益保障渠道，及时化解矛盾纠纷，维护公众利益和社会稳定。"（国务院，2022）

第三节　为就业注入新动力

一、数字经济就业概述

近年来，5G、互联网、云计算、大数据等信息技术快速发展，广泛应用于经济社会领域，使得数字经济发展达到了新高度。数字经济在中国国民经济体系中起到了至关重要的作用，为中国经济高水平高质量发展注入了强劲的动力。同时，数字经济吸纳就业的能力持续增强，创造了大量的就业岗位。据统计，2020年中国数字经济领域就业人数接近两亿人，这无疑缓解了疫情之下的就业压力。

　　数字经济就业是指以数字技术创新应用为核心技能,依托信息网络进行研发、生产、服务、管理等工作任务的相关就业。从构成上来看,数字经济就业包括两个维度:一是就业内容,二是岗位类别。岗位类别可以分为技术运维从业人员和管理运营及服务从业人员。其中,技术运维从业人员指的是从事数字相关技术研究、开发、维护的人员,包括对数字制造装备、生产线进行设计、安装、调试、管控和应用的工程技术人员,以及对数字产品进行设计、编码、测试、维护和服务的工程技术人员。管理运营及服务从业人员指的是运用数字技术及数字化工具进行管理、服务的人员。包括应用数字化工具或数据分析,进行产品设计、采购、生产、销售、服务等工作的管理和服务人员,以及依托数字平台,进行销售运营、顾客服务、视觉营销等工作的管理和服务人员。

二、中央不断强化就业优先政策

　　受全球疫情冲击,2020 年世界经济严重衰退,产业链供应链循环受阻,国际贸易投资萎缩,国内消费、投资、出口下滑导致就业压力显著增大。在稳定和扩大就业的大方向下,中国重点从以下几个方向发力,一是健全就业公共服务体系、劳动关系协调机制、终身职业技能培训制度。二是更加注重缓解结构性就业矛盾,加快提升劳动者技能素质,完善重点群体就业支持体系,统筹城乡就业政策体系。三是扩大公益性岗位安置,帮扶残疾人、零就业家庭成员就业。四是促进创业带动就业,完善多渠道灵活就业的保障制度,支持和规范发展新就业形态,健全就业需求调查和失业监测预警机制。

　　2020 年 4 月 17 日,中共中央政治局首次提出“保居民就业、保基本民生、保市场主体、保粮食能源安全、保产业链供应链稳定、保基层运转”的“六保”工作,就业问题依然处于首要地位。2020 年 5 月 22 日,国务院发布《2020 年政府工作报告》,“就业”一词共出现了 39 次,并提出 2020 年“要优先稳就业保民生”,要求加大宏观政策实施力度,着力稳企业保就业,千方百计稳定和扩大就业。2020 年 5 月 22 日,人力资源社会保障部、国务院扶贫办在《“数字平台经济促就业助脱贫行动”》方案中指出,要依托数字平台经济,为建档立卡贫困劳动力和贫困地区农民工提供多渠道、多形式的灵活就业、居家就业和自主创业机会。2020 年 7 月 14 日,国家发展和改革委员会等 13 部门发布《关于支持新业态新模式健康发展激活消费市场带动扩大就业的意见》,要求把支持线上线下融合的新业态新模式作为经济转型和促进改革创新的重要突破口,建立政府-金融机构-平台-中小微企业联动机制,助力降低数字化转型难度。

　　2020 年 7 月 28 日,《国务院办公厅关于支持多渠道灵活就业的意见》指出,灵活多样的就业方式对拓宽就业新渠道、培育发展新动能具有重要作用,要鼓励个体经营发展,增加非全日制就业机会,支持发展新就业形势,并通过优化自主创业环境,加大对灵活就业保障支持,促进灵活就业的健康发展。2020 年 10 月 29 日,在中共第十九届五中全会上审议通过的《中共中央关于制定国民经济和社会发展第十四个五年规划和二〇三五年远景目标的建议》中再次强调了要强化就业优先政策,千方百计稳定和扩大就业,坚持经济发展就业导向,扩大就业容量,提升就业质量,促进充分就业,保障劳动者待遇和权益。

三、数字经济就业的特点

（一）就业方式趋于多元化

近年来，各大新兴产业发展速度越来越快，使得传统的劳动关系受到冲击。过去，传统劳动力主要为雇主工作。如今，在电子商务、平台经济等就业形态中，新型劳动力直接为客户工作，工作时间、地点、内容都较以往更有弹性，就业方式因灵活而广受欢迎。产业数字化使劳动者可以跨越时空限制，超远距离获得工作机会，实现了从传统就业到新兴就业，从固定就业到弹性就业，从雇佣就业到灵活就业的转型。

（二）组织模式平台化

共享经济的发展带动了平台组织的发展壮大，数字平台利用大数据技术和智能化技术进行管理，在供需对接、资源匹配等方面能够有效弥补"数字鸿沟"的缺陷，大幅降低择业成本。近年来发展迅速的互联网企业，很多都是平台型组织，这些组织灵活用工需求更大，且用工量远远超过传统企业。

（三）就业信息传递更加高效

在数字经济条件下，数据成为核心的生产要素并通过数字化手段不断地被分析、筛选、加工和使用，数据的价值也得到持续的提升。数字平台通过数字化的模式进行管理，确保了市场信息的充分流动，使得就业者与岗位要求、技能、报酬等信息进行快速匹配，有效对接就业者择业和企业用工的需求。数字化技术的使用，不仅降低了企业寻找合适人力资源的成本，也降低了就业者的求职成本，从根本上提高了就业市场的运行效率。

（四）数字经济对就业者素质提出更高要求

数字经济主要是基于信息技术、科学技术在生产领域的使用而不断发展完善的，对于一些高质量的数字经济就业岗位，也相应地要求从业者具有一定的技术水平。一方面，数字技术的发展催生了大量技术要求更高的新型工作岗位；另一方面，市场对掌握数字技术的人员需求远高于此类人才的供给，造成产业链和人才链的脱节。同时，制造业的数字化转型，对就业者素质也提出了更高的要求，意味着将有大量低素质人员失业，就业者只有学习新的技能，才能顺利转换职业。

四、数字经济对就业的促进作用

（一）扩大就业市场规模

数字经济是以数字技术为手段、以数据为核心要素、以互联网为主要载体，通过信息通信系统得到广泛应用的经济系统，是一种能够将效率与公平有机统一的新经济形态。在疫情影响有所持续的现实条件下，数字技术的成熟应用正赋能传统产业转型升级，培育出新产业、新业态、新模式，承接了更多的就业岗位和巨大的市场消费需求。继传统网购、线上点单外卖、线上叫车服务等首批享受数字经济红利的商业模式持续吸引"资本青睐"之后，在疫情影响下数字经济内部加速融合，一方面，网购、外卖等传统线上购物模式加速优化整合；另一方面，直播带货、线上办公、线上教育、线上健身，甚至过往的线下演唱会以视频直播方式重回线上二度播放，并迸发出巨大商机。此外，在供给侧结构性改革中，一些老工业企业面临去产能、去库存、转型升级等压力，一定程度上缩减了所涉及行业的就业容量，而且在结构性改革中，一大批"4050人员"由于受教育程度低、技术结构单一、年龄偏大等原因，再就业能力有限，面临失业风险；传统行业中的制造业、能源行业等就业形势比较严峻。数字经济延伸了就业链条，创造了大量的就业机会，吸纳了大量就业人员，成为目前扩大就业容量、缓冲失业风险的重要载体。

（二）激发企业发展活力

创业者通过自身努力并有效整合相关资源来创造出更大的经济效益和社会效益的过程就是创业。作为最具活力的经济形态，数字经济为创业者提供了新思路、新理念，能够最大限度地激发人的创业动能，也最大限度地缩短了创业过程。同时，数字经济重新定义了就业的内涵，使就业市场的供需关系更加灵活，更具弹性。借助互联网技术，一系列无固定劳动关系、工作时间、工作地点的就业岗位越来越多，利用空余时间兼职或者打多份工的现象越来越普遍。据预测，未来将有大量的工作会打破8小时工作制，如网约车司机、网络咨询、外卖骑手等。此外，数字经济借助数字化、信息化的技术手段，为从业者突破空间限制提供了可能，在增加就业机会的同时也为企业在更大范围内吸引人才、寻找商机、提升市场竞争力创造了机会。

（三）促进就业结构转型

数字经济的发展及与各个产业的不断融合，促进了劳动力在不同产业之间的流动，对整个就业结构影响重大而深远。对第一产业而言，数字技术的推广使得农业的集约化、规模化、智慧化水平显著增强，劳动生产率不断提高，释放出大量劳动力，使其向第二、第三产业转移。对第二产业而言，数字经济对就业的替代效应将在创造新就业形态的同时造成大量传统行业中技术含量较低的工作岗位消失，这也将成为传统产业提质增效的推动力，并进一步提高中国制造业的产业竞争力。对第三产业而言，数字技术的赋能推动了第三产业向高端化、定制化、个性化方向发展，服务业成为增长最快的行业，也是吸纳就业人数最多的行业。数字经济的发展衍生出许多新的职业，也产生了大量的就业岗位，从而推动服务业就业结构的优化升级。

（四）优化就业市场生态

数字经济与实体经济的融合，主要表现为大数据、互联网等技术手段对传统经济的根本性变革，从而提升实体经济的劳动生产率和全行业的利润水平。同时，数字技术迭代升级快的特点也倒逼就业者不断通过有组织的培训或者常态化的自学来提升工作技能，使其可以胜任新的岗位，推动新技术的快速推广应用，就业者的学习自觉与岗位需求之间的互动最终形成良好的就业市场生态。另外，数字经济的发展在很大程度上提高了就业的普惠性、便利性。数字经济就业吸纳能力强，新就业形态容量大，部分岗位门槛较低，因此为大量低技能劳动者、就业困难群体实现就业提供了机会，也有助于实现社会公平。

第四节　为中国制造业数字化转型赋能

制造业是一个国家经济发展的基石，是国家竞争力的体现。2008 年金融危机爆发以来，欧美发达国家先后发起了以工业互联网和"工业 4.0"为代表的再工业化运动，实施再工业化战略，通过利用信息技术等高科技重振制造业，实现经济复苏和提升国家竞争力，这引发了全球产业分工体系、技术市场和贸易格局的深刻调整。疫情的暴发对全球制造业供应、商品需求等造成了巨大冲击，制造业一度陷入"缺电""缺芯""缺料""缺工"等困局，越来越多的企业为抵抗疫情的冲击，更加重视生产制造信息化、数字化、智能化，加快转向"线上运营""互联网+""智能制造""无接触配送"等数字化发展模式的脚步。

随着新一代信息技术革命的兴起，全球已进入数字经济时代，数字经济正推动生产方式、生活方式和治理方式深刻变革，成为重组全球要素资源、重塑全球经济结构、改变全球竞争格局的关键力量。在此背景下，制造业同样正经历前所未有的大变革，推动数字技术与制造业融合发展正成为制造业转型发展的大趋势。《"十四五"数字经济发展规划》也明确提出产业数字化转型迈上新台阶，制造业数字化、网络化、智能化更加深入的发展目标。

一、数字技术为制造业转型提供创新路径

创新是推动制造业转型升级的根本动力，过去制造业技术创新主要集中在制造技术和制造工艺的革新，在新一轮科技革命和产业变革背景下，人工智能、区块链、大数据、物联网等数字化技术已经成为制造业创新升级的关键技术。应用数字技术提高制造业创新能力主要体现如下：一是促进了制造业产品和工艺设计的创新，能够更加快捷地设计出产品的技术路线图，实现更加合理的资源配置。二是促进产品生产的智能化和绿色化，通过数字化赋能，提升制造产品的工艺精度，同时降低原材料和资源能源消耗。三是促进制造业的个性化定制，数字技术能突破传统经济学理论关于"规模经济"理论和消息不对称理论的束缚。企业利用先进的数据获取和分析工具，可以将零散的信息收集、加工、处理，发现消费者的隐性需求和个性化需求，实现供需有效对接，根据需求及时打通产业链供应链，有效满足消费者多样化的个性需求，更大限度地获取"范围经济"带来的机遇。四是支撑制造业获取长期技术优势，在当今技术迭代周期缩短情况下，应用数字技术能够支撑企业更好获取前沿技术和市场需求动态，持续实现新产品、新技术、新装备的替代。

二、数字技术促进制造业产业链供应链安全稳定

中国制造业在诸多方面缺少核心关键技术，大量产品和技术依靠国外提供。2018 年

以来，全球经济增长放缓与贸易保护主义、世纪疫情叠加使"逆全球化"问题凸显，由此引发的中国产业链供应链安全稳定问题上升为国家重大战略性问题。数字技术对稳定产业链供应链发挥着重要作用，一方面，能实现全链条泛在互联贯通，有效减少信息摩擦，实现供需对接，推动产业链供应链上下游企业动态调整产品品类、优化产能，对市场需求变化做出敏捷反应；另一方面，在工业互联网、生产互联网中，有了智能化的手段，可以汇聚数据、软件等技术资源，助力开放式创新、实现制造技术、材料、工艺等产业链短板的突破。

三、数字技术促进制造业迈向产业链价值链中高端

制造业借力数字技术，可以促进自身研发、生产、销售和组织全业务流程的自动化，催化产品创新和服务升级，革新传统制造业生态，提高产业竞争力和产品附加值，实现制造企业的能力增值和产品增值，从而形成新的微笑曲线。一方面，借助数字技术能促进产业链上下游通过开放生产要素方式建立合作关系，创造用户价值并实现价值传递，在共同利益目标驱动下，每个经营实体必须加强与系统内部业务协同，从而形成价值创造的范围经济，提高产业增强市场竞争优势的能力；另一方面，依靠数字技术形成的"共享经济"和"平台经济"商业模式，可实现"智能定制"和"体验式销售"，促进消费场景升级，进而提升产品附加价值。

参 考 文 献

国务院. 国务院关于印发"十四五"数字经济发展规划的通知[EB/OL]. http://www.gov.cn/zhengce/content/2022-01/12/content_5667817.htm, 2022-01-12.

李辉，梁丹丹. 2020. 企业数字化转型的机制、路径与对策[J]. 贵州社会科学，（10）：120-125.

李丽. 2022. 数字经济对就业的影响及应对策略[J]. 经济问题，（4）：37-42.

李勇坚. 2021. 我国数字经济发展现状、趋势及政策建议[J]. 科技与金融，（11）：24-33.

廉永生. 2022. 数字经济发展、就业结构优化与高质量就业[J]. 商业经济，（6）：136-138.

马潮江，单志广. 2022. 鼓励公平竞争健全完善数字经济治理体系[J]. 中国经贸导刊，（3）：24-26.

王建平. 2022. 我国制造业数字化转型：内在逻辑、现状特征与政策建议[J]. 决策咨询，（3）：11-16.

王文华，陈丹彤. 2021. 数字经济营商环境的法治化刍议[J]. 重庆邮电大学学报（社会科学版），33（6）：62-69.

未来智库. 2022-01-24. 数字经济专题分析：数字经济的三个视角[EB/OL]. https://baijiahao.baidu.com/s?id=1722798113411662319&wfr=spider&for=pc.

郑瑛琨. 2020. 经济高质量发展视角下先进制造业数字化赋能研究[J]. 理论探讨，（6）：134-137.

中国信息通信研究院. 2021. 中国数字经济发展白皮书[R/OL]. http://www.caict.ac.cn/kxyj/qwfb/bps/202104/P020210424737615413306.pdf.

中国信息通信研究院政策与经济研究所. 2021. 中国数字经济就业发展研究报告：新形态、新模式、新趋势（2021年）[R/OL]. http://www.caict.ac.cn/kxyj/qwfb/ztbg/202103/P020210323383606724221.pdf.

第八章 数字经济业态研究

第一节 数字经济的本质

1994 年，数字经济词组首次出现。根据《牛津英语词典》记录，1994 年 3 月 1 日在报纸 *The San Diego Union-Tribune* 的一篇报道中，这一词组出现在以下句子中："This new technology [cryptography] also provides digital signatures to authenticate transactions and messages, and allows for digital money, with all the implications that has for an electronic digital economy." 1996 年，Don Tapscott（唐·塔斯考特）出版 *The Digital Economy: Promise and Peril in the Age of Networked Intelligence*，在书中 Don Tapscott 详细描述了数字经济的各个方面，也因此他被称为数字经济学之父。

20 世纪 90 年代，数字经济这一概念开始在全社会广泛使用。美国麻省理工学院教授及媒体实验室的创办人尼古拉斯·尼葛洛庞帝（Nicholas Negroponte）在 1996 年出版的《数字化生存》中重点描述了数字化生存（being digital），阐述数字科技为我们的生活、工作、教育和娱乐带来的各种冲击和其中值得深思的问题，是跨入数字化新世界的指南针。

随着 21 世纪到来，数字经济这一概念被逐渐引申到学术界、政府、传媒行业及各类新兴企业，当下正是数字经济蓬勃发展的时代，各大企业和政府机构都对此高度重视。中国信息通信研究院从 2015 年至今连续发布的《中国数字经济发展白皮书》，对中国的数字经济发展有一个较为宏观的观察，总结了数字经济区域化发展的模式和做法、中国数字经济的新格局等；易观数据的《数字经济全景白皮书》浓缩了易观分析对于数字经济各行业经验和数据的积累，并结合数字时代企业的实际业务和未来面临的挑战，以及数字技术的创新突破等因素，最终从数字经济发展大势及各领域案例入手，帮助企业明确在数字化浪潮下的行业定位和业务发展方向。近年来学界举办的各类数字经济相关的会议探讨、企业的各类数字化转型，以及数字化产业的诞生等，都让中国数字经济高速发展。

关于数字经济的本质探讨，可回归马克思主义劳动价值论来看待经济发展，张鹏（2019）在《数字经济的本质及其发展逻辑》中对数字做出论述：本文构建了关于数字经济的一般性解释框架，在经济社会发展的资源配置中，个体局部信息选择与整体信息优化之间的协调要求，不断推动着"技术—经济组织—新技术—新适应经济组织"这一循环结构的适应性演化，数字经济发展中交易平台、数据平台及智能平台的先后转化与涌现是资源配置过程中不断重构着的复杂适应性系统。

何玉长和刘泉林（2021）在《数字经济的技术基础、价值本质与价值构成》中提出数字经济是劳动者运用数字技术，创新数字产业和融合其他产业，创造数字产品和其他产品的价值创造活动或经济形态。

李长江（2017）则在《关于数字经济内涵的初步探讨》中提出数字经济主要是以数字技术方式进行生产的经济形态。

官方层面首次对数字经济进行统一界定是在 2016 年多国共同签署的《二十国集团数字经济发展与合作倡议》中，将数字经济视为以数字化知识和信息为主要生产要素的经济活动，概念表述为信息通信技术基于数据发展而带来的新经济形态。

综上所述，发现无论学界还是业界对数字经济的本质认识都离不开马克思主义劳动价值论，可以总结为数字经济是依托于信息通信技术，基于数据发展，通过劳动者来创新数字产业、创造其他产业或者创造产品的价值的方式来完善经济社会发展资源配置的新的经济形态。

第二节　数字经济业态内涵

总结观察国内外数字经济内涵已有研究成果，从经济活动的本质来界定数字经济，有如下三个方面：数字经济是数字技术和信息化带来的经济形态、数字经济是数字化应用的经济活动、数字经济可分为数字产业化与产业数字化，笔者从以上三个方面来展开阐释。

一、数字经济是数字技术和信息化带来的经济形态

G20 杭州峰会提出"数字经济是指以使用数字化的知识和信息作为关键生产要素、以现代信息网络作为重要载体、以信息通信技术的有效使用作为效率提升和经济结构优化的重要推动力的一系列经济活动"。在 G20 峰会中对数字经济的定义明确指出数字经济是用数字化的知识和信息作为关键生产要素，以信息通信技术的有效使用来进行的经济活动，其中数字技术和信息化是数字经济构成的关键因素。支撑数字经济的数字技术是一项与电子计算机相伴相生的科学技术，它是指借助一定的设备将各种信息，包括图、文、声、像等，转化为电子计算机能识别的二进制数字"0"和"1"后进行运算、加工、存储、传送、传播、还原的技术。在运算、存储等环节中要借助计算机对信息进行编码、压缩、解码等，故也称为数码技术、计算机数字技术等。数字技术也称数字控制技术。

信息化的概念起源于 20 世纪 60 年代的日本，首先是由日本学者梅棹忠夫提出来的，而后被译成英文传播到西方，西方社会普遍使用"信息社会"和"信息化"的概念是 20 世纪 70 年代后期才开始的。

1997 年召开的首届全国信息化工作会议，对信息化和国家信息化定义如下："信息化是指培育、发展以智能化工具为代表的新的生产力并使之造福于社会的历史过程。国家信息化就是在国家统一规划和组织下，在农业、工业、科学技术、国防及社会生活各个方面应用现代信息技术，深入开发广泛利用信息资源，加速实现国家现代化进程。"实现信息化就要构筑和完善以开发利用信息资源、建设国家信息网络、推进信息技术应用、发展信息技术和产业、培育信息化人才、制定和完善信息化政策为要素的国家信息化体系。

数字技术和信息化目前都被广泛应用到各行各业，其中数字技术被应用到计算机、数控技术、通信设备、数字仪表、电子产品、区块链、大数据、云计算人工智能等中，而信息化则有七大广泛应用平台：知识管理平台、日常办公平台、信息集成平台、信息发布平台、协同工作平台、公文流转平台、企业通信平台。两者都是目前国家发展的重要趋势。

二、数字经济是数字化应用的经济活动

数字经济是数字化应用的经济活动，Bukht和Heek（2017）将数字经济区分为三个层次，即基础层次是指以数字技术和相关基础服务的生产为基础的信息通信技术部门，包含软件制造业、信息服务业、数字内容产业等；狭义的数字经济涵盖了信息通信技术部门及因信息通信技术应用而形成的新的商业模式，如平台经济、共享经济；广义的数字经济是指所有基于数字技术的经济活动，即在狭义的数字经济之余，还包含了精准农业、"工业4.0"、电子商务等。

这里就第三个层次广义的数字经济展开讨论，广义的数字经济指的是所有基于数字技术的经济活动，这些经济活动包括了与信息通信技术相关的生产及商业模式，还包括精准农业、工业这些，还有电子商务的概念，这些活动是数字经济重要的数字化应用体现。这当中精准农业又被称为精确农业或精细农作，发源于美国。精准农业是指以信息技术为支撑，根据空间变异，定位、定时、定量地实施一整套现代化农事操作与管理的系统，是信息技术与农业生产全面结合的一种新型农业。精准农业是近年出现的专门用于大田作物种植的综合集成的高科技农业应用系统。从定义上来看，精准农业属于数字化农业，同样依托于信息化技术而进行的农业活动。"工业4.0"是基于工业发展的不同阶段做出的划分。按照共识，"工业1.0"是蒸汽机时代，"工业2.0"是电气化时代，"工业3.0"是信息化时代，"工业4.0"则是利用信息化技术促进产业变革的时代，也就是智能化时代。从"工业1.0"到"工业4.0"每一代的变化都与生产力和生产要素息息相关，"工业4.0"是基于"工业3.0"也就是信息化技术基础之上而诞生的时代，在"工业4.0"时代人们学会更好地利用信息化技术来促进产业的变革，帮助产业向着更科学的方向发展，同时提升了价值体系中的资源配置效率，解决了局部资源配置低效和整体资源配置高效之间的矛盾。

三、数字经济可分为数字产业化与产业数字化

数字经济的内涵可以被概括为数字产业化和产业数字化，根据字面意思理解数字产业化就是把数字技术变为产业化投入生产关系中运作，而产业数字化则是把已有的产业和数字技术相融合让产业数字化实现更高效的资源配置。

关于数字产业化，中际国际城市发展研究院院长、学者王超提出：在我们现代社会中以及在研究数字城市过程中，数字化对产业的影响和逐步市场化，其对社会生产的影响，是人类社会生产前期任何一种生产形态都无法比拟的[1]。除第一、二产业外的所有

---

[1] 资料来源：https://www.zhaibian.com/baike/18168252513023342584.html。

其他产业的延伸，网络经济产业、通信产业、卫星产业等都属于该产业范畴。根据"克拉克大分类法"（第一产业：农业、第二产业：工业、第三产业：除第一、二产业外的所有其他产业）的延伸，该产业是指对本身无明显利润但是可以提升其他产业利润的公共产业。所以明确提出数字产业将是第四产业无疑。作为第四产业的数字产业涵盖知识信息产业、通信产业、网络产业、航空卫星产业及文化产业的部分市场化数字技术应用产业，还包括教育、文化、广电、卫生（疾控）、体育、民政（残疾、福利、慈善）、环保、国防、司法、治安、社会保障、计生、宗教及民族事务等具有社会公共性的数字化管理应用并具有市场特性的产业。

产业数字化是指在新一代数字科技支撑和引领下，以数据为关键要素、以价值释放为核心、以数据赋能为主线，对产业链上下游的全要素数字化升级、转型和再造的过程。2020 年，国家信息中心信息化和产业发展部与京东数字科技研究院在京联袂发布的报告《携手跨越重塑增长——中国产业数字化报告 2020》，对产业数字化给出明确阐释，对当今时代产业数字化的新内涵进行了深度解读，深入剖析了产业数字化转型的典型案例、经验模式和成功做法，并对产业数字化发展趋势进行了前瞻研判。

数字经济驱动中国制造业、工业、食品行业、零售业等传统产业数字化转型。2019 年制造业研发设计、生产制造等重点环节数字化水平不断提升，46.0%的企业实现主要业务环节全面数字化；工业两化融合发展水平和工业电子商务普及率分别达到了 55.1%和61.2%。根据《中国数字经济发展报告（2021）》，2019 年广东省产业数字化规模约 3.2万亿元，较上年增幅达 17.8%，占全省数字经济规模 65.3%，成为广东省数字经济发展的主要动力。

在《2021ToB 行业年度榜单·数字化转型最佳案例》评选中，就有几家较为突出的案例，如腾讯企点&中国国际展览中心集团公司："贸促云展"平台是中国国际展览中心集团公司在中国国际贸易促进委员会领导下，基于腾讯云技术打造的一站式全流程数字展览平台，具有会展行业龙头引领作用。通过腾讯企点领航平台业务流能力整合腾讯系多款产品，利用领航平台高度定制及配置能力，在短短 2 个月时间完成上线，实现"一平台多主办、一主办多展会、一展会连续办"新型展览平台运营模式，可为全球买家和参展商提供智能的在线交流、商机洽谈、精准配对及贸易对接会等服务。又如，网易云信&长沙银行，通过网易云信，长沙银行在拓客方面接入多种渠道的视频银行解决方案，提升银行从触客到获客的转化效率，扩大银行的服务半径；在客户运营方面，网易云信提供了覆盖多场景的视频银行方案，为交易类、账户服务类、零售业务类、理财类、信贷类、信用卡类、对公业务类等业务提供支持。在风控合规方面，网易云信在帮助长沙银行实现业务线上化的同时，部署方式采用业内首创的双通道混合云，通过多重身份验证、防抵赖、录像防篡改等措施，满足该银行的安全、合规、风控要求。

第三节　数字经济业态组成

通过对数字经济业态内涵与本质的分析可知，移动网络生态视角下的数字经济业态可以分为三大部分：业态主体、业态环境、业态平台。其中业态主体包括业态平台的提供商、应用商和服务商；业态环境包括所有可以直接影响业态发展的敏感因素，如社会环境、科技环境、经济环境、资源环境及政策与法律环境；业态平台包括数字产业化和产业数字化（图8.1）。

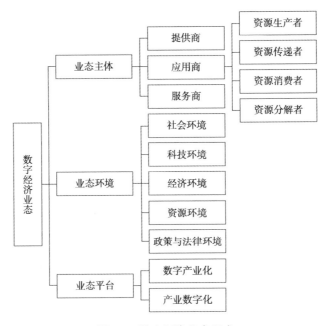

图 8.1　数字经济业态组成

一、业态主体

　　数字经济业态主体包括个人和组织，个人和组织对数字经济业态的各个环节都有着不同角度的控制作用，2018年出版的《粤港澳大湾区电子商务发展报告》谈到组织是一种外在实体没有思想和利益追求，而在数字经济时代组织当中包含了政府组织对社会的治理，这类组织是有一定公益思想的并且以为人民服务为宗旨来做好数字化治理的工作。就个人而言，业态主体最直接的体现就是个人，但由于每个人在数字经济业态中的角色不同，作用也不同，因此可以将主题再次细分。

　　根据个人在数字经济业态中作用的功能不同，可将其分为数字经济平台的提供商、应用商和服务商。数字经济平台的提供商指的是研究和开发数字经济交易平台的个人或组织，其研发出的这一交易平台既可以供自己应用，也可以提供给其他个人或组织来应用，如淘宝、天猫和京东就是自主研发自己引用的典型案例。

　　数字经济的应用商指的是应用数字经济平台来实现自己的价值或追求某些利益的个人或组织。个人和组织在应用数字经济平台的过程中，都起着积极主动的作用，同时他们在整个过程中所发挥的作用不尽相同，因此根据他们发挥功能的不同，可将其划分为资源生产者、资源传递者、资源消费者和资源分解者。

　　（1）资源生产者。资源生产者指的是利用数字经济平台发布自己的信息和资源的个人或组织。发布的信息可以是提供信息，也可以是需求信息。他们不断地开发和输出各种资源以供大家使用和获取，从而来实现自己的需求。例如，企业或个人发布自己的产品信息或需求信息，从而实现他们产品的销售或获取满足自己需求条件的产品，即资源生产者可以发布资源生产的信息或者需求，来完成与其他人的供需匹配、资源协调。

（2）资源传递者。资源传递者指的是将资源生产者发布的信息和资源通过各种媒介或信息通道等方式进行放大和扩散，使资源生产者发布的信息和资源可以更快、更多地渗透到整个网络，从而提高信息和资源的流转效率的个人或组织。数字经济时代，资源传递者有更多层出不穷的信息传播渠道，如抖音、快手等均已涉入电商领域，还有不少注重私域流量搭建的博主及数字产业自媒体等，这些新型传播渠道的诞生一定程度上降低了信息传递的熵值，增加了有效信息传递的负熵，短视频的使用和直播的形式很好地拉平了需求方和供应方之间的信息沟，而5G、区块链、大数据、云计算和人工智能等也为信息传递提供了技术保障。在拥有技术的前提下，如何保证信息和资源的真实性、有效性、及时性及如何安全、有效、便捷地传递信息和资源就在于资源传递者如何更好地整合资源，利用好传播技术和渠道。

（3）资源消费者。资源消费者指的是利用数字经济平台上所流转的信息和资源来满足自己的需求，解决自身问题的个人或组织。资源的生产者和传递者都是为了资源的消费而努力，资源消费者不断地从流转的信息和资源中获取对自己有价值的信息与资源，从而实现数字经济业态中资源的价值，这一环节是数字经济业态流程中最为重要的环节，也是数字经济业态循环的终点。

（4）资源分解者。资源分解者不但要对信息和资源进行管理和维护，还要通过对资源生产者、资源传递者、资源消费者及数字经济平台的信息进行分析研究，从而反馈给各业态主体较为有效的分析结果，帮助实现各业态主体利益的最大化。整个数字经济业态中流转的信息和资源有好有坏、良莠不齐，那些不良的信息和资源对整个业态的发展不能产生积极的影响，因此需要有专门的技术人员对这些信息和资源进行筛选和剔除，从而保证电子商务业态积极稳定发展。同时，对于资源生产者、资源传递者、资源消费者等的活动信息，也需要一定的技术人员进行统计分析来得到对应的数据分析结果，进而反馈给各业态主体，如针对抖音的第三方数据平台蝉妈妈，不仅可以查看每个主播的数据情况包括粉丝、赞播比、直播带货数据及选品数据等，还可以分析某一段时间内该产品销量、消费者人群、消费者所在地区等，可以帮助企业或个人更有针对性地投放产品、推广产品、选择达人，提高产品的销量和竞争力。在这些活动过程中需要大量的技术人员，他们扮演的角色就是资源分解者的角色。

在数字经济时代，服务商是可以帮助很多传统企业做好数字化转型的一体化服务公司，他们可以帮助组织或者个人向数字化转型，如搭建自建站、帮助搭建线上店铺还有企业出海等，其中广州钛动科技有限公司（以下简称钛动科技）就属于全国排名较为靠前的服务商，钛动科技的定位就是基于商业智能（business intelligence，BI）的出海增长服务公司。钛动科技是一家基于大数据和商业智能的企业服务公司，致力为中国品牌出海提供全链路解决方案和全球增长平台。通过技术能力整合全球流量和服务资源，帮助中国企业迅速拓展和占领海外市场。钛动科技始终坚信技术能为全球化商业赋能增效，坚持商业智能的开发与应用，提供数字化出海一站式解决方案给 APP、游戏、电商、品牌等典型行业，帮助超 10 000 个中国领先品牌成功出海，其中包括爱奇艺、百度、荔枝及字节跳动等国内知名互联网公司，也有创维、芒果、太平鸟等国内传统行业品牌。

综上所述，在数字经济业态中，各业态主体分工明确，各自在不同的活动中担任不同的角色（资源生产者有时可转化为资源消费者），同时又可以一起合作高效运作（资源分解者对数字经济消费全过程提供的信息帮助）。简单地说，就是在数字经济业态中，个人或组织在发布自己的产品信息时充当的是资源生产者的角色；当他们在数字经济平台中搜索对自己有用的信息和资源并加以利用时，他们充当的是资源消费者的角色，各角色都有各自的利益角度，数字经济的发展得益于多方的共同努力，从而推动数字经济业态和谐、可持续的发展。

二、业态环境

业态环境包含的是所有与数字经济业态活动相关的社会因素，这些因素种类繁多，对数字经济活动的影响强弱各不相同，且影响速度也不一致。总体来看，数字经济业态是人们根据当下的需求与意愿建设并发展的，因此业态环境也是人们根据自己的需求建设并发展的人工环境。通过分析可知，业态环境包括社会环境、科技环境、经济环境、资源环境及政策与法律环境。

社会环境简单地说就是社会结构、人们的价值观点、生产生活方式、道德规范等。这些环境因素影响着数字经济业态能够持续稳定地在这个社会中发展，人们是否接受这种生产生活模式等。

科技环境指的是现有的和正在发展的科学技术因素，其中数字技术和数字硬件设备是支撑数字经济业态发展的关键技术。它能实现把各地的计算机设备连接在万维网上，同时在此基础上发展了更多更有效的科学技术，如区块链的加密技术、云计算的实时共享和存储及硬件设备上使用 5G 带来的高速信息传递，移动互联时代的小程序与数字电商的裂变分享 H5。这些都给数字经济创造了良好的科技环境，有利于生产者和消费者更合理地完成供需匹配，提高资源配置的效率，让数字经济飞速发展。

经济环境指的是社会经济状况和国家经济政策，它可以影响数字经济业态中各主体的生产生活模式。好的经济环境可以带来较为繁荣的经济活动，促进社会经济发展，改善人们的生产生活，还可以促进数字经济的积极发展。一方面，新冠病毒感染对经济的影响较大，尤其是线下实体行业，但是同时也给线上发展的数字经济带来了新的契机，如何将线下产业做好，数字化转型是较为重要的课题。另一方面，国家经济政策上为数字经济的发展提供了较多的政策支持，2022 年 1 月，国务院发布的《"十四五"数字经济发展规划》提出，到 2025 年，数字经济迈向全面扩展期，数字经济核心产业增加值占 GDP 比重达到 10%，因此整体上经济环境对数字经济的发展的影响是良好的。

资源环境指的是数字经济中流转的各种信息和资源所组成的内环境，这种环境的好坏直接影响数字经济交易活动能否及时、顺利地进行，同时也影响着数字经济业态能否积极稳定地发展。中国目前针对数字经济发展的资源环境还是相对优越的，尤其是在之前已有大量电商业态支持的基础之上，加上国内发展的各类软硬件技术的加速推进，数字经济在国内尤其是大湾区得到良好的资源支持。"粤港澳大湾区数字产业集群以深圳、广州为双核心，沿着'广州—深圳—香港—澳门'科技创新走廊，覆盖珠江三角洲国家大数据综合试验区，形成了数字经济第一梯队。"

政策与法律环境简单地说就是国家针对数字经济业态发展所制定的相应的促进政策和保护法律。这些政策和法律都是数字经济业态发展有力的保障，同时也会给予数字经济业态发展大力支持。在国家政策导向下，各地政府对数字经济纷纷进行了相关安排，出台地方性法规条例。2021 年 3 月 1 日，全国首部以促进数字经济发展为主题的地方性法规《浙江省数字经济促进条例》正式实施。2021 年 9 月 1 日，《广东省数字经济促进条例》正式施行。2022 年 3 月 1 日《河南省数字经济促进条例》正式施行。2022 年 5 月 7 日，北京市经济和信息化局会同相关部门发布《北京市数字经济促进条例（征求意见稿）》，并公开征求意见。《广州市数字经济促进条例》于 2022 年 6 月 1 日实施。此外，江苏等地也将数字经济促进条例列入 2022 年日程。

三、业态平台

业态平台指的是数字经济平台，但是它又包括两层含义，分别为数字产业化平台和产业数字化平台，数字经济平台已经不仅局限于原来的电子商务平台，它在原来的电子商务平台基础上扩展为宏观的资源配置平台，指的是通过数字技术帮助生产者和消费者完成高效的资源配置、供需匹配的平台。传统的交易平台即人与人面对面的交易，这种交易费时费力且低效，电子商务平台已经做到提高传统交易效率的程度，而作为数字经济平台则囊括了除电子商务平台之外更多的产业和模式，将传统产业数字及数字产业建成新兴产业模式，为经济运作带来更高的效率，同时为经济注入更多的活力。

第四节 大湾区数字经济业态特征

一、区域内各城定位明确，发挥数字产业集群优势

2019 年，深圳、广州数字经济规模作为广东省唯二突破万亿元大关的城市，作为第一梯队，是省内其他 19 个城市数字经济规模之和的 2.2 倍，占全省数字经济总规模超过66%。位于珠江三角洲地区的东莞、惠州、佛山、珠海拥有良好的数字经济产业基础，同时在深圳、广州辐射带动下数字经济规模均超千亿元，领跑广深以外的其他地区，是粤港澳大湾区数字经济发展强大的生力军和第二梯队。广东省其他 15 个城市数字经济为第三梯队，其发展规模介于 80 亿~900 亿元，仍处于发展起步与追赶阶段，数字经济发展潜能尚需进一步挖掘。

粤港澳大湾区的城市集群优势明显，均打造了自身的优势产业，不同的城市之间形成了密切的产业分工合作关系。大湾区有以香港—深圳—广州为纵轴贯穿始终，还有深莞惠、广佛肇、珠中江三大经济圈，各自发挥自身的产业优势，集聚合力形成粤港澳大

湾区的竞争优势。其中广州作为政治中心大力发展会展业，为粤港澳大湾区搭建交流平台；深圳和香港以服务业尤其是金融行业为重点进行数字化转型。深莞惠经济圈作为全国高端新兴电子产业领域的龙头，也是全球重要的智能设备终端的生产基地。广佛肇经济圈则在《广佛肇经济圈建设合作框架协议》的签署下形成八大重点：规划对接、产业协作、科技创新、环境保护、旅游合作、交通运输（降低广佛肇间交通出行成本，打造一小时经济圈）、社会事务、区域合作。珠中江经济圈则支持区域内企业在高新技术产业、先进制造业、优势传统产业及现代服务业等领域广泛开展合作。

二、区域内数字产业多元化

除了按照区域及城市划分的特征以外，大湾区数字经济业态还具有数字产业多元化的特征，从数字产业的内涵分类来看有数字经济活动、数字产业化、产业数字化及数字治理这几个方面的特征。数字经济活动包括了信息通信技术相关的生产和商业模式，其中以华为为代表企业的数字经济活动较为突出，以腾讯为互联网企业代表在数字产业方面有诸多表现，如腾讯的 QQ、微信、腾讯会议或是腾讯文档，早期它们虽仅是一个个简单的工具，但是可以精准满足用户的核心诉求。随着用户数量的激增，这些工具很快便升级为平台，并围绕平台形成生态。健康码也是如此。健康码从开发到上线仅用了短短几天时间，但健康码很快升级成为很多城市的城市码，变成了城市服务的基础设施，还有地铁二维码等。在产业数字化方面则有华为的可穿戴设备数字化转型、OPPO 和 VIVO 在以音乐手机为起点向诸多数字化服务和生产的产业数字化转型。在数字治理方面，广东政务已经走在了全国政务的前列，"粤省事"APP 和小程序解决了居民的大量需求，包括防疫用"粤康码"的应用功能，便民办事的公积金、社保需求，以及个人税务办理等，线上工具和大数据的支持，使得广东的数字政务成效显著。

三、产业数字化进程提速

产业数字化指的是原有的传统产业如在第一、二、三产业基础上，利用数字化技术进行转型，从而提升资源分配效率，带来良好的经济效益，让产业数字化更好地适应新环境。大湾区在产业数字化方面的进程有明显提速。

2017~2020 年，广东省数字经济总量连续四年位居全国第一。根据中国信息通信研究院广州分院于 2020 年 11 月 24 日发布的《粤港澳大湾区数字经济发展与就业报告（2020年）》，2019 年广东省数字经济规模达 4.9 万亿元，占地区生产总值比重达 45.3%，年增速达 13.3%，超过地区生产总值同期增速约 7 个百分点。广东省工业和信息化厅的数据显示，2019 年一季度，全省实现软件业务收入同比增长 6.1%，其中，信息技术服务收入同比增长 10.2%。截至 2019 年 3 月底，全省累计建成 5G 基站 17.45 万座，居全国第一。制造业企业数字化转型加快，截至 2019 年 3 月底，累计推动超 2.1 万家规模以上工业企业数字化转型，带动 62.5 万家中小企业"上线用云"。据有关智库测算，广东数字经济规模居全国第一。

四、数字化治理成效显著

数字经济给政府治理带来了新的手段和方式，让政务服务变得更加数字化，数字治理有效地串联了各类政务数据，更好地为人们服务，同时也有利于政府向服务型政府转型。随着数字经济时代的到来，粤港澳三地都在着力探索与布局数字政府的建设，探索现代化治理的方法。

根据《中国数字经济发展报告（2021）》，2018 年广东省政府网上政务服务能力从2016 年的全国第九名跃升至第一名，2019 年蝉联全国榜首。截至 2020 年 5 月，广东省已实现让 88% 的民众所需办理的政务事项实现"零跑动"，12% 的事项实现最多跑一次。在 2020 年，香港特别行政区政府逐步完善开放数据"资料一线通"网站，致力推动智慧城市，以数字方式免费发放公私营机构的数据，促进科研与创新。2020 年 9 月，澳门特别行政区政府以立法的方式推动数字政府建设，为促进公共服务电子化提供法律基础，标志着特区政府电子政务进入新阶段。

2018 年 5 月，广东省移动政务服务平台"粤省事"正式上线，将原来分散在不同部门的高频政务服务事项集中在手机小程序，让群众在掌上就能办理社保、公积金、养老、出入境及交通出行等事务。2022 年 5 月 13 日"粤省事"发布 APP，通过拓宽服务渠道、升级服务能力，更好地满足不同群体的办事需求，获得超 1.6 亿用户注册，成为广东数字政府建设的一张名片。广东地区为解决老年人面临的"数字鸿沟"问题，自 2020 年12 月 31 日起，"粤省事"还上线了移动端适老化老年人服务专区——"尊老爱老服务专区"，提供适老化生活服务及养老相关服务，专区主页面均采用大字体、大图标，并提供语音搜索，方便老年人使用。

五、数字产业趋向软化

数字产业化是数字技术带来的产品与服务，如电子信息制造业、软件服务业等。根据《中国数字经济发展报告（2021）》，2019 年广东省数字产业化规模达到 1.7 万亿元，同比增长 5.6%。其中，软件与互联网行业在数字产业规模的占比达到 41%，同比增长约4 个百分点，而电子信息制造业占比则下降 4 个百分点，降幅较为明显，可见广东数字产业内部结构呈现软化的发展趋势。在 2020 年 Git Hub（全球最大的代码托管平台）发布的开源项目排行榜中，香港的开发者增速在全球国家和地区中排名第二位，加速了香港各领域开源软件的开发，推动软件行业创新发展。截至 2020 年底，香港有超过 1 000家拥有办公室的科技公司，这个数量与美国硅谷相近，也助力香港软件与互联网行业的高质量发展。

六、数字经济区域发展不平衡

由于各地市经济基础、产业结构、资源要素禀赋等存在显著差异，粤港澳大湾区数字经济规模区域分化明显。从数字经济总量来看，尽管深圳与广州数字经济规模均已达万亿元以上，是广东省数字经济发展的动力来源，但广东省仍有 15 个城市数字经济规模不到 1 000 亿元，数字经济发展仍处于加速追赶阶段。从人均数字经济规模来看，深圳、广州、东莞、珠海人均数字经济规模均超万元，但仍有 12 个城市人均数字经济规模不足万元，其中湛江、云浮、阳江和揭阳人均数字经济规模低于 4 000 元，粤港澳大湾区内部数字经济发展差距甚至大于全国各区域间的发展差距，呈现巨大的数字发展鸿沟。从数字经济发展增速来看，广东省 21 个城市中，有 5 个城市数字经济的增速超过全国平均数字经济增速的 15.6%；有 9 个城市数字经济的增速在 10%以上，处于较高增长水平；有 7 个城市数字经济增速较慢，低于 10%，凸显出各地区数字经济发展进程不平衡与不一致性[①]。

结合数字经济基本特征来看，粤港澳大湾区主要有上述几点特征，这里概括的是粤港澳大湾区数字经济的主要特征，其余还包括数据价值进程缓慢、具有明显的工业化和区域化特征等，纵观世界级四大湾区，粤港澳大湾区在高端服务业与世界级湾区存在差距，湾区内产业合作还有很多空间和潜力。

参 考 文 献

曹幸穗，柏芸，张苏，等. 2015. 大众农学史[M]. 山东：山东科学技术出版社.

丁志帆. 2020. 数字经济驱动经济高质量发展的机制研究：一个理论分析框架[J]. 现代经济探讨，（1）：85-92.

何玉长，刘泉林. 2021. 数字经济的技术基础、价值本质与价值构成[J]. 深圳大学学报（人文社会科学版），38（3）：57-66.

李长江. 2017. 关于数字经济内涵的初步探讨[J]. 电子政务，（9）：84-92.

李娟. 2013. 论商业银行信息化建设发展以及取得的成就[J]. 中小企业管理与科技（下旬刊），（2）：219-220.

张鹏. 2019. 数字经济的本质及其发展逻辑[J]. 经济学家，（2）：25-33.

郑剑辉. 2021. 数字经济背景下粤港澳大湾区企业所得税协调机制研究[J]. 财政科学，（9）：29-41.

朱金周，方亦茗，岑聪. 2021. 粤港澳大湾区数字经济发展特点及对策建议[J]. 信息通信技术与政策，（2）：15-21.

Bukht R，Heek R. 2017. Defining，conceptualising and measuring the digital economy[J]. Interation Organisation Research Journal，13：143-172.

---

① 资料来源：中国信息通信研究院广州分院《粤港澳大湾区数字经济发展与就业报告》。

第九章 数字经济竞争力分析

数字经济的核心竞争力在哪里呢？这是一个非常重要的问题。从大数据与云计算来看，云计算是核心竞争力，大数据是金矿，但开采与冶炼不出来，它就是一堆白而略微泛点黄的石头。开采技术、冶炼技术就相当于云计算。各个国家未来的核心竞争力就看谁对大数据的挖掘分析等计算能力强。就目前来看，亚马逊、微软、谷歌、Facebook、IBM、阿里云等都是世界云业务靠前的、具有核心竞争力的企业。就人工智能的三个核心要素（大数据、算法和算力）看，显然算法和算力是核心竞争力。谷歌、微软、IBM等都是人工智能技术领先的企业。因此，发展数字经济一定要抓住核心竞争力。从中国各个城市的数字经济总体看，在核心竞争力上与美国比较还有距离。中国在 IT 信息产业商业化应用上走在世界前列，平台积累数据的能力在世界最强，即整个经济金融向线上转移特别是向移动互联网平台转移数据的能力很强。不过，对这些数据的挖掘计算，以及运用在人工智能上的能力还有待提升。这个方面美国仍然是领头羊。发展数字经济切忌概念化炒作，切忌搞噱头忽悠。一些城市数字发展基本停留在口号上、文件中、讲话里，以及刷在墙上、显示屏上的标语。这几年这类现象非常严重。特别是前期区块链技术高层提出要求和重视后，那一波炒作令人惊恐。仿佛一夜之间都成为区块链专家，仿佛一夜之间都成为区块链企业，仿佛一夜之间都是区块链学者。这种炒作在数字发展中不同程度地存在着。数字经济每一个概念都是实实在在的。移动互联网应用如何？大数据积累怎样？对数据挖掘分析能力即云计算水平高低？人工智能研发成果多少？区块链技术和量子技术研究是否起步？共享经济环境优劣？物联网技术应用深浅？金融科技如何发展？智慧城市是怎样的效果？……这一系列数字经济业态都是完全可以量化考核的。

数字发展是未来，是希望。除了民间机构自愿发起一系列考核衡量指标体系以外，政府层面也应该建立一个完整的衡量考核机制。定期公布考核结果，供各个城市参考，互通信息、互通有无，相互借鉴经验，以少走弯路。本章将从数字经济上游环境情况、数字经济行业本身、数字经济下游环境情况及数字经济竞争力的提升因素几个方面对数字经济竞争力进行一个全面的描述性分析。

第一节 数字经济上游环境情况

1. 全球大数据储量

大数据是指需要通过快速获取、处理、分析以从中提取价值的海量、多样化的交易数据、交互数据与传感数据，其规模往往达到了拍字节（1 024 太字节）级。

不同机构对大数据也有不同的定义。

麦肯锡对大数据的定义：一种规模大到在获取、存储、管理、分析方面大大超出了传统数据库软件工具能力范围的数据集合，具有海量的数据规模、快速的数据流转、多样的数据类型和价值密度低四大特征。

移动信息化研究中心对大数据的定义：大数据是帮助企业利用海量数据资产，实时、精确地洞察未知逻辑领域的动态变化，并快速重塑业务流程、组织和行业的新兴数据管理技术。

国际数据公司（International Data Corporation，IDC）认为大数据具备海量、异构、高速和价值四大特性。

随着物联网、电子商务、社会化网络的快速发展，全球大数据储量迅猛增长，成为大数据产业发展的基础。国际数据公司的监测数据显示，2013 年全球大数据储量为 4.3 泽字节（相当于 47.24 亿个 1 太字节容量的移动硬盘），2014 年和 2015年全球大数据储量分别为 6.6 泽字节和 8.6 泽字节。2016~2020 年全球大数据储量的增速每年都保持在 40%，2016 年甚至达到了 87.21%的增长率。2016 年和 2017 年全球大数据储量分别为 16.1 泽字节和 21.6 泽字节，2018 年全球大数据储量达到 33 泽字节，2019 年全球大数据储量已达 42 泽字节。

根据中商产业研究院整理，2020 年和 2021 年全球大数据储量分别为 44 泽字节和 53.7 泽字节，预计 2022 年末将达到 61.2 泽字节。

2. 全球大数据储量区域分布及市场规模

根据国际数据公司新发布的统计数据，从国际分布来看，中国的大数据产生量约占全球大数据产生量的 23%，美国的大数据产生量占比约为 21%，欧洲、中东、非洲的大数据产生量占比约为 30%，亚太地区、日本的大数据产生量占比约为 18%，全球其他地区大数据产生量占比约为 8%。

从数据看，中国大数据储量居于世界首位，发展数据经济潜力巨大。从市场规模来看，2014 年以来，全球大数据硬件、软件和服务整体市场规模稳步提升，2018 年全球大数据硬件、软件和服务整体市场规模达到 420 亿美元，同比增长 20%。2019 年全球大数据整体市场规模为 540 亿美元，同比增长 29%。

随着"工业 4.0"概念的引入，工业产业进入了新一轮的全球性革命，新型工业体系最核心的就是互联网、大数据与工业的融合发展，工业大数据是"工业 4.0"最核心的支撑之一，工业大数据的应用将带来工业生产与管理环节的极大升级和优化，其价值已经得到了全球的认可。

随着全球工业化改革的发展，全球工业大数据的规模不断增加。2019 年全球工业大数据的市场规模为 313 亿美元，当年全球大数据市场规模为 540 亿元，工业大数据占全球大数据总规模超过 50%，可见工业大数据已经成为全球大数据行业发展的主要领域。

随着以德国为代表的"工业 4.0"的深化发展及各国制造业的智能化转型加快，2020 年全球工业大数据的市场规模为 363 亿美元，占大数据总规模的比重约为 60%。

在各国对"工业 4.0"战略布局和大数据相关发展政策的支持下，大数据技术将会与智能制造深入结合，而工业网络、数据采集、集成、计算和分析技术在工业领域的应用，将促使工业数据发挥巨大价值，工业大数据市场将会迎来高速增长。

国际数据公司统计显示，预计到 2025 年，全球数据量将比 2016 年的 16.1 泽字节增加十倍，达到 163 泽字节。据 Wikibon 预计，2019~2024 年，大数据增长率将出现较小幅度的放缓，维持在 10%~15%。前瞻预计，到 2025 年全球工业大数据市场规模将达到 639 亿美元，在大数据整体市场规模中占比将达到 70%，市场发展前景广阔。

3. 中国大数据态势

分区域看，2019 年，中国大数据企业业务主要集中在华东和华北地区，合计占比超一半，分别占比 30.8%、24.6%[①]。2010~2019 年，中国大数据行业专利新增数量逐年增长，到 2019 年，中国大数据行业专利新增数量达到 9 818 项，较 2018 年增加 1 931 项[①]。党中央、国务院高度重视大数据在推进经济社会发展中的地位和作用。2014 年，大数据首次写入政府工作报告，大数据逐渐成为各级政府关注的热点，政府数据开放共享、数据流通与交易、利用大数据保障和改善民生等概念深入人心。此后国家相关部门出台了一系列政策，鼓励大数据产业发展。根据公开资料整理，中国大数据产业经过多年发展后实现了从无到有，行业应用逐渐加深，市场规模显著增长。据统计，2019 年中国大数据产业规模达 5 397 亿元，同比增长 23.09%，预计到 2022 年末产业规模将突破一万亿元[①]。中国大数据行业市场规模增速连续多年保持在 20%以上，随着互联网技术的快速发展，中国大数据产业也发展迅速[①]。中国信息通信研究院结合对大数据相关企业的调研测算，发现中国大数据产业规模稳步增长。2016~2019 年，短短四年时间，中国大数据产业市场规模由 2 840.8 亿元增长到 5 386.2 亿元，增速连续四年保持在 20%以上。随着大数据相关产品及应用的不断普及，应用层规模将逐步增长。在技术层、数据源层及衍生层的共同支撑下，应用市场规模份额在 2020 年已达到 40%。其中，交易市场规模虽然占比最少，但是正是由于它的存在，数据的交易从法律上实现数据的合法化问题，以及实现了数据价值兑现。

预计 2025 年中国大数据产业规模将达 19 508 亿元的高点[②]。当前，中国正在加速从数据大国向着数据强国迈进。随着中国物联网等新技术的持续推进，到 2025 年，其产生的数据将超过美国。数据的快速产生和各项配套政策的落实推动中国大数据行业高速发展，预计未来中国行业大数据市场规模增速将维持在 15%~25%。

第二节　数字经济行业本身

1. 数字经济对经济的影响

所有社会、经济和其他社会问题的关键是实现国民经济的可持续发展和经济增长。人口的福利最终将取决于经济增长。根据经济增长的速度和程度能够评估社会的经济状况，其性能指标实现的目标是人均生产总值或国民收入。值得注意的是，由于宏观经济稳定和经济增长，人民的生活水平正在提高。全球化、一体化进程的加速，经济领域的工业化，环境、人口和政治因素都要求各国经济均衡发展。在经济全球化的条件下经济

---

① 资料来源：观研报告网。
② 资料来源：前瞻产业研究院。

均衡的标准对于发展健全的国家经济政策有重大利好作用。各个国家不同阶段的就业发展、加强本国货币、提高增长率一直是热门话题，因此这些问题都反映在经济指标上，这些问题的解决将直接提高人民生活水平和福利。

科学技术的发展是确保劳动生产率与经济增长的关键点。技术进步不仅包括新的生产方式，还有新的管理和生产形式组织。一般来说，科学技术意味着需要对现有资源进行新组合以提高产品产量。当前，中国现代化建设的主要任务是经济的多样化；是将新技术应用于生产，引入新的生产组织方法和形式，即数字经济。

在全球化背景下，国民经济数字化发挥着重要作用。新的经济、数字网络和通信基础设施能够为企业和组织制定战略的发展平台。目前，数字技术已从媒体、汽车、旅游、农业等行业向整个经济系统过渡。

BBC（British Broadcasting Corporation，英国广播公司）表示：数字经济相关产业可以为全球经济增加约 6 万亿美元/年，并在 2025 年前以每年 20% 的速度增长。

2. 数字经济在经济体系中的位置

数字经济可以从狭义或广义上被定义。近年来新技术的爆炸式发展及其快速应用引发了另一波关于数字经济的讨论。数字经济狭义的定义仅指信息通信技术部门，包括电信、互联网、IT 服务、硬件和软件等。数字经济广义的定义包括信息和通信技术部门及数字技术。G20 使用了这一广泛的概念，并将数字经济定义为广泛的经济活动，包括使用数字化信息和知识作为关键生产要素，并将现代信息网络作为重要的活动空间。

数字经济有一系列衡量指标，反映了不同的定义。OECD 数字经济指数采用狭义定义，截至 2021 年底，狭义定义下数字经济的份额英国为 12.4%，韩国为 12.4%，中国为 6.9%，印度为 5.6%，俄罗斯为 2.8%。

相比之下，中国信息通信研究院将广义的定义应用于生产总值指标，并衡量数字经济约占生产总值的 30%（2020 年），自 2008 年以来翻了一番。此外，还有许多混合指数，包括推动数字化的有利条件（如信息通信技术基础设施和移动普及）及某些数字行业（如电子商务交易）的指标。这些指标包括世界银行数字采用指数、Fletcher（弗莱彻）数字发展指数和世界经济论坛网络就绪指数等。

3. 数字经济的市场分布情况

基于数字经济广义定义分析，在全球经济中数字技术的重要性不容置疑。联合国贸易和发展会议列出了十大数字曝光率最高的数字经济相关产业。

媒体和娱乐服务行业处于第一位，零售贸易行业为第二位，紧随其后的是高新技术产业，医疗保健系统和服务，旅行、运输和物流，电信服务，专业服务，金融服务，汽车生产和装配，包装中的消费品。从评级中可以看出，当今数字经济行业处于主导地位的为非实体经济及非生产性企业，我们可以看出现代数字技术目前对于大规模生产没有重大影响，如生产食品、服装和鞋类等。此外，现代数字技术的主要目标是推广商品和服务，而不是数字化生产。这在未来将成为新的拐点。

4. 中国数字经济产业情况

中国的整体数字化水平在全球处于中等水平。狭义的定义（基于 OECD 框架）将中国数字经济的规模定为生产总值总量的 6%，相比之下，韩国和日本的 IT 部门更为发达，在经济中占主导地位[①]。基于中国信息通信研究院广义的定义表明数字经济目前约占中国生产总值的 30%，而美国为 59%，日本为 46%，巴西、印度和南非约为 20%[①]。在混合指数下数字经济的衡量标准，中国在 131 个国家中排名第 50 位。在世界银行数字采用指数中，中国在世界经济体系 139 个国家中排名第 59 位，在弗莱彻数字发展指数 62 排名中中国排名第 36 位。值得注意的是，指数是整个经济的平均值，因此掩盖了各部门和地区的多样性。在中国，某些行业更加数字化，如电子商务、金融科技领域等。

总体而言，中国数字化仍落后于发达经济体，但中国已经成为一些关键数字产业的全球领导者。例如，在电子商务方面，中国占全球交易的 40% 以上，电子商务的渗透率（占零售总额的百分比）目前为 15%，而美国为 10%。又如，在金融支付方面，中国公司占全球总公司的 70% 以上[①]。中国个人消费相关移动支付总值 2021 年超过 1.5 万亿美元，是美国的 13 倍，当然，这与中国这个巨大市场的增长有关，中国最大的移动支付提供商之一的处理能力约比美国同行快 3 倍。

虽然仍处于早期阶段，但中国的主导产业已开始在全球范围内发展，尤其是金融科技领域，如：①付款，中国的科技巨头一直在海外市场迅速扩张。最值得注意的是，在支付行业，支付宝和微信支付这两大热门第三方应用在中国及 40 余个国家和地区的实体零售商体系中可以使用。②在电子商务领域，阿里巴巴建立了一个连接卖家和买家的全球平台，超过 200 个国家可使用此平台进行电子商务活动，总收入增长超过 200%。中国公司还促进了电子商务和第三方支付在其他国家的发展，通过投资当地公司，如印度 Paytm、印度 Airwallex、澳大利亚和东南亚的 Lazada。③在云计算方面，阿里云计算在全球建立了 14 个数据中心，其中海外云计算收入以 400% 的速度增长。

中国也是关键数字技术领域的全球领先投资者。风险投资在中国的工业发展迅速，而且越来越关注数字行业。基于麦肯锡评估，中国的风险资本总额已从 2014~2016 年的 770 亿美元增加到 2020~2022 年的 1 700 亿美元。吸引风险投资的主要行业就是大数据、人工信息和金融科技。目前，中国是全球三大关键数字风险投资国，包括虚拟现实（virtual reality，VR）、自动驾驶、3D 打印、机器人、无人机和人工智能。中国在新兴数字产业的成功反映了多种因素的融合，如政府政策为数字经济提供了支持环境、数字基础设施的投资，公众对数据隐私的关注相对有限也促进了中国数字化的快速发展。

第三节　数字经济下游环境情况

虽然数字经济在全球经济发展中的作用不容置疑，但现今数字经济（广义）主要应用领域除汽车制造业外，仍然是推广商品和服务，如相关文旅服务业、进出口贸易业、

[①] 资料来源：中国信息通信研究院。

日常零售、金融业等，而非生产制造业数字化。

数字经济下游行业仍然集中于第三产业，第三产业数字化蓬勃发展，而第一、二产业数字化发展相对滞后。前瞻产业研究院分析，未来的数字经济增长点应着力于鼓励农业、工业拥抱数字科技潮流，以试点、采购、联合创新等方式进一步鼓励产业数字化转型。针对第一、二产业数字化转型动力不足的情况，可探索在部分地区、部分领域建立试点，并以政府采购等形式支持农业技术企业、农户、中小企业拥抱数字化、智能化。同时，在关键领域的转型中，可探索通过联合创新、示范创新等机制，带动更多数字科技创新企业参与其中。

结合中国国情，数字经济下游发展更应关注工农业数字化转型。工农业是中国最古老和传统的行业，其借力科技降本增效的需求正快速显现。在农业养殖领域，中国虽是养猪大国，但养殖产出效率却远低于美国，在饲料成本、人工成本等方面均高于美国，产业总体处于大而不强的阶段。在水产养殖领域，养殖方式粗放、病害防治手段有限、饲料过度使用导致污染等，都制约着水产养殖行业的发展，制约农民增收。目前，已经有部分农业养殖业企业探索数字化改造，并获得了显著成效。同样，中国的工业也面临着降本增效、智能化转型的内生需求，亟须改变大而不强的窘境。例如，在能源行业，中国的火力发电占全国总发电量的70%左右，但其能源消耗与转化效率却仍有待提升，热效率每提升0.1个百分点，全国预计每年节省数十亿元燃煤成本（国家统计局2020年数据）。

第四节　数字经济竞争力的提升因素

数字革命，或称互联网革命，其浪潮正在迅速席卷全球。云计算、大数据、物联网、人工智能等新型数字化信息技术的涌现，移动互联网带宽的不断升级，赋能组织和个人可以更好地掌控和运用数字化的数据、信息和知识资源。这些全新的生产要素作用日益显著，持续推动着总体经济的增长和转型，改变了人们的工作、生活等，形成一种全新的经济形态，即数字经济。如何提升数字经济竞争力已成为各国发展的重要课题，除了前文所进行的上游（大数据相关产业）、中游（各国数字经济的经济占比及侧重）、下游发展态势（态势）分析，还有大量其他因素影响着各个国家和地区的数字经济竞争力发展。本节将从宏观因素、微观因素和其他因素三个方面进行讨论。

1. 宏观因素

1）数字经济基础设施建设

数字化基础设施的普及应用，正在引领着以网络技术为主要代表的新一代信息通信技术快速发展，移动互联网、云计算、大数据、物联网等信息技术成为引领经济社会创新发展的先导力量。移动互联网的发展从根本摆脱了固定互联网的限制和束缚，极大地拓展了互联网应用场景，促进了移动通信技术与经济社会广泛深度融合，推动移动应用业态的广泛创新。云计算技术的普及应用，改变了IT设施的投资、建设和运维模式，降低了IT设施建设和运维成本，缩短了IT设施建设周期，提升了IT设施承载能力，促进了经济和社会各领域信息化建设。大数据技术推广和应用，释放了数据资源的红利，促进了产业发展、社会治理和民生服务等各领域模式创新，优化了资源配置，提高了运行决策预见性。物联网的推广和应用，提高了对经济社会运行的实时感知、在线监测和精准控制能力，促进经济社会精细、精准、高效运行。

2）提升本国企业的信息力

信息力是在信息技术与实体经济以前所未有的广度和深度的交汇融合下，以数字信息为关键生产要素，驱动人类向数字化、网络化、智能化发展的动力。它比工业革命以来的任何推动力都要强大，在为数字经济带来指数级增长的同时，永久改变着物质世界的运转方式和运转特性。数字经济时代背景下，企业加快获得信息的速度，把握市场的力度，在高度不确定的市场环境中做出决策，并在时间与空间上围绕信息力展开竞争。

数字时代非连续变化或者说是跳跃式变化的特征加剧了不确定性。信息力的主导地位就表现在通过对数字化信息的及时获取、有效控制和高效利用，降低或消除不确定性，并将数字化信息转化为物质和能量，进而为企业构建持续发展的动力、持续盈利能力和品牌影响力等。

任何组织都是一个耗散系统，不断与外部进行物质、能量的交换，以寻求发展壮大，而信息力使得这种交换更加快速、便捷、高效。在信息爆炸的现代社会，信息力存在于各种类型组织，如个人、企业、大众媒体、政府机关等，只是作用强度和表现方式不同而已。

信息力的产生是数字科技快速发展和深度应用的必然结果。哈佛大学 Weitzman（韦茨曼）教授 2017 年在哈佛商业评论中提到：一种成熟经济的长期增长是受技术进步所支配的。信息力以不断发展的前沿科技为动力，着力于产业和数字科技的深度融合，推动数字化、网络化、智能化，实现人、机、物三元世界的交融，进而降低信息成本、增强发展质效，并带来产业模式的变化。随着数字技术内涵和应用的广度及深度不断拓展，企业所提供的产品与服务的方式正发生根本改变，主要体现在边际成本的快速降低和产品质量的大幅提升上。

与传统核心竞争力如专利技术、组织运营、人力资源等不同的是，信息力具备显著的动态性。信息力的形成要基于外部环境和顾客的大数据，所以信息力本身就具有自组织能力，不断更新和迭代，从而拥有了动态演进特点。相较于企业传统的核心竞争力会因环境的变化消失或产生刚性缺陷，信息力的动态性能够在一定程度上避免这个问题，它可以使企业通过可持续创新活动，获得先动优势，及时适应动态的市场环境，从而在VUCA（volatility uncertainty complexity ambiguity，易变性、不确定性、复杂性、模糊性）环境中不断改进、重构并提升企业的市场竞争力。

3）适合本国国情的数字经济支撑战略

除了应对国际数字化的高速发展，各个国家提升本区域数字竞争力应制定适合本国国情的相关战略。例如，中国工程院所提出的针对中国国情应遵循的制造业数字化转型原则：前瞻性，指要紧跟当前技术发展趋势。技术创新是智能制造发展的基础。新一轮科技革命和产业变革是中国推进智能制造最大的战略机遇。阶段性，指要结合中国各地区各行业智能制造的实际发展水平。中国制造企业发展水平参差不齐，实现智能转型不能搞"一刀切""齐步走"。国家要做好智能制造的顶层设计、总体规划，明确各阶段的战略目标和重点任务。实用性，指企业具体实施智能制造要脚踏实地、步步为营。政府通过试点示范企业为广大企业提供可借鉴的样板，指导企业如何开展数字化转型，并使企业看到数字化制造为企业带来的实实在在的利益，激发它们实施转型的内生动力。开放性，指要以开放的心态进一步加强智能制造国际合作。智能制造是全球各国制造业发展面临的普遍趋势和共同挑战。作为工业化后发国家，中国推进实施智能制造，必须要坚持走对外开放之路，坚持走开放融通、互利共赢之路，学习和借鉴工业化发达国家智能制造先进经验，加强与世界各国制造业的对接合作，加强智能制造技术标准的国际合作，共同应对智能制造发展带来的信息安全、知识产权等挑战。

麻省理工学院 Sturgeon（斯特金）教授（Global Strategy，2019）针对发展中国家数字经济转型提出支撑战略：关于数字经济如何塑造欠发达经济体管理者的战略选择，梳理并提炼出支撑其组织的三个关键业务战略：模块化、开放创新和平台。他指出，技术的发展往往不平衡且不可预测，而且在相互竞争的标准下，任何发展都可能会受到影响，尤其是在连通性、互操作性较差的第三世界国家。针对欠发达地区，重商主义和新兴的技术民族主义可能会产生额外的制度，并可能进一步阻碍数字经济的发展。因此，推动模块化，开放创新和建设相应平台将使数字经济发展更加趋于良性。

时任中国商务部副部长王炳南表示，商务部将进一步明确中国数字贸易的发展定位，提出适合中国国情的数字化战略布局和工作举措，积极地营造有利于数字化的发展治理环境，抓紧形成数字贸易中国方案。

2. 微观因素

多国学者提出的监管是影响数字经济竞争力的一个重要因素，如数字技术通常被描述为对公共监管机构形成了独特的挑战，它们的快速步伐和技术性质被视为与相对缓慢且受地域限制的公共监管流程不相容。此外，根据一项哈佛大学和加利福尼亚大学伯克利分校的联合研究，不健全的数字经济司法体系将导致价格歧视及不当竞争。例如，随着信息技术的发展，企业有了更详细的有关潜在客户和以前客户的数字信息，尤其是当这些企业或公司掌握了消费者之前的购买行为，他们可能会利用这些信息提供不同的价格或向具有不同购买历史的消费者提供产品，从而导致价格歧视及不当竞争，导致企业所在国家或地区的数字经济竞争力下降。

数字经济正处于一个监管和自由并存的发展阶段，这一过程需要在数字环境中工作和使用数字技术的商业法规，以及理解跨境虚拟空间中的关系。这些项目的主要领域法规应该是打击网络攻击，打击侵犯知识产权，打击电子商务欺诈，规范数据的自由移动、存储和使用。

《经济日报》报道，2022 年全国政协召开的"推动数字经济持续健康发展"专题协商会指出，要不断做强做优做大数字经济，使之更好服务和融入新发展格局、推动高质量发展。此前，全国人大常委会公布 2022 年度立法工作计划，加快数字经济领域立法步伐,进一步加快中国数字经济立法护航步伐,为数字经济健康发展创造良好的法治环境,显得至关重要。

首先,健全相应的司法保障机制。数字经济的司法保障须在找准盲点、厘清难点、疏通堵点上下功夫。一是充分运用互联网、大数据、云计算、人工智能、区块链等科技手段,探索运用智慧司法新模式。通过建立系统集成、数据集成、功能集成于一体的在线诉讼平台,实现便捷、高效、公正的司法服务。二是聚焦电子证据、智能合约等应用场景,积极探索"区块链+司法"新模式。建立完善的区块链电子证据平台、区块链智能合约系统,从而有效革新取证存证方式、深化网络溯源治理,解决电子证据取证存证成本高、效率低等弊端。三是规范技术应用,创新审判模式,制定电子证据司法审查规则,提高纠纷处理效率,应通过设置庭审技术辅助人员、加强区块链电子证据平台应用等方式,将符合互联网审判规律的技术平台与新型诉讼、裁判规则深度融合,构建全流程智能司法模式。同时,还需深化典型案件分析,为司法实践提供可借鉴的指导案例,确保司法治理科学、高效。

其次,建立精准、协调、有效的监管治理体系。在数字化时代,数据成为关键生产要素和重要资产,数据行为的监管显得越发重要。行业垄断、数据滥用、算法操纵、技术性拒绝等数据风险普遍存在,对传统监管治理方式提出了挑战,亟须创新监管思维,借鉴先进监管手段,构建精准、协调、有效的监管治理体系。要探索数字经济监管的新路径新方法,持续完善以《中华人民共和国反垄断法》《中华人民共和国反不正当竞争法》等为主体的法律体系,加强数字经济行业与平台监管的顶层设计,进一步完善分领域分行业的数字经济监管,加快建立全方位、多层次、立体化的监管体系。应充分运用先进科技手段,辅之以税收和财政政策,建立数据协同监管协调机制,消除监管盲区,从而实现精准监管。通过采取灵活、协同、精准的监管措施,切实提高中国数字经济监管体系和监管能力。

3. 其他因素

此外,还有许多其他因素将会提升或制约数字经济的竞争力,如国际投资、数字经济评估条件、物流、货币结算、社会文化、国际商务、人力资源因素等。提升数字经济竞争力是一个复杂的、多变的过程。在这个彼此非常靠近的世界,大家的命运连在一起,整个世界会更加热闹,数字经济已经不是整个经济中一个孤立的小部门,既面临巨大的机遇,也面临着重要的挑战和问题。未来应该始终坚持普惠包容发展,推动数字经济的共建共享,缩小数字鸿沟;建立健全适应数字经济发展的监管新模式,加强数据安全保护,合力打击数字经济领域违法犯罪活动,从宏微观多层次角度分析揣摩,为数字经济发展提供有力保障。

参 考 文 献

Global Strategy. 2019. Digital global value chains: the location of manufacturing and innovation in the new digital economy[R].

第十章 深 圳 市

第一节 深圳市数字经济发展现状

深圳作为粤港澳大湾区核心引擎城市，是全国核心数字产业最为发达、数字政策环境最为友好的城市之一。国家统计局数据显示，2021年深圳市数字经济核心产业增加值突破9 000亿元，占全市生产总值比重升至30.6%，深圳市数字经济规模质量稳居全国大中城市首位。在疫情影响下，数字经济依然展现出强大的经济活力，逆势增长，在2020年第一季度实现增加值403.54亿元，同比增长4.9%，2020年全年，深圳市数字经济产业增加值为1 601.03亿元。除此之外，深圳具有邻接香港和澳门的优越地理优势，跨境电商、跨境支付、供应链管理等跨境数据业务应用场景丰富。

《中国城市数字经济指数蓝皮书（2021）》显示，2020年深圳市数字经济指数得分91.2分，达到数字经济一线城市水平，排名全国第二，数字经济规模为14 658亿元，排名全国第三。深圳在全国数字化发展评价指数中排名第四，数字经济增速达到36.2%。从产业数字化方面来看较为突出，深圳以123.84高指数位列全国第三；在数字政务方面，深圳排名第二，处于国内领先地位。同时，在工业互联网、人工智能、智能网联汽车、重大科技基础设施等领域的5G建设发展方面保持全国领先。2020年深圳市新一代信息技术产业增加值为4 893.45亿元，增长2.6%，信息传输、软件和信息技术服务业营业收入增长11.3%，其中互联网和相关服务业增长19.0%，软件和信息技术服务业增长6.8%。

《2020粤港澳数字大湾区融合创新发展报告》显示，珠江三角洲九市数字经济发展指数呈现出明显的"两核多梯次"分布体系，深圳在珠江三角洲九市的数字经济发展指数排名位居首位，数字经济发展指数为87.6（图10.1），与广州共同组成第一梯队，两个城市的数字经济发展指数均超过了80分，与其他城市拉开了相对较大的差距。

1. 数字经济产业化特征

1) 打造5G产业生态体系

2021年深圳数字经济核心产业增加值占生产总值比重约为30%，规模和质量均居全国大中城市前列，数字基础设施建设速度也在增长。深圳政府数据显示，2021年深圳市累计建成5G基站5万多个，相当于每万人拥有5G基站数达到28.5个，率先实现5G独立组网全覆盖，90%以上的公共场所均提供免费WLAN（wireless local area networks，无线局域网络），成为中国互联网覆盖程度最高的城市之一。物联感知网已经初具规模，应用到许多深圳市民的生活场景中，实现NB-IoT（narrow band internet of things，窄带物联网）网络市区重点区域感知设备初步覆盖，并在全国率先开展全市范围的多功能智能杆部署。

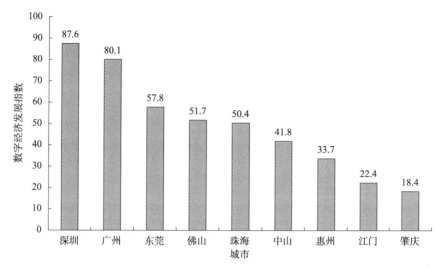

图 10.1　珠江三角洲九市数字经济发展指数情况

资料来源：《2020 粤港澳数字大湾区融合创新发展报告》

深圳率先开展 5G 试点，相继出台《深圳市关于率先实现 5G 基础设施全覆盖及促进 5G 产业高质量发展的若干措施》《关于大力促进 5G 创新应用发展的若干措施》，提高 5G 覆盖领域，加大产业发展、城市治理、公共服务等领域的应用。《深圳市推进新型信息基础设施建设行动计划（2022-2025 年）》提出，到 2025 年底，深圳基本建成泛在先进、高速智能、天地一体、绿色低碳、安全高效的新型信息基础设施供给体系，每万人拥有 5G 基站达 30 个，实现 5G 用户占比超过 80%。

目前深圳已成为全球 5G 第一城，5G 基站密度国内第一，5G 手机用户占比位居第一，5G 产业规模、5G 基站和终端出货量全球第一，华为全球 5G 标准必要专利总量第一。深圳逐步完善的 5G 基础设施和雄厚的 5G 产业基础为其数字经济的发展提供了坚实的基础。当前，以 5G 为核心的产业生态，正在深圳及粤港澳大湾区集聚。深圳全力打造世界领先的 5G 产业集群，重点培育和建设河套深港科技创新合作区、深圳高新区、龙岗 5G 园区、坪山 5G 园区等 5G 产业集聚区，为经济高质量发展增添新动能。

2）电子信息制造业规模不断壮大

电子信息制造业是深圳重要的支柱产业，产业规模约占全国的五分之一，产业增加值占深圳市生产总值比重近四分之一。2020 年深圳电子信息产业规模达到 2.8 万亿元，位居全国大中城市首位。

电子信息制造业已经成为深圳制造业实现高质量发展的主要驱动力。深圳市工业和信息化局数据显示，2019 年深圳市电子信息制造业完成规模以上工业总产值为 2.25 万亿元，同比增长 3.8%，规模以上工业增加值为 5 527.9 亿元，同比增长 5.5%，占全市规模以上工业增加值的 60%。深圳 21 家企业入选 2020 年中国电子信息竞争力百强企业，总量位居全国大中城市首位，华为位居百强企业之首。同时，深圳市创新能力不断提升，2021 年专利授权量为 27.92 万件，连续 4 年在全国大中城市名列第一。

3）软件和信息技术服务业持续增长

根据深圳市统计局数据，2021年1~10月深圳市软件和信息技术服务业完成软件业务收入共计7 582.38亿元，同比增长14.8%，其中，软件业软件产品实现收入为904.26亿元，同比增长12.2%，信息技术服务实现收入为5 159.66亿元，同比增长20.8%，信息安全实现收入为45.08亿元，同比增长32.7%。

深圳软件产业和互联网产业已形成产业集群效应。在高端软件领域，深圳聚集了麒麟软件、统信软件、金蝶天燕等众多国内基础软件厂商，国内第一家开放原子开源技术服务中心入驻深圳，由深圳市奥思网络科技有限公司创建的Gitee平台也成为国内最大的代码托管平台之一。百度国际总部、小米国际总部、阿里巴巴国际运营总部、字节跳动大湾区总部等项目相继落户深圳。深圳11家企业入选2019年中国软件业务收入百强企业，企业数量位列全国第二，华为、中兴、腾讯、平安等8家企业入选2019年中国互联网企业百强。

4）云计算产业蓬勃发展

2019年深圳市云计算相关企业总量突破700家，云计算产业规模超过1 000亿元，华为和腾讯入榜中国公有云市场前三名。阿里云研究中心和中国社会科学院财经战略研究院联合发布的《云计算的社会经济价值和区域发展评估》显示，2019年深圳云计算发展指数为94.5，位列全国第一，其中云计算规模指数为79.4，云计算规模占比为55.6%。

5）大数据产业稳步发展

根据北京大学大数据研究院发布的《2020中国大数据产业发展指数》，从总指数看，深圳大数据产业发展指数为82.77，位列全国第二。其中，产业政策与环境指数为76.8，产业规模与质量指数为82.4，产业创新能力指数为86.6，产业投资热度指数为86.1。

良好的政策和经营环境，使得深圳成为珠江三角洲地区的大数据行业发展核心区域。深圳市工业和信息化局数据显示，2020年深圳大数据企业数量高达1 031家，位列全国第七位，包括腾讯、中兴通讯、华为等龙头企业。人员总规模达8.2万人，仅次于北京、上海，大数据企业网站约为26 680个，居全国第三位。此外，深圳拥有大数据独角兽企业10家、大数据高新技术企业256家。深圳大数据企业拥有的商标总数超过万件，2020年全市大数据专利数量为2.41万件，授权量达1.68万件，其中专利授权量排全国大中城市第二位，占比约18.4%。

6）人工智能集群化发展

作为国家创新经济特区，以人才、政策和资金等多重优势，深圳吸引了众多人工智能企业落户，数量高达上百家，逐步形成完整的人工智能产业链条，包括设计、开发、制造、服务等诸多环节。深圳市人工智能行业协会发布的《2021人工智能发展白皮书》显示，2020年深圳人工智能产业规模超过1 500亿元，产业规模同比增长16.7%，聚集1 318家人工智能相关企业，同比增长25.2%。从企业和人才数量及国际级载体等方面来看，深圳人工智能综合实力位居全国主要城市前三，形成了高端资源集聚、技术深度融合、应用范围十分广泛的发展格局。

2. 产业数字化特征

1）服务业加快数字化转型

深圳统计局公布数据显示，2021 年深圳市社会消费品零售总额 9 498.12 亿元，比 2020 年增长 9.6%。数字化赋能的传统零售业，通过电商、互联网等数字经济途径实现的商品零售额增长 44.3%。目前数字化的新零售业已经在支付、商品标签管理、溯源码、购物车管理、会员码等方面高度融合互联网，形成线下和线上相结合的经营模式。2019 年，深圳市商务局出台《深圳国际消费中心城市建设行动计划（2019-2021 年）》，提出打造"新零售"发展高地，发展集"网上商城、微信营销、APP 应用、线下商店"于一体的全渠道经营模式。2020 年 7 月，深圳市人民政府印发《深圳市关于进一步激发消费活力促进消费增长的若干措施》，提出全面发展新零售，深入推进零售业数字化。2021 年，深圳市人民政府印发了《关于促进消费扩容提质创造消费新需求的行动方案（2021-2023 年）》，提出 40 条实施"十大消费行动"的措施。

2）5G+工业互联网助力传统制造业升级

深圳将进一步加快发展工业互联网，加快制造业数字化转型。2020 年，宝安区获批国家新型工业化产业示范基地，龙华区获批广东省工业互联网产业示范基地。国家级工业互联网平台应用创新体验中心（深圳分中心）建成并对外开放试运营，广东省工业边缘智能创新中心获批筹建。2020 年工业和信息化部公布的跨行业跨领域工业互联网平台清单中，华为 FusionPlant 平台、富士康 Fii Cloud 平台、腾讯 WeMake 平台 3 家深圳平台上榜，占据清单的五分之一，同时富士康、华为与汇川科技成长为工业互联网平台领域具备较强竞争力的企业。7 家深圳企业入选工业和信息化部 2020 工业互联网 APP 优秀解决方案提供商，124 家深圳企业入选广东省工业互联网产业生态供给资源池。

深圳已经发展了一批工业互联网应用标杆企业，包括大疆百旺、华星光电、赢领智尚、富士康等企业，在 5G+工业互联网的推动下，智能化转型为深圳工业经济带来了新的生机。例如，TCL 华星高世代面板生产线，通过 5G+工业互联网技术实现了缺陷面板的检测，可以使面板质检时间缩短 50%，产品质量缺陷减少 5%，综合良率提升 1.5%。深圳宝安欣旺达电子股份有限公司工厂开设首条 5G+工业互联网产线，目前已稳定运行，每日产能较改造前提升 17%，维修生产线所需人力由 30 余人减少到 6 人。地处深圳龙华的鹏城变电站，日常负载约占深圳电网的五分之一，以往大量的设备巡视、运行等作业都需要人员现场完成，工作负担繁重。在 5G 启用后，各类巡检信息工作人员只需要在电脑上一点就能获取，所需时间低至 1 毫秒，一份一千多个检查项目的巡视表单，人工巡视需要 3 天，5G+人工智能巡查时间只需要 1 小时。深圳坪山的荣耀智能制造产业园中，从"线头"上料到"线尾"手机下线的整个组装生产线上，75%的工序都是由自动化设备完成，已入选工业和信息化部等四部委联合公布的"2021 年度智能制造试点示范工厂"。

3. 深圳市加快建设数字政务

在 2019 中国智慧城市发展水平评估中，深圳排名第一，同时获得城市数字政府建设指数第一名和智慧城市建设综合领先奖。在产业发展方面，深圳已经有一批智慧城市建设相关的产业园区，涉及工业互联网、人工智能、云计算、互联网金融等不同产业。在数字政府发展指数中，深圳数字政府建设领先国内其他城市，在 2020 年十五个副省级城市中，深圳市数字政府发展指数为 82.2 分，排名首位（图 10.2）。

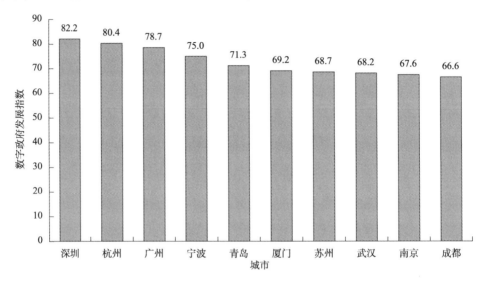

图 10.2　2020 年十五个副省级城市数字政府发展指数 TOP10
资料来源：清华大学数据治理研究院

2021 年发布的《深圳市人民政府关于加快智慧城市和数字政府建设的若干意见》指出，到 2025 年，打造具有深度学习能力的鹏城智能体，成为全球新型智慧城市标杆和"数字中国"城市典范。"十四五"时期深圳将继续推进"一网通办""一网统管""一网协同"，统一全市政务网络和云架构，实现跨部门系统平台数据对接。

以粤省事为代表的广东省级数字政务体系建设，为深圳市的数字政务发展提供了有力保证。从"秒批""秒报"到"秒办"，从"一件事一次办"到"i 深圳"APP 一站式"掌上办"，从办事堵点难点疏解到"好差评"及时反馈，深圳形成了智能化的政务服务格局。疫情期间，深圳在全国率先打造自主申报平台，引导市民自主申报防范疫情，助力完善联防联控、群防群治工作体系。在全国率先推出"深 i 您"健康码，创新推出手机"扫码""亮码"无接触通行模式。上线"深 i 企—精准服务企业"平台，为企业提供困难诉求上报、企业金融服务、法律援助、纠纷调解等功能服务，实现企业诉求"一键提"、政府部门"速反馈"、扶持政策"一站汇"。

《省级政府和重点城市一体化政务服务能力（政务服务"好差评"）调查评估报告（2021）》显示，深圳在线办理成熟度指数和在线服务成效度指数两个指标在全国名列第一（表 10.1），网上政务服务能力以 96.81 的总体指数再次稳居首位。

表 10.1　2021 年重点城市调查评估指数排名前十位

城市	总体指数	在线服务成效度指数 A	在线办理成熟度指数 B	服务方式完备度指数 C	服务事项覆盖度指数 D	办事指南正确度指数 E	排名
深圳	96.81	96.17	96.99	96.69	97.10	97.43	1

续表

城市	总体指数	在线服务成效度指数 A	在线办理成熟度指数 B	服务方式完备度指数 C	服务事项覆盖度指数 D	办事指南正确度指数 E	排名
广州	95.92	95.47	94.79	94.97	98.97	96.78	2
南京	95.92	94.75	94.54	97.30	95.96	98.27	2
杭州	95.92	95.64	95.12	98.06	94.88	95.94	2
宁波	94.49	92.26	95.05	95.94	94.27	95.56	3
合肥	91.08	87.23	94.50	85.65	94.34	95.78	4
青岛	90.80	87.37	89.23	95.16	88.90	95.25	5
武汉	89.39	83.77	90.55	90.29	90.78	94.24	6
哈尔滨	89.39	84.06	92.20	87.91	89.68	95.31	6
南昌	88.08	80.25	91.45	91.14	85.72	93.81	7

资料来源：中共中央党校电子政务研究中心

深圳市不断推进政府数字化改革，政务办事的线上服务能力全面提升。截至 2021 年 5 月，深圳市政务服务事项"最多跑一次"率达 99.94%，99.29%行政许可事项实现零跑动办理，91.74%政务服务事项实现"不见面审批"，89.44%政务服务事项实现"全流程网办"，建设成效如表 10.2 所示。

表 10.2 深圳市电子政务建设成效

指标	具体情况
"秒批"事项	309 项
"秒报"事项	374 项
"秒报秒批一体化"事项	118 项
政务服务"免证办"覆盖电子证照类别	393 类
政务服务事项"最多跑一次"率	达到 99.94%
行政许可事项实现零跑动办理	达到 99.29%
政务服务事项实现"不见面审批"	达到 91.74%
政务服务事项实现"全流程网办"	达到 89.44%
"i 深圳"APP 已接入政务和公共服务事项	8 287 项
个人政务服务事项实现掌上一站式办理	95%以上
法人政务服务事项实现掌上一站式办理	70%以上
注册用户数量	超 1 400 万人
为市民提供服务次数	超 17 亿次

资料来源：深圳市人民政府官网

第二节　深圳市发展数字经济的主要措施

近年来，在数字经济产业密集创新和高速增长的进程中，深圳以数字经济产业化和产业数字化为主线，积极打造全国数字经济创新发展试验区，与广州一起全力打造粤港澳大湾区的数字经济双核驱动模式，辐射带动周边城市形成梯队产业发展。

深圳市人民政府先后出台了《深圳市人民政府印发关于进一步加快发展战略性新兴产业实施方案的通知》《深圳市新一代人工智能发展行动计划（2019-2023 年）》《深圳市数字经济产业创新发展实施方案（2021—2023 年）》和《深圳经济特区数据条例》，以及深圳市龙华区人民政府 2020 年发布的《打造数字经济先行区十大举措》等系列文件，加快数字经济发展，将数字经济产业列为七大战略性新兴产业之一。2020 年 5 月，深圳市工业和信息化局发布 2020 年数字经济产业扶持计划申请指南，2020 年 6 月，深圳实施 2020 年第一批数字经济产业扶持计划。人民币数字化应用、政府财政资金支撑，为深圳数字经济的跨越式发展提供了支持。

深圳充分发挥"双区"建设的战略带动作用，在数字经济产业化方面结合高端的信息制造，在互联网、大数据、云计算、人工智能等多个技术领域，实现数字经济产业与实体产业深度融合，改善实体产业经营模式。在深圳，数字经济与实体经济深度融合发展，既高效提升了传统产业的生产效率，同时还孵化出许多新模式、新业态。

第三节　深圳市发展数字经济的对策与建议

深圳在"十四五"规划纲要中提出要"打造全球数字先锋城市"，明确要"抢抓数字技术产业变革机遇，以数字产业化和产业数字化为主攻方向，建设数字政府、智慧城市、数字生态，促进数字化转型，引领数字新生活"，助力特区数字经济发展。一是为推动深圳新型智慧城市和数字政府建设提供助力，通过数据立法明确公共数据管理权责，打破公共数据壁垒和数据孤岛。二是为数据跨区域融通和跨境流通提供更有利的改革政策环境，鼓励、促进、规范深圳与港澳之间、与广东省内其他地区之间的数据交流与合作，为协调深圳与港澳有关数据的制度差异提供法规支持，也为促进数据在发达国家、新兴经济体与经济特区之间自由流通，在开展数据国际合作、推动企业参与数据国际竞争等方面积累经验。三是引导推进云计算、大数据、人工智能等技术的融合创新，鼓励龙头企业建设大数据平台，发挥产业链带动优势，培育孵化更多优秀上市公司和独角兽企业。

1. 完善法规，助力特区数字经济发展

深圳电子信息产业集群，如华为、平安、腾讯、中兴等实力较强的本土企业集聚了大量的信息数据，形成完整的数据产业链，通过完善法规的管理，加强个人权益保护意识，保护隐私不受侵害，改善用户体验，让数字经济核心产业健康发展。深圳探索数据立法，通过法规制度建设，规范个人数据处理活动，强化对个人数据的保护，从而有效

遏制个人数据侵权行为，切实维护个人数据主体的合法权益。

2. 注重人才培养，促进科技创新

深圳十分重视人才的引进与培育，先后制定并实施"孔雀计划"、"鹏程计划"与《深圳经济特区人才工作条例》，创新人才聘用机制，搭建创业创新平台，立法设立人才日，保护知识产权，修建人才主题公园，吸引人才落户深圳，并且在项目研发、创业启动、成果转化、政策配套等方面给予支持。为企业提供人才支撑，优化对创新人才、创新团队的分配激励，实行更加开放更加便利的创新人才引进政策，形成具有吸引力和国际竞争力的创新人才制度体系，建立更多国际一流的产业领军人才和创新团队，推进重点领域专项引才计划，充分发挥高等学校和职业院校人力资源开发主力军的作用，开辟拔尖创新产业人才培养"绿色通道"，加强地方高水平大学与学科建设，构建教育与产业统筹融合发展格局。

3. 深化国际国内合作与交流

深圳为贯彻落实粤港澳大湾区发展战略，搭建未来国际合作和网络交流平台，为粤港澳大湾区科技创新国际中心建设贡献力量，深化与香港、澳门在各领域的合作，积极参与广深科技创新走廊的规划和建设，打造粤港澳大湾区合作的新亮点。鼓励行业标杆企业在国际创新资源高度集中的地区创建研发机构，优化整合运用国际研发资源，积极主动参与国际标准的研究制定，提高国际话语权。推动实施"走出去"发展战略，支持企业开展国际化经营。加强对海外人才引进工作，发挥高校科研优势，加大高层次人才培养力度。大力促进科技成果转化，加快产业转型升级步伐。积极承办或者策划一些在国内外有重要影响的数字经济高端展会论坛，提高深圳数字经济领域国际影响力。

4. 优化数字生态环境

一是打造数字经济的公共服务平台。深圳全面搭建数字经济产业高端平台，搭建知识型高端科技服务平台，围绕"人工智能、工业互联网、云计算"等领域建设实验室，着力推动数字经济产业的共性技术和科技成果转化，大力强化专业技术服务能力。同时，还加快推进 5G 应用示范工程及智慧城市试点建设，进一步加强数字政务服务能力和水平。

二是优化企业营商环境。深圳一方面鼓励数字经济产业融资服务平台建设，落实双创政策与财政资金支持，缓解数字经济企业融资难、融资贵问题；另一方面深化数字政府改革，以粤港澳大湾区数据中心建设为依托，通过公共数据共享、业务协同办理等方式，简化办事流程和企业审批期限。

参 考 文 献

李杰，余壮雄. 2021. 广州市数字经济发展报告（2021）[M]. 广州：暨南大学出版社.

澎湃新闻. 2021-4-22. 中国城市数字经济指数蓝皮书（2021）[EB/OL]. https://www.thepaper.cn/newsDetail_forward_12346560.

深圳市人民政府. 2019-9-11. 深圳市人民政府印发关于率先实现 5G 基础设施全覆盖及促进 5G 产业高质量发展若干措施的通知 [EB/OL]. http://www.sz.gov.cn/zwgk/zfxxgk/zfwj/szfwj/content/post_7806991.html.

深圳市人民政府. 2021-6-15. 未来五年打造全球数字先锋城市！深圳"十四五"规划正式发布[EB/OL]. http://www.sz.gov.cn/szzt2010/zdlyzl/spgg/ggxx/content/post_8862855.html.

深圳市人民政府. 2021-7-26. 深圳人工智能集群化发展 企业数量位居全国第二[EB/OL]. http://www.sz.gov.cn/cn/xxgk/zfxxgj/zwdt/content/post_9018754.html.

深圳市人民政府. 2021-10-27. 深圳数字经济领跑全国[EB/OL]. http://www.sz.gov.cn/cn/xxgk/zfxxgj/zwdt/content/post_9293365.html.

深圳市人民政府. 2022-4-12. 深圳：5G 第一城抢占数字经济高地[EB/OL]. http://www.sz.gov.cn/cn/xxgk/zfxxgj/zwdt/content/post_9692396.html.

深圳市人民政府. 2022-5-6. 政府工作报告 [EB/OL]. http://www.sz.gov.cn/zfgb/2022/gb1240/content/post_9770704.html.

深圳市人民政府办公厅. 2021-1-14. 深圳市人民政府办公厅关于印发《深圳市数字经济产业创新发展实施方案（2021–2023 年）》的通知[EB/OL]. http://www.sz.gov.cn/gkmlpt/content/8/8464/post_8464115.html#20044.

深圳市市场监督管理局. 2020-6-23. 《中国质量报》报道：产业规模突破 2.7 万亿带动实体经济逆势增长数字经济成为深圳经济高质量发展"新引擎"[EB/OL]. http://amr.sz.gov.cn/xxgk/xwzx/mtbd/content/post_7817675.html.

深圳新闻网. 2022-4-12. 深圳两会观察|GDP 迈过三万亿，深圳经济向"新"发展[EB/OL]. https://www.sznews.com/news/content/mb/2022-04/12/content_25051797.htm.

搜狐网. 2020-12-15. 2020 粤港澳数字大湾区融合创新发展报告[EB/OL]. https://www.sohu.com/a/438363912_120934024.

新华网. 2022-1-20. "数"上开出"产业花"——深圳数字经济推动高质量发展观察[EB/OL]. http://www.news.cn/local/2022-01/20/c_1128281524.htm.

中共中央网络安全和信息化委员会办公室. 2020-9-4. 全球 5G 第一城！深圳实现 5G 独立组网全覆盖[EB/OL]. http://www.cac.gov.cn/2020-09/04/c_1600778135920650.htm.

中国网. 2020-11-19. 粤港澳大湾区协同创新发展报告（2020）[EB/OL]. http://gba.china.com.cn/2020-11/19/content_41364810.htm.

第十一章 广 州 市

第一节 广州市数字经济发展现状

广州作为中国的"南大门"，是粤港澳大湾区和珠江三角洲的核心城市，与北京、上海、深圳、杭州同属于国内数字经济发展的第一梯队，目前正处于数字经济快速发展的新阶段，积极建设数字经济创新引领型城市。

阿里研究院与 21 世纪经济研究院共同发布的《2020 粤港澳数字大湾区融合创新发展报告》显示，广州数字经济指数为 80.1，在珠江三角洲九市中位列第二，其中数字基础设施指数为 89.64，数字商业指数为 85.82，数字产业指数为 91.80，数字政务指数为 60.67，数字民生指数为 57.58（图 11.1），具有良好的数字经济发展基础。

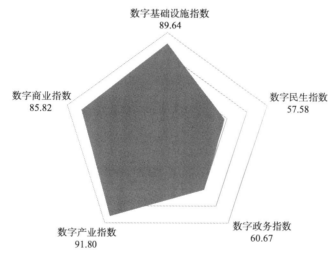

图 11.1 广州数字经济发展指数

资料来源：《2020 粤港澳数字大湾区融合创新发展报告》

数字经济正成为广州经济增长的重要引擎，2020 年广州数字经济增加值超过 1.1 万亿元，目前广州正全力建设广州人工智能与数字经济试验区，5G 基站建设数量连续两年全省第一，建设华南唯一、全球 25 台之一的国际 IPv6 根服务器。广东省数字经济"十四五"规划纲要中明确提出，2025 年广州数字经济核心产业增加值占广州生产总值比重要达到 25%。

1. 数字产业化各行业稳步发展

1）大力推进信息基础设施建设

广州不断加快 5G 设施建设步伐，助力数字经济发展。在广州举行的 2021·5G 应用创新大会上，数据显示广州市累计建成 5G 基站超 5.2 万座，实现中心城区和重要区域的 5G 网络覆盖，在 5G 基站建设数量上持续排名广东省第一，全国领先。广州主导成立粤港澳 5G 应用创新中心，创建粤港澳大湾区中首个 5G 应用创新服务平台，启动中国电信粤港澳大湾区 5G 云计算中心建设，该项目是中国电信在全国云网融合资源布局的四大国家级数据中心之一，是唯一服务于粤港澳大湾区的国际数据公司，也是华南地区最大的境外光缆数据传输端口。

2021 年第四届"绽放杯"5G 应用征集大赛广东区域赛颁奖暨发布会在广州黄埔落幕，会议数据显示广州市黄埔区 5G 基站已超 4 500 座，新型基础设施网络体系初具规模，平均每平方千米光纤里程数 9.3 万芯公里，实现产业集中区域、热点区域、重点区域双千兆网络持续高质覆盖。目前，黄埔区已经集聚了海格通信、京信通信、高新兴、程星通信等 5G 相关企业超过 100 多家，产值高达 2 000 亿元，小基站、5G 天线、新型终端、超高清视频等领域领军企业不断蓬勃发展，进一步推进 5G 应用示范项目超过 50 个，涉及智能制造、智慧医疗、智能网联汽车、智慧港口、智慧党建、智慧教育等重点领域。

2）软件和信息技术服务业持续快速增长

华经产业研究院数据显示，2021 年 1~10 月广州市软件和信息技术服务业营业收入达到 4 892.84 亿元，同比增长 20.6%，实现利润总额为 739.9 亿元，同比增长 16.4%。从收入细分领域来看，广州市软件业软件产品收入为 1 214.71 亿元，同比增长 20.1%，信息技术服务收入为 3 448.25 亿元，同比增长 21.0%，信息安全收入为 103.84 亿元，同比增长 15.1%，嵌入式系统软件收入为 126.04 亿元，同比增长 17.2%（图 11.2）。

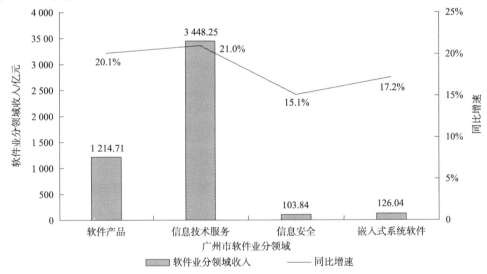

图 11.2　2021 年 1~10 月广州市软件业分领域收入及增速统计图

资料来源：华经产业研究院

广州充分发挥中国软件名城已有的基础优势，形成"双核"（天河软件园、黄埔软件名城示范区）、两区（琶洲人工智能与数字经济试验区、白云湖数字科技城）、多点（南沙国际人工智能产业园、越秀黄花岗科技园、荔湾电子商务、番禺万博商务区等）产业发展格局。

广州市各区域数字经济发展的侧重点不尽相同。天河区以现代信息服务业为主导产业，是粤港澳大湾区最大的软件业集聚区，吸引了 YY、虎牙直播等企业总部入驻，为创造新增量经济而生。广州市天河区人民政府网站数据显示，天河区科技类企业超 10万家，高新技术企业 3 374 家，数字服务类企业近 2 万家，规模以上人工智能企业 18 家，在 2020 年中国城区高质量发展水平百强榜单中位列第二。黄埔区重点发展工业机器人、智能装备传感器、先进控制器等产业，广州市黄埔区人民政府网站数据显示，2018~2020 年，智能装备及机器人规模以上企业增长 36 家，产业总产值同比增长 34.8%，全省建设的 8 大机器人技术支撑平台有 3 个在黄埔，8 家企业入选广东省机器人骨干企业，占广州市的二分之一。

在集成电路方面，广州市实施"穗芯"计划，粤芯半导体 12 英寸晶圆项目顺利投产，填补广州制造业"缺芯"空白。同时，广州在位于"广州—深圳—香港—澳门"科技创新走廊的核心区域建设中新广州知识城"研发设计—中试生产—封装测试"全产业链的集成电路产业园，成功引进磁性技术控股有限公司、中科飞测等一批龙头企业。

3）人工智能、区块链产业加速发展

广州在人工智能、区块链等领域具有显著优势。广州已设立 26 个人工智能产业区块，以推进传统企业的智能化改造为抓手，不断推动人工智能领域的产品和技术创新。区块链全产业链式协同推进的产业集群效果显著，2020 年广州市获批创建全国首个区块链发展先行示范区，广州区块链国际创新中心、蚁米区块链众创空间、黄埔链谷、区块链未来空间载体投入使用。加快推进以琶洲为核心的广州人工智能与数字经济试验区建设，示范引领粤港澳大湾区数字经济和智能社会发展。

广州市工业和信息化局数据显示，2021 年广州人工智能与数字经济试验区内登记注册企业超 8 万家，作为数字经济示范区的琶洲核心区数字经济产业集聚明显，39 个重点项目营收同比增长 69.6%。广州市工业和信息化局数据显示，2021 年琶洲人工智能与数字经济试验区营收 3 668 亿元，企业数量超 3.2 万家，分别增长 23% 和 13.5%。同时，琶洲试验区也带动海珠区产业互联网、大数据、数字创意等产业细分领域蓬勃发展，新一代信息技术服务业营收超 520 亿元，增长 23.9%。先后引入腾讯、唯品会、复星、小米、国美等 22 家人工智能与数字经济企业，广州已有 6 家企业获批广东省新一代人工智能开放创新平台，数量占全省一半。此外，人工智能与数字经济广东省实验室（广州）累计部署 19 个研究中心，成功获批成为广东省博士工作站、国家自然科学基金依托单位。

广州市科技创新企业协会发布的 2021 年广州独角兽创新企业榜单中（表11.1），行业分布范围广涉及 6 个行业领域，其中包括 6 家人工智能企业、4 家信息技术企业、3家电子商务企业、1 家物联网企业、1 家新能源与节能环保企业、企业服务 1 家。此外，评选的 63 家未来独角兽创新企业，主要集中于四大产业，大数据与云计算、信息技术、人工智能、生物医药，约占 67%。

表 11.1　2021 年广州独角兽创新企业入选名单（排名不分先后）

序号	企业名称	产业领域
1	广州小马智行科技有限公司	人工智能
2	云从科技集团股份有限公司	人工智能
3	广州文远知行科技有限公司	人工智能
4	广州致景信息科技有限公司	物联网
5	奥动新能源汽车科技有限公司	新能源与节能环保
6	广州速道信息科技有限公司	信息技术
7	广州市钱大妈农产品有限公司	电子商务
8	广州探迹科技有限公司	人工智能
9	广州极飞科技股份有限公司	人工智能
10	树根互联技术有限公司	信息技术
11	广州粤芯半导体技术有限公司	信息技术
12	广州华胜科技信息服务有限公司	企业服务
13	广州探途网络技术有限公司	电子商务
14	广东汇天航空航天科技有限公司	人工智能
15	广州市百果园网络科技有限公司	信息技术
16	广州市巴图鲁信息科技有限公司	电子商务

资料来源：广州市科学技术局

2. 深入推进产业数字化转型

1）服务业数字化方面

广州作为"贸易之都"，电子商务是服务业数字化的典范。广州市统计局数据显示，2021 年广州实物商品网上零售额为 2 209.07 亿元，占全市社会消费品零售总额的比重为 21.8%，同比增长 12.6%，两年同期平均增长 22.1%，拉动全市社会消费品零售总额增长 2.5 个百分点。其中，外卖消费广受市民欢迎，全市线上住宿和餐饮企业通过公共网络实现的餐费收入为 66.91 亿元，同比增长 32.8%，两年平均增长 31.2%。

2020 年受疫情影响，居民购物模式发生转变，网络零售额大幅增长，广州市统计局数据显示，2020 年全市限额以上批发零售业通过公共网络实现商品零售额比 2019 年增长 32.5%，拉动社会消费品零售总额增长 5 个百分点，占社会消费品零售总额的 21%。在对外贸易方面，广东省人民政府数据显示，2021 年广州市外贸进出口总额为 10 825.9 亿元，同比增长 13.5%。其中，出口总额为 6 312.2 亿元，同比增长 16.4%，进口总额为 4 513.7 亿元，同比增长 9.6%。

目前，广州已建成了 2 个国家级电商示范基地，12 个省级电商示范基地，12 个市级电商示范基地，国家和省级电子商务示范企业数均居全省第一。琶洲互联网创新集聚区吸引了腾讯等 14 家知名企业，已注册 111 个项目及业务运营公司。

直播电商作为电子商务的一种新业态。2020 年以来，广州市以"10 个全国首创"赋能千年商都焕发新活力，政府层面出台全国首个推动直播电商发展的政策文件、成立全国首个直播电商产业联盟、成立全国首个直播电商研究院、首创"广州直播带货一起上"云课堂、成立首个直播电商人才培养基地、举办全国首个以城市为平台的直播节、发布全国首个直播电商行业服务规范倡议、发布首部全国性直播电商标准等。在跨境电商领域，广州市是国家跨境电商综合试验区，2019 年广州跨境电商进出口规模全国第一，进口额连续 5 年全国第一。

2020 年受疫情影响，中国进出口商品交易会整体搬上"云端"，以"云上"展会的形式吸引了无数海内外客商。展会由传统的"面对面"变成了"屏对屏"，将原有的平面浏览式的中国进出口商品交易会官网开发升级为一个能够互动交流，同时承载大规模数据和全球访问的优质特色的线上外贸平台，把连续举办 63 届的中国进出口商品交易会整体搬上云端，是深层次应用数字化的全新尝试，已成为"互联网+展会"的标志性事件，将进一步助推中国进出口商品交易会线上线下深度融合发展。

2）制造业数字化方面

广州加快企业"上云上平台"进程，制造业数字化转型全国领先。近几年来，广州市以工业互联网为重要抓手，促进新一代信息技术和制造业深度融合，引导企业开展网络化、数字化、智能化改造，不断推进制造业高质量发展。根据人民邮电报数据，全市规模以上工业企业"上云上平台"率达 44%，已拥有一个国家级跨行业跨领域工业互联网平台、4 个国家级特色专业型工业互联网平台、5 家数字化转型服务上市公司，87%的制造业企业拥有智能化设备。广州已建成华南唯一的工业互联网标识解析国家顶级节点，人民邮电报数据显示截至 2021 年 11 月底，有 33 个工业互联网标识解析二级节点接入国家顶级节点，涵盖 25 个行业，接入二级节点的企业有 4 065 家，标识注册量 69.9 亿个，其中广州本地二级节点 15 个，数量居全国城市首位。

广州不断壮大工业互联网平台，如中船互联、致景科技、博依特等领先行业平台，陆续引进阿里云、树根互联技术有限公司（以下简称树根互联）、航天云网等 20 多家国内知名的工业互联网平台，全市 157 家工业互联网平台商和解决方案服务商入选广东省工业互联网产业生态供给资源池，数量位居全省第一。

3）农业数字化方面

在疫情冲击下，数字经济成为广州乡村经济发展的新动能，农业数字化智慧化发展趋势明显，以"农业+5G""农业+人工智能""农业+直播带货"为代表的数字农业快速发展。"全面实施数字农业建设行动，办好世界数字农业大会，建设农业人工智能装备研究中心、30 个数字农业试点（示范）县，打造 10 个粤港澳大湾区无人农场。"

广州市推动建设 5G 智慧农业试验区。2019 年广州市增城区联合中国联通以"政府引导、市场运作、企业主体"为模式，建立水稻精准种植 5G 实验基地，是业界首个落地的 5G+智慧农业应用项目，利用 5G 技术采集和监测水稻数据开展精准采集、精准施肥。从化区制定了农业数字化发展的具体"四化"行动，数字技术龙头企业与农业龙头企业深度融合，一批 5G 智能农业园、智慧农业示范基地、农业大数据云平台加快建设。

3. 广州市数字政务发展现状

广州正在利用数字化政务平台，为市民建立便捷的政务系统，为企业创造良好的经营环境，为过往商客提供最开放包容的政策条件。通过数字技术手段，真正做到政务随时办、随地办、快捷办、精准办，解决了"人跑路"的问题，强化了政务双方的办事效率。根据《省级政府和重点城市一体化政务服务能力（政务服务"好差评"）调查评估报告（2021）》，广州的网上政务服务能力总体指数为 95.92，仅次于深圳，在大中城市中排名第二（与南京、杭州并列）。

广州市全面推动数字政务建设，积极建设各项政务流程网上办理，让市民享受足不出户就可以办理政务，优化事务办理流程，提高行政服务效率，便利群众生活。全力打造一体化公众服务平台，数据互通、网络互通、云端互通、打破信息壁垒，实现政务信息互联互通。基础应用平台基于"四标四实"数据汇聚治理，为各部门提供"标准作业图"和空间地理数据服务，在公安、政法、住建、水务、城管、市场监管等部门多个领域应用。公共信用信息平台建成政府、企业、个人、事业单位和社会组织五大信用主体库，入库数据超过 11.7 亿条，归集 2 370 多万条信用"双公示"数据。

2020 年广东省数字政府改革建设示范区揭牌仪式在越秀区政务服务中心举行，广州市越秀区创新打造"越有数"数字政府"一中心三板块"核心体系，构建决策科学化、治理精准化、服务多元化的"整体智治"政府，70 项居民服务事项实现"零跑动"指尖办理。2019 年广州市政务服务中心琶洲分中心率先加挂"粤港澳大湾区广州琶洲政务服务中心"牌子，成为全省首家为粤港澳居民和企业提供服务的政务服务平台。广州市政务服务中心琶洲分中心聚焦粤港澳大湾区建设，致力推动粤港澳大湾区经济的互融互通，打造具有粤港澳大湾区特色的"一站式"政务服务中心。2020 年广州市政务服务中心琶洲分中心还获评"全国最具标准化管理政务服务大厅"，该分中心后期将强化对粤港澳大湾区服务，打造国际化政务服务新引擎。

智能程序方便快捷，广州打造的"穗系列"微信小程序、公众号、APP 等终端智慧政务平台，可以通过智能终端进行预约、申请、受理进度查询、审批情况，以及评价系统。同时也有"穗康"小程序，助力防控防疫，率先推出国际版健康码，并上线健康码分色管理功能，做到"健康可查、数据可看、轨迹可控"。此外，小程序从疫情的防控升级为健康生活、社会服务等于一体的城市生活平台，平台已上线医保、社保、劳动就业区块链服务等更多优质的服务，成为市民的智慧生活"掌上管家"。

市政热线有求必应，广州 12345 政府服务热线系统整合了全市绝大多数热线，打造"一号接听，有呼必应"的服务体系，以数字化反映社会治理的堵点和难点，以一根"小热线"撬动社会治理的"大变革"。

第二节　广州市发展数字经济的主要措施

在国家政策的引导下，各地政府纷纷将发展数字经济作为推动区域经济健康发展的新动能，积极响应号召出台与数字经济相关的政策，不断探索新领域。广东是国内最早布局数字经济政策的省份之一。2018 年,广东省开始布局数字经济的顶层设计区数字化治理,出台了《广东省数字经济发展规划(2018-2025 年)》和《广东省"数字政府"建设总体规划(2018-2020 年)》,指明广东省数字经济发展整体方向,并前瞻性地布局区块链产业,还对政府的数字化治理给出了指导性的策略意见。近年来,广东省以制造业数字化转型及构建现代服务业为重点建设方向,大力发展数字经济,密集性地出台了加快信息基础设施建设、全方位布局数字经济各细分领域,努力打造数字经济产业集群的政策措施,为数字经济发展提供了良好的政策制度环境。

广州市作为广东省的省会,紧抓粤港澳大湾区建设的战略机遇,近年来制定并出台了一系列政策文件,鼓励发展数字经济创新,开拓新领域,将珠江三角洲地区优势行业,给予数字经济概念,促进人工智能产业、新一代信息技术产业、新能源等重点产业,软件行业、智联汽车、超高清视频、工业互联网、智慧医疗等数字赋能领域发展。

2020 年以来,广州市人民政府先后出台《广州人工智能与数字经济试验区建设总体方案》《广州市加快打造数字经济创新引领型城市的若干措施》,目的在于发挥人工智能和数字经济"双引擎"拉动作用,将广州市建设成全国乃至全世界数字经济发展的引领者。除了省、市级层面的统一布局以外,各区也积极行动,根据本区域的实际情况和发展特点,出台了相应的发展举措,支持区域内特色产业的发展,形成了各区协调联动、精准发力的发展局面。黄埔区制定的人工智能产业、新一代信息技术产业、生物医药产业系列政策受到全国广泛关注,南沙、增城、越秀、荔湾等区分别出台了人工智能、大数据、智能网联汽车、工业互联网等领域的专项政策,继续培育特色产业。

广州作为全国首个出台实施数字经济条例的城市,《广州市数字经济促进条例》定于 2022 年 6 月 1 日起施行,明确了工业、建筑业、服务业、农业四大传统产业的数字化转型路径,放大数字经济辐射带动作用。目前,广州已基本建成涵盖信息基础设施、数字产业化、产业数字化和公共服务数字化等领域的产业链、资金链、人才链,制定了推动数字经济载体建设、深化融合发展等较为完善的政策体系,对推动数字经济发展及现代化产业体系的构建起到了重要作用。广州市近年发布的关于促进数字经济发展的主要政策文件如表 11.2 所示。

表 11.2 广州市关于促进数字经济发展的主要政策文件

序号	发布时间	政策名称
1	2022 年 4 月	《广州市数字经济促进条例》
2	2021 年 12 月	《广州市推进制造业数字化转型若干政策措施》
3	2021 年 7 月	《广州市建设国家数字经济创新发展试验区实施方案》
4	2020 年 9 月	《广州市加快发展集成电路产业的若干措施》
5	2020 年 7 月	《广州市政务区块链+营商环境工作方案》
6	2020 年 7 月	《广州市加快推进数字新基建发展三年行动计划(2020—2022 年)》
7	2020 年 4 月	《广州市加快打造数字经济创新引领型城市的若干措施》
8	2020 年 3 月	《广州市直播电商发展行动方案(2020-2022 年)》

续表

序号	发布时间	政策名称
9	2020 年 2 月	《广州人工智能与数字经济试验区建设总体方案》
10	2019 年 11 月	《广州市政务服务"好差评"实施细则》
11	2019 年 10 月	《广州市加快 5G 发展三年行动计划（2019-2021 年）》
12	2019 年 6 月	《2019 年广州市 5G 网络建设工作方案》
13	2019 年 4 月	《广州市公用移动通信基站规划建设指导意见》
14	2018 年 12 月	《广州市深化"互联网＋先进制造业"发展工业互联网的行动计划》
15	2018 年 12 月	《广州市加快超高清视频产业发展的行动计划（2018-2020 年）》
16	2018 年 5 月	《广东省信息基础设施建设三年行动计划（2018-2020 年）》
17	2017 年 1 月	《广州市人民政府办公厅关于促进大数据发展的实施意见》

资料来源：广州市人民政府官网

第三节　广州市发展数字经济的对策与建议

1. 紧抓粤港澳大湾区发展战略契机

粤港澳大湾区作为中国改革开放的前沿阵地，是推动中国形成"双循环"发展新格局的枢纽平台和重要阵地。广州要紧紧抓住粤港澳大湾区建设的战略契机，以更加开放包容的态度参与国际竞争合作，继续发挥优势，精准布局数字经济细分领域，加快发展数字经济，适应粤港澳大湾区建设发展需要，在助推粤港澳大湾区协同创新发展的同时不断提升自身数字经济发展水平。

加快新能源和智能交通基础设施建设，实施智慧充电设施升级行动，规划建设智能化道路基础设施，构建广覆盖的车用无线通信网络，积极参与全国智能汽车大数据云控基础平台、智能汽车法规标准体系、技术标准等建设。借助粤港澳大湾区的建设契机，进一步提高与港澳地区交流合作的密切程度，实现广州数字经济跨越式发展。

2. 数字经济成为"十四五"时期重点发展领域

党的十九届五中全会审议通过了《中共中央关于制定国民经济和社会发展第十四个五年规划和二〇三五年远景目标的建议》，强调要加快发展数字经济，推进数字产业化和产业数字化，推动数字经济和实体经济深度融合，打造具有国际竞争力的数字产业集群。"十四五"时期，广州要积极紧抓数字产业化、产业数字化赋予的大好机遇，加强数字基础设施建设，促进制造业与服务业数字化融合，推动新型数字消费，加快构建以国内大循环为主体、国内国际双循环相互促进的新发展格局。

广州市 5G 基站、智能充电桩、智慧灯杆等新基建应用数全国领先，具备良好的数字经济发展基础，同时先进的工业、制造业产业体系为数字产业化提供了扎实的实体经济基础。广州要乘着"十四五"规划中国家重点发展数字经济的政策红利，继续加快信息基础设施建设，优化营商环境，推进数字人才培育和引进工作，集聚高端创新要素，努力实现关键领域技术突破，推动数字经济与实体经济的融合发展，发挥数字技术对产业结构体系优化升级赋能的引领作用，促进传统产业焕发新活力，积极推进发展现代服务业。

3. 数字经济赋能产业转型升级

广州市加大力度推进物联网、大数据、云计算、新能源、区块链技术与现有产业更好地结合，加快工业互联网建设，重点培育一批帮助实现企业数字化转型的服务型企业，加快企业"上云上平台"进程，不断完善产业圈，消费端和生产端数字化转型协同发展继续发力。推进大数据、云计算、物联网、人工智能、5G 和区块链等数字技术的广泛应用，有助于提升产品和服务质量，改变传统制造业的研发与生产流程，加快传统产业升级改造的步伐。广州市加大数字技术的研究、推广和应用，势必要更加强化科技创新，加强关键核心应用技术集中攻关，加大研发投入和攻关力度，提升产业创新能力，推动产业高质量发展。

聚焦广州"智能制造"，加快传统制造业数字化转型与智能化升级进程，力争实现重点突破。数字化技术对传统制造业的推动作用主要是推动其逐步走向数字化、智能化及信息化，这也意味着未来广州制造业在数字经济的驱动下，其演变方向将从"广州制造"转向"智能制造"，其中全面数字化将是完成这一演变进程的核心所在。因此，若要推动广州传统制造业顺利过渡成为智能制造业，就必须加快发展智能制造，推动制造业高端化，加大服务型制造业的发展，促进先进制造业和现代服务业深度融合发展。

参 考 文 献

广州市工业和信息化局. 2021-12-22. 广州市人民政府关于印发广州市推进制造业数字化转型若干政策措施的通知[EB/OL]. http://gxj.gz.gov.cn/yw/tzgg/content/post_7981399.html.

广州市工业和信息化局. 2021-12-22.《广州市推进制造业数字化转型若干政策措施》的政策文件解读材料[EB/OL]. http://gxj.gz.gov.cn/yw/zcjd/content/post_7981458.html.

广州市工业和信息化局. 2022-03-15. 琶洲支撑广州大象起舞，引领中国数字经济[EB/OL]. http://gxj.gz.gov.cn/yw/mtgz/content/post_8136632.html.

广州市农业农村局. 2021-09-08. 珠三角力争到 2025 年基本实现农业农村现代化[EB/OL]. http://nyncj.gz.gov.cn/zw/zwyw/snyw/content/post_7764375.html.

广州市人民政府. 2021-01-15. 广州 5G 基站数全省第一[EB/OL]. http://www.guangzhou.gov.cn/202101/15/156096_53755092.htm.

广州市人民政府. 2021-02-04. 2021 年广州市政府工作报告[EB/OL]. http://www.gz.gov.cn/qt/zscd/content/post_7067313.html.

广州市人民政府. 2021-12-10. 人工智能与数字经济产业投资合作交流会广州举行[EB/OL]. http://sw.gz.gov.cn/swzx/swyw/content/post_7959663.html.

华经情报网. 2021-12-20. 2021 年 1~10 月广州市软件业业务收入、利润及信息安全收入统计[EB/OL]. https://www.huaon.com/channel/distdata/771419.html.

李杰，余壮雄. 2021. 广州市数字经济发展报告（2021）[M]. 广州：暨南大学出版社.

搜狐网. 2021-02-24. 数字经济赋能广州产业发展新优势[EB/OL]. https://www.sohu.com/a/452356816_120873510.

粤港澳大湾区门户网. 2022-01-26. 2021 年广州地区生产总值 2.82 万亿元，增幅 8.1%[EB/OL]. http://www.cnbayarea.org.cn/news/focus/content/post_693597.html.

张跃国，许鹏. 2021. 广州数字经济发展报告（2021）[M]. 北京：社会科学文献出版社.

中国工业互联网. 2021-10-18. 中国工业互联网产业经济发展白皮书（2021）[EB/OL]. http://www.ciita.org.cn/news/979.html.

中国信息通信研究院. 2020-12-28. 中国区域与城市数字经济发展报告（2020 年）[EB/OL]. http://www.caict.ac.cn/kxyj/qwfb/ztbg/202101/P020210104510830262645.pdf.

中国信息通信研究院. 2021-04-28. 中国数字经济发展白皮书[EB/OL]. http://www.caict.ac.cn/kxyj/qwfb/bps/202104/t20210423_374626.htm.

第十二章 珠 海 市

第一节 珠海市数字经济发展现状

《2020 粤港澳数字大湾区融合创新发展报告》中，珠江三角洲九市数字经济指数呈现出明显的"两核多梯次"分布体系，其中珠海已超千亿元的规模，数字经济发展总得分超过了 50 分，位列珠江三角洲九市中的第二梯队，正处于快速发展时期。

1. 信息传输、软件和信息技术服务业

根据珠海市统计局相关数据，2020 年珠海市信息服务业实现增加值 144.81 亿元，占珠海生产总值比重为 4.2%（图 12.1），比全国平均水平高出 0.4 个百分点。如图 12.2 所示，珠海市规模以上软件和信息技术服务业企业数量、营业收入、平均从业人员均大幅领先于其他两个行业。从企业数量看，2020 年软件和信息技术服务业占到规模以上信息服务业的 85.8%，而互联网和相关服务业仅占 12.3%，电信、广播电视和卫星传输服务业仅占 1.9%。从营业收入看，2020 年，软件和信息技术服务业占到规模以上信息服务业的 70.7%，互联网和相关服务业仅占 10.8%，电信、广播电视和卫星传输服务业占 18.4%。从平均从业人员看，2020 年，软件和信息技术服务业占规模以上信息服务业的 85.1%，互联网和相关服务业仅占 8.3%，电信、广播电视和卫星传输服务业仅占 6.6%。

2020 年珠海市规模以上信息服务业有私营企业 79 家，如图 12.3 所示，私营企业数量占规模以上信息服务业比重达 49.7%，营业收入占规模以上信息服务业比重达 38.4%，平均从业人员占规模以上信息服务业比重达 45.5%。

图 12.1 珠海市信息服务业增加值总量及占珠海市生产总值比重情况

资料来源：珠海市统计局

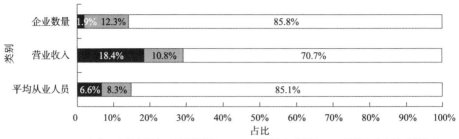

图 12.2　2020 年珠海规模以上信息服务业占比情况

资料来源：珠海市统计局

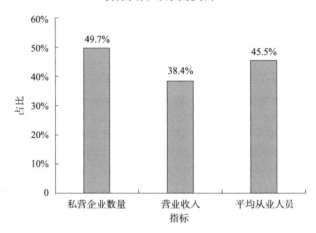

图 12.3　2020 年珠海市规模以上信息服务业私营企业主要指标占比情况

资料来源：珠海市统计局

珠海市规模以上信息服务业主要集中在高新区、香洲区和横琴新区，2020 年这三个区规模以上信息服务业合计的企业数量和实现的营业收入总量分别为全市的 96.9%和98.9%。2020 年，高新区 66 家规模以上信息服务业企业资产合计 227.48 亿元、实现营业收入 133.39 亿元、平均从业人员达 17 496 人，分别占全市规模以上信息服务业的50.1%、49.7%、52.9%，高新区的信息服务业占据了全市的一半（表 12.1）。

表 12.1　2020 年珠海市规模以上信息服务业分区主要指标情况

区域	法人单位/个	资产合计/亿元	营业收入/亿元	平均从业人员/人
珠海市	159	453.94	268.39	33 059
高新区	66	227.48	133.39	17 496
香洲区	56	115.61	96.83	7 654
横琴新区	32	103.62	35.23	4 717
金湾区	5	7.23	2.94	3 192
斗门区	0	0	0	0

资料来源：珠海市统计局

横琴新区依托政策、区位、生态环境和基础设施等优势，大力推进高新技术产业，规模以上信息服务业规模实现爆发式增长。2020 年区内规模以上信息服务业企业有 32 家，2020 年全行业企业资产合计 103.62 亿元，实现营业收入 35.23 亿元、平均从业人员 4 717 人。电信业一直是香洲区信息服务业支柱产业，2020 年，香洲区电信业企业资产合计 115.61 亿元、实现营业收入 96.83 亿元，全年平均从业人员 7 654 人。

2. 数字化基础设施建设

南方网数据显示，2020 年珠海市完成 6 042 座 5G 基站建设，对比省下达任务（2 134 座）完成率高达 283%，完成率全省第二。截至 2020 年底，已累计建成开通 5G 基站 6 590 座，基本实现全市区域 5G 网络连续覆盖。

物联网方面，目前珠海窄带物联网基站数达 2 685 座，窄带物联网连接数超过 13 万个，窄带物联网网络已实现全覆盖，主要应用场景为安防、智能表计、城市管理等领域。

国内最快的超算中心也在珠海——横琴先进智能计算中心，目前每秒算力可达 116 亿亿次，通过跨境光纤互联、资源共享，已为珠澳两地近百家企业和科研机构提供算力支撑。

3. 5G+工业互联网助力传统制造业数字化转型

珠海市统计局数据显示，2019~2021 年，珠海共培育了 45 个工业互联网示范标杆项目（含 5G+工业互联网示范项目 19 个）。2019 年，华为与珠海香洲区签订"人工智能与云计算战略合作协议"，成立了华为珠海人工智能创新中心，围绕赋能企业、人才培养、品牌活动、生态引进等方面开展工作，积极促进香洲区内企业数字化转型。2020 年格力电器携手华为和联通，开展了"5G+工业互联网"5G 专网改造项目，建成国内首个基于 MEC（mobile edge computing，移动边缘计算）边缘云+智能制造领域 5G SA 切片专网，标志着 5G 专网技术正式在智能制造领域展开应用。依托 5G 专网支持，格力电器已成功搭建起行业首个 5G+人工智能质量岗位行为分析监督、5G+视觉导航 AGV（automated guided vehicle，无人搬运车），为垂直行业内网 5G 改造提供了示范样板。

在扶持政策和标杆示范项目的带动鼓励下，部分中小企业也响应号召积极展开探索。2020 年珠海与华为云通过"平台+应用""创新+创业""产业+生态"三大维度，共同打造珠海人工智能创新中心、人才培训实践中心、数字经济产业及智慧城市展示中心的"四中心一平台"架构，并以"智能交互、智能联接、智能中枢、智慧应用"四层架构，实现"能感知""会思考""可执行""能进化"的云网边端协同的一体化智能系统，全面赋能民生服务、城市治理、产业经济等领域的智慧升级，联合共筑了"珠海城市智能体"，为促进粤澳产业转型和经济发展提供了重要支撑。

2020 年 11 月，华为珠海新一代信息技术应用联合创新中心在高新区揭牌成立。该中心由华为与华发集团携手组建团队进行专业化运营，着力建设珠海信创产业生态示范区，集聚创新资源，撬动数字产业升级发展，打造全国一流的数字经济核心技术生态高地。2020 年 12 月，全国首个腾讯云启创新中心也在珠海香洲正式开园，旨在为入驻企业提供技术支持、商机对接、上"云"资金扶持等产业生态服务。

4. 珠海市数字政务发展现状

在 2020 年广东省数字政府改革建设第三方评估中，珠海位列珠江三角洲地区第一梯队，省政务服务"好差评"综合得分连续 5 个月位居全省第一。在珠江三角洲率先建成数字政府政务云平台，在全省创新推出国产化政务云平台，构建云、网、安全一体化运管体系，部署安全态势感知系统，在"粤盾-2021"广东省数字政府网络安全攻防演练中，在全省 21 个地市中位列第一名，荣获"最佳防守单位"称号。

《珠海市新型智慧城市"十四五"规划》提出，要充分发挥珠海市在政策、区位、生态、文化等方面特色优势，全面整合珠海及周边区域的技术、数据、劳动力、资本等要素资源，高质量推进珠海市经济社会数字化、网络化、智能化转型升级，深化珠港澳区域数字合作，将珠海打造成"国际化数字基础设施示范区""数字化城市治理大湾区样板""全民畅享的数字生活体验区""珠江口西岸数字经济高地""粤港澳数字合作新支点"，为粤港澳大湾区智慧城市群建设提供核心支撑。

加快数字政府建设，2022 年珠海市人民政府工作报告指出，珠海市级行政许可事项网上可办率 100%，新登记商事主体 4.9 万户。上线"珠澳通"APP，提供超 100 项跨境民生服务，澳人澳企减少跑动超 10 万人次。"粤省事·珠海"上线 730 项民生服务事项，其中 663 项服务实现零跑动，珠海特色服务 49 项。推动涉企服务事项上线"粤商通"移动政务服务平台。深化电子证照共享应用，珠海市推出 766 项"免证办"高频服务事项，事项数位居全省第一，累计使用电子证照 23 万次，使用量排名全省第二。深化粤港澳大湾区政务服务一体化建设，联合深圳、东莞、中山、珠海湾区城市，依托广东政务服务网推出"跨城通办"服务，目前珠海已上线第一批 157 项网上"跨城通办"事项。珠海市政务服务数据显示，2020 年，珠海市收到企业群众办事评价 202.9 万次，好评率 99.98%，差评按时整改率 100%，7~12 月综合评分连续 6 个月居全省政务服务"好差评"地市榜单榜首。

开通港澳台居民网上服务专区，向港澳台居民提供在线服务，支撑"便利湾区"建设。实现社保服务"跨境办、一次办、掌上办"，促进珠澳两地民生领域深度融通。在 12345 政务服务便民热线开设港澳服务专区，增设粤语语音导航，不断提升对港澳政务服务亲和度。创新粤澳联防联控实践，助力粤澳健康码互认互转，珠海市政务服务数据显示，截至 2020 年底，持"粤康码"通关凭证出入境的人数达 3 572 万人次。

第二节　珠海市发展数字经济的主要措施

2021 年是"十四五"规划开局之年，国家"十四五"规划提出"加快数字化发展、建设数字中国"，广东省"十四五"规划提出"推进数字化发展、全面塑造发展新优势"，珠海市"十四五"规划顺应数字经济发展大潮，提出"建设珠江口西岸数字经济高地"。对于数字经济的发展，珠海将推进数字经济创新发展试验区建设，加快新型基础设施建设，建设省级信创产业示范区、5G 产业园。

国务院印发的《横琴粤澳深度合作区建设总体方案》，为新形势下粤澳合作开发横琴按下快进键。珠海大横琴科技发展有限公司联合阿里云发布全国首个跨境服务创新平台，以及基于该平台的全国首个跨境服APP——琴澳通。琴澳通为澳门企业及个人提供服务，以此推动澳门和广东两地的产业经济联动，共同实现城市治理数字化升级。

珠海印发《珠海市人民政府关于支持数字经济高质量发展的实施意见》(珠府〔2022〕54号)(以下简称《意见》)，紧扣"产业第一"，以数字技术创新应用为驱动力，通过实施"十大工程"、22项任务，全面推动珠海数字经济高质量发展。《意见》提出，制定《珠海经济特区数据条例》，推进数据资源化、资产化、资本化；探索构建数字孪生城市标准体系，构建城市实景三维信息模型。

珠海加快发展数字经济，《珠海市国民经济和社会发展第十四个五年规划和二○三五年远景目标纲要》明确提出打造珠江口西岸数字经济高地的总体部署和要求。按照目标，到2025年，珠海全市规模以上数字经济核心产业企业增加值突破1 200亿元，数字经济核心产业增加值占地区生产总值比重达到20%，推动超过1 260家规模以上工业企业实施数字化转型，万人高价值发明专利拥有量达到21件，向社会开放不少于500个公共数据资源集，建成珠江口西岸数字经济高地、国内领先的数字经济发展名城。

第三节　珠海市发展数字经济的对策与建议

珠海市正迎来粤港澳大湾区建设稳步推进、横琴粤澳深度合作区加快建设、国内国际双循环新发展格局加速构建等重大战略机遇，"十四五"时期需加快推进经济社会各领域数字化转型发展，持续深化数字政府改革建设引领作用，着力提升数字化生产力，构筑珠海经济特区发展新优势。抓住数字经济发展机遇，不断优化营商环境，多维度助力企业发展，规模以上信息服务业实现稳定快速发展，为珠海"十四五"建设珠江口西岸数字经济高地奠定基础。

一是强基础。抢抓机遇争做行业领军企业，不断强化政务服务硬件基础设施建设。主动布局新领域，开辟新战场，以数字政府建设引领全面数字化发展。加快完善适应数字产业发展的基础设施。继续强化新型基础设施建设，完善以5G、物联网、工业互联网为代表的通信网络基础设施，大力推动以人工智能、云计算、区块链等为代表的信息技术基础设施建设，加快以数据中心、智能计算中心为代表的算力基础设施建设，打造融数字化、智能化、集约化和绿色化为一体的新型基础设施体系。打造5G示范园区，实施全域5G网络深度覆盖，搭建传统产业集群数字化基础平台，打造工业互联网园区网络样板。

二是引人才。产业发展，关键靠人才，推动产业数字化转型更加依赖"数字人才红利"。要用好珠海人才引进政策，面向全国招聘适应新技术、新产业、新业态、新模式的综合型人才，着力解决复合型人才紧缺问题，进一步加大数字化转型专业人才引进力度，适当增设数字化转型人才专项补贴，将珠海打造为数字化转型人才的集聚地。建设公共中试中心和成果转化中心，不断畅通产、学、研各个环节。完善数字技能人才培育体系，引导本地各大院校、行业协会、培训机构发挥在数字技能人才培育中的作用，加强数字化转型人才培养与输出。

三是搭平台。发挥央企在行业中的引领作用，开展多元化的供需对接服务，加强相关企业横向、纵向交流与合作，推进珠海市数字产业化和产业数字化转型。消除供需双方的信息不对称，实现供需精准对接。加强行业协会管理和服务，充分发挥行业协会桥梁作用。加强专题性数字化转型、数字经济的宣传，不断提高企业家对产业数字化转型的认识，加大"上云上平台"相关知识普及力度，推动企业设备、业务系统加速上云。

四是建体系。要进一步完善产业数字化转型的管理机制、合作模式及行业标准。建立管理协同机制，形成协同治理工作格局，打通部门数据孤岛，推动形成动态监测与协同治理工作新格局，促进公共数据与社会数据深度融合，利用数字技术全方位、全角度、全链条赋能传统产业，实现实体经济与数字技术的融合发展。积极探索合作模式，加大对产业数字化转型的金融支持力度。完善行业标准体系，推动工业企业开展两化融合管理体系贯标试点，支持企业参与产业标准研制，推动工业数据标准制定与应用，争取将成熟的行业标准上升为国家标准。

参 考 文 献

电子政务网. 2022-03-17. 珠海市数字政府改革建设"十四五"规划 [EB/OL]. http://www.e-gov.org.cn/egov/web/article_detail.php?id=180339.

广东省人民政府. 2022-08-22. 珠海发文推动数字经济高质量发展[EB/OL]. https://www.gd.gov.cn/gdywdt/dsdt/content/post_3998228.html.

广东省政务服务数据管理局. 2020-12-21. 珠海打造"数字政府"助力科学决策[EB/OL]. http://zfsg.gd.gov.cn/xxfb/dsdt/content/post_3155220.html.

南方网. 2021-03-25. 珠海带动制造业数字化转型提速换挡[EB/OL]. https://economy.southcn.com/node_a76c9e9e6f/81e9f74a2f.shtml.

前瞻产业研究院. 2021-10-25. 珠海市推进制造业数字化转型工作方案（2021-2025 年）[EB/OL]. https://f.qianzhan.com/zhinengzhizao/detail/211025-fb599c94.html.

珠海市统计局. 2021-08-16. 加速发展信息服务业助力珠海建设数字经济高地——"十三五"时期珠海市规模以上信息服务业发展情况分析[EB/OL]. http://tjj.zhuhai.gov.cn/tjsj/tjzl/tjfx/content/post_2966122.html.

珠海市政务服务数据管理局. 2022-03-12.《珠海市数字政府改革建设"十四五"规划》政策解读[EB/OL]. http://www.zhuhai.gov.cn/zw/fggw/zcjd/bmjd/content/post_3070657.html.

珠海政务. 2021-09-30. 让城市"更聪明一些更智慧一些"珠海"十四五"期间将打造全国领先的新型智慧城市标杆[EB/OL]. http://www.zhuhai.gov.cn/sjb/zw/zcjd/content/post_3004164.html.

第十三章 东 莞 市

第一节 东莞市数字经济发展现状

东莞市位于珠江口东岸，改革开放以来，开始大力发展进出口贸易。东莞市以制造业为主，有19万多家工业企业和1.1万家规模以上工业企业，是中国制造业最密集的城市之一。2018年，广东省首次发布《广东省数字经济发展规划（2018-2025年）》，提出数字经济"128"发展战略；东莞市发布《东莞市"数字政府"建设总体规划（2019-2021年）》，重点阐述了数字政府的建设。2020年6月，东莞市第一项数字产业促进政策《东莞市工业和信息化专项资金信息化发展专题项目实施细则》正式发布。根据中国城市规划设计研究院、中国信息协会和中国经济信息社联合发布的《中国城市数字化治理报告（2020）》，东莞市在数字化治理方面排名中国第9；在腾讯研究院2019年发布的《数字中国指数报告（2019）》中，东莞市在全国数字治理前沿城市中排名第7。

根据中国信息通信研究院广州分院2020年11月发布的《粤港澳大湾区数字经济发展与就业报告（2020年）》，东莞、惠州、佛山、珠海位列粤港澳大湾区数字经济发展第二梯队，数字经济规模均超过千亿元，这四座城市的数字经济正处于高速发展时期，具有良好的经济条件和产业基础，是发展粤港澳大湾区数字经济的强大力量。广州和深圳位列粤港澳大湾区数字经济的第一梯队，规模超过万亿元，这两座城市的数字经济总规模是其他19个城市的2.2倍，是广东省数字经济发展的核心引擎。其余15座城市，位列数字经济规模第三梯队，其发展规模在80亿~900亿元。

第二节 东莞市发展数字经济的主要措施与创新

一、政府出台重磅文件，全力推动数字经济高速发展

2022年，东莞市以"推动数字经济高质量发展"为目标，出台了2022年市政府第一号文件——《东莞市人民政府关于推动数字经济高质量发展的政策措施》，这是"一号文件"品牌成立以来的第十份文件，也是东莞市在"双万"基础上开启新起点、新赛道的第一份数字经济文件。

东莞市政府第一号文件重点阐述了数字经济规划，既是加快制造业数字化转型进程的迫切需要，也是创造和拓展数字经济发展新机遇的需要。2022年，东莞市政府明确了数字经济发展优质区建设目标和制造业数字化转型示范城市，重点落实数字产业三个维度、夯实基础设施建设等15项政策措施，涉及95项具体规定。根据这项政策，东莞市将在三年内集中至少100亿元的财政资金，以配合东莞地区数字经济的发展。"十四五"结束前，东莞将实现规模较大企业的数字化改造，使15万家企业实现数字化。根据2022年

《东莞市人民政府关于推动数字经济高质量发展的政策措施》,东莞数字经济支柱产业规模将超过 1.3 万亿元。数字经济支柱产业增长占地区生产总值的 23%，进一步巩固和提升了全省和全国大中城市数字经济的作用和优势。

二、实行数字化引导，支持龙头企业试点建设

对于龙头企业，东莞将实施数字化运营。一方面，精选 30 家优质龙头企业入选数字经济试点，在金融、服务、政策和土地等方面提供全方位支持；另一方面，省级技术改造项目、"5G+产业互联网"和"灯塔工厂"项目分别获得高达 5 000 万元的奖励，通过政府资助，帮助龙头企业实现资源要素全覆盖、生产周期和管理周期更全面。

三、实施数字化行动，专项扶持"专精特新"企业

在"专精特新"等重点企业中，东莞现有国家专精特新"小巨人"企业 79 家，居全国第五位（不含直辖市），省级以上"专精特新"企业总数达 234 家，这些企业的数字化转型需求最为迫切。为此，东莞市开展了数字化专项推广行动，并制定了扶持优质企业发展的专项政策。数字采购投资高达 200 万美元，对于认定的国家专精特新"小巨人"企业，给予最高百万元的奖励。

四、实施数字化普及行动，惠及中小企业转型

针对中小企业转型意愿薄弱，以及资金不足的情况，东莞将推行数字经济推广运动，以推动中小企业进行数字化转型。一方面，依托行业集群，实施云平台数字化普及，推出通用和低成本的系统解决方案，补贴中小企业购买云平台产品；另一方面，在产业链的影响下，中小企业被吸引到价值链企业的供应链中，通过链中龙头企业建立的产业互联网平台，中小企业在数字化转型过程中将紧密联系在一起。

五、搭建三级服务改造体系，赋能制造业企业数字化

东莞还将打造立体化、多层次、全覆盖的制造业，以数字化服务体系转型为目标，构建"赋权中心—产业互联网平台—核心服务"三级服务，以降低成本，提高企业数字化转型的效率。具体而言，东莞将加快确定一系列平台、标杆和专门的赋能中心，通过赋能中心加强与供销企业的有效联系，帮助企业应对转型挑战。最近在东莞设立了两个增强赋能中心，即华为中心和恩爱普制造业数字化中心。

六、招引培育持续发力，做大做优数字产业

东莞市将充分发挥硬件制造、网络集群联动、市场规模三大优势，继续完善重点产业的招聘和发展，在数字产业上做更多文章，加快构建"硬件制造"和"软件支撑"，与数字经济体系发展相协调，努力使"十四五"期间数字经济发展成为东莞市优质产业发展的新支点。在"硬件制造"领域，东莞将巩固和提升硬件制造优势，发挥新一代电子信息和智能设备两大先进集群的优势，加快大功率网络维修项目的招募和发展，确保新

一代电子信息等重点产业继续引领发展，核心产业如半导体、集成电路、核心电子元器件等抓住发展机遇。在"支持软件"领域，东莞将重点开展软件开发支持产业，公布应用需求情景清单，梳理供应薄弱环节，提交元数据市场配置改革行动方案，引进国内外先进的数字经济企业，保证大数据、人工智能、软件和信息技术服务等先进新兴产业的进一步发展。

第三节　东莞市发展数字经济的对策与建议

一、加快建设数字经济基础设施

以工业界和信息科技界为首的数字经济产业，要加强数字经济基建，推动建立支援数字经济的网络。加快宽带网络升级，加快发展移动互联网和新一代移动通信，扩大 5G 技术和内联网的商业可用性。企业与大型平台一起，建立数字化转型的核心软件、硬件和应用平台，以降低中小企业数字化转型的成本。

二、推动东莞数字产业集群园区高质量发展

为形成数字经济高质量发展态势，具有一定数字产业倍增效应的工业园区已成为探索数字经济路径的有效选择，以数字产业园区为切入点，形成产业集中效应，推动数字工业新示范园的设立和发展。

三、推动东莞传统制造业数字化转型

从东莞数字经济的未来出发，许多制造企业处于数字经济转型的需求阶段，数字经济具有巨大的市场潜力。通过数字经济结合地方制造业优势，带动"5G+产业互联网"发展，利用数字经济拓展传统制造业，推动制造业企业数字化转型，将制造业与数字经济融合作为数字经济发展的主流。

四、培养高端人才，承接数字经济发展

数字经济的重要实践依托的是数字经济复合型人才，东莞支持地方高校、科研院所和大型数据处理企业联合培养代表大数据海量的人才，建立开放的人才输送渠道。东莞市可以根据数字经济对人才需求的特殊性，采取综合措施，通过引进高能平台，打造优势产业，吸引优秀人才。全面建设产业基础、创新环境、空间开发领域，实现产业引进、就业项目和教育发展。

参 考 文 献

刘鹤鹤. 2020. 电子商务对东莞经济发展的影响和对策分析[J]. 中国管理信息化，23（10）：168-169.

民进广东东莞市委会. 2022. 加快东莞市数字经济高质量发展[J]. 民主，（1）：36.

张华桥. 2022-01-15. 全力推动数字经济高质量发展[N]. 东莞日报（A06）.

第十四章 佛 山 市

第一节 佛山市数字经济发展现状

佛山是中国目前唯一实施制造业升级综合改革的试点城市，提出建设"中国制造业一线城市"。早在 2015 年，佛山市就出台了《佛山市"互联网+"行动计划》，将"互联网+制造"作为佛山市智能制造的主要目标。在 2021 年和 2022 年连续两年发布的政府工作报告中，佛山市政府将发展数字经济放在首位。2021 年，佛山市政府工作报告提出"要推进数字产业化和产业数字化，打造数字经济产业集群"。2022 年，佛山市政府工作报告中再次强调"佛山市要推动数字经济和实体经济融合发展，加快推动制造业数字化智能化转型，发挥广东（佛山市）制造业转型发展基金和"数字贷"工程的杠杆劳动作用，支持企业应用数字技术和智能制造装备进行全流程改造升级"。

根据腾讯研究院发布的《数字中国指数报告（2019）》，佛山在中国数字综合指数 100 个城市中位列第 14 位。在此前进入数字产业、数字文化、数字生活和数字政府指数的 100 个城市中，佛山分别排名第 14 位、21 位、13 位和 7 位。数字产业指数是以企业各类线上销售数据，来反映该地区数字经济对产业的影响深度和广度。佛山聚集了大量的家电、食品、纺织和陶瓷等下游消费品产业，因此催生出良好的消费业态，在粤港澳大湾区企业销售指标上排名仅次于广州与深圳。

近两年来，佛山市数字经济发展水平较高，处于全国前列，尤其是在数字治理领域。然而，也面临着"先进者在前，追赶者在后"的激烈竞争模式，作为一个强大的工业城市，如何适应新的发展趋势和要求，加快数字化转型，如何在数字经济条件下实现现代化尤为重要。

第二节 佛山市发展数字经济的主要措施与创新

一、产业转型深度融合

实体经济是佛山经济发展的支柱，2013 年佛山市政府将数字化转型纳入政府工作报告。佛山市在 2013 年政府工作报告中指出，要着力带动产业升级，增强核心经济竞争力。佛山市要大力推进传统产业升级，带动传统产业创新，从供应链底部向高端、环保等机制转变。继续深化"两个现代化"融合，积极探索云制造模式，构建"云制造"服务平台，带动数百家大型企业生产设备、流程、数字化转型，打造大而强的数字产业。支持传统产业科技创新和商业模式创新，加强品牌与专利战略的实施，推动佛山产业向佛山创意和智能产业方向转型。

佛山是中国最早推动数字化转型的城市之一，与德国"工业 4.0"形成鲜明对比。

从全球工业数字化教育进程的角度来看,德国提出的"工业4.0"发挥了重要作用。2013年,德国在汉诺威工业博览会上首次提出"工业4.0"概念。作为世界领先的工业强国,"工业4.0"是德国对制造业未来知识的产物,它们的结合引发了关于"工业4.0"的全球工业浪潮。

在中国,同期"刘易斯拐点"的出现、人口红利的减少和土地支出的上升,推动了佛山市"工业4.0"的发展。2015年,佛山市首次将"工业4.0"纳入市委全会报告,有力推动了企业"机遇一代"浪潮。根据佛山市2015年政府工作报告,佛山抓住机遇,以先进设备建设珠江西岸工业区,加快产业升级进程。结合佛山市实际,强调要积极做好4.0产业规划,推进佛山制造业智能化转型,坚持先进机械制造业和现代服务业两轮驱动。到2020年,佛山市装备机械总产值超过万亿元。

二、龙头企业引领数字化转型

通过"工业4.0"计划和企业数字化转型,佛山市装备制造产业集群如期在2020年实现万亿目标,总产值达到1.12万亿元。2022年佛山政府工作报告指出,2016~2021年,佛山生产总值已突破万亿元,由8 756亿元增至1.16万亿元。尤其是佛山工业规模仍处于全国前列,设备制造业和泛家具工业产值在万亿元以上。佛山的数字化转型是产业升级的必然趋势,随着数字经济时代的到来,如果企业继续通过传统渠道生产,将逐渐被淘汰。此外,进入数字经济后,企业管理方式、资源配置与企业运行均发生了根本性变化,因此,企业发展必须实现数字化。

经过近八年的聚集发展,佛山市的龙头企业对数字化转型已经有了丰富的经验和实践。2021年,美的集团作为中国家电的龙头,选择顺德区杏坛镇建设机电工业4.0项目,目前该项目总投资额已超过30亿元。该项目的目标是继南沙工厂之后,再建造一座世界级的"灯塔工厂",充分发挥美的集团工业互联网自主研发的技术潜力,运用机器人自动化等软件产品,建立国家级工业4.0智能制造示范基地。广东格兰仕集团有限公司(以下简称格兰仕)也是中国领先的家电企业之一,在PLC(programmable logic controller,可编程逻辑控制器)设备安装、数据采集设备网络建设具有显著优势下,运用PLM(product lifecycle management,产品生命周期管理)、SCM(supply chain management,供应链管理)、WMS(warehouse manage system,仓库管理系统)、MES(manufacturing execution system,制造执行系统)等与生产链相关的系统进行大规模数字化投资。格兰仕通过数字授权,链接了生产链的多个环节,不断提升生产效率。例如,根据《中国经营报》2022年2月14日的报道,格兰仕微波炉从接到市场订单到完成生产的过程,从20天缩短至7天,劳动生产率提高了40%,订单的执行时间缩短了67%。2021年,碧桂园集团作为佛山市的房地产龙头企业,在佛山市顺德区丰通花园项目启动智能建筑试点项目。该项目是国内利用建筑机器人施工的第一个商业项目,也是中国唯一一个真正将机器人投入使用并广泛应用于建筑过程的项目,实现了建筑机器人首次参与搭建示范区、首次搭建机器人调度中心、首次启动施工模型机器人回收工作。

三、加大研发投入，改善数字化发展环境

佛山市数字经济的研发投入主要表现在产业数字化和数字产业化转型两个方面。一是制定产业规划发展政策，在佛山地区组织专项扶持资金，积极建设区域产业互联网平台，加强"云"基础设施建设，完善信息中心等基础设施，带动民间投资。佛山通过提升数字化产业水平，为数字转化生产提供护航。在基础研究和应用开发的同时，积极构建企业科研机构互动平台，打通"最后一公里"的数字应用。二是通过多种筹资方式，积极引导生产企业实现数字化转型，如行业基金、技术改造补贴和低息贷款等。支持具有数字优势的企业建设示范工厂与车间，选择智能数字化转型项目，鼓励中小企业"上云用云"。积极推进佛山市工业数字化生产转型进程，重点打造"5G+工业互联网"应用，打造智能园区、智能工厂、数字车间、"灯塔工厂"等一系列示范项目。

第三节　佛山市发展数字经济的对策与建议

一、调整企业生产组织结构以满足数字化转型的需要

佛山市在数字经济快速发展的背景下，通过数字技术的应用，推动企业管理的内部变革，企业生产的组织结构趋于扁平化与网络化，生产模式趋向于灵活化与模块化。因此，生产企业既要根据工业时代的传统要求，注重商品的质量、品质与价格特点，同时要转变管理思维与范式，尽快形成数字化转型意识，注重用户的多样性与个性化需求。

例如，可以使用户积极有效地参与产品设计与生产活动过程，以佛山维尚家具制造有限公司为例，为渡过传统家具制造难关——客户看不到效果、订货效率低、服务质量难标准化，以及生产过程不能追溯等，该企业积极推动产业链全过程数字化改造。具体做法是组建高效数字化、智能化生产基地，企业将所有订单分解为不同的数据类型，并将相同的订单验证到特定的板材上，以便减少人力资源。同时，该企业依托云数据库，设计者只需填写用户信息、房间类型等具体需求，系统就能运用智能计算机自动匹配需求，并将最适合设计者的方案发送给设计者，供其参考使用。通过以上数字化转型措施，增加了用户黏性，较好地满足了用户的个性化需求。

二、引领数字升级，深度整合产业链

智能化数字化转型更倾向于利用大数据、云计算等现代信息技术，为了最大限度地整合和共享信息，以解决长期存在的"信息隔离"等问题。例如，佛山陶瓷产业链服务平台"众淘联"，其产业平台基于核心数据，通过海量数据采集、清理和分析，建立了预测评估模型，可以完成采集、去污、净化、分类等全产业链过程，并实现了物料储存货源、时间和运输等环节的准确控制，直接成本将节省约4 000万美元。

三、探索中小企业数字化

佛山市现有工业企业近十万家，规模以上企业 8 000 多家，但与佛山市众多工业企业相比，目前已实现数字化转型的企业占比不高。除了率先开始数字化转型的佛山龙头企业外，佛山剩余的工业企业大多是中小企业，但这些中小企业是佛山数字化转型的关键。佛山 2022 年两会期间，多位委员提出数字化转型过程中存在的困难问题，并提出中小企业数字化转型的相关发展建议，中小企业应依托行业协会，在政府政策的支持下，以优势企业为主体一起转型。佛山中小企业转型可以从三个方面入手：一是在经营模式上，有明确的龙头和经营主体示范；二是做好行业平台的配套工作；三是培养好产业工人和"创二代"。

首先，要将企业数字化，不仅是购买大量的数字化改造设备，更重要的是如何利用数字化和智能化获取生产需求和生产材料。要将数字数据转换为软件，如云数据，不需要购买设备来获取必要的信息要素，但可以转换为租赁方式。中小型企业首先需要改变传统的生产观念，按照传统的生产观念，往往将重点放在如何生产好产品、如何保证产品质量，以及如何通过广告扩大营销。目前数字化转型的重点，是聚焦如何找到消费者，然后根据消费者的具体需要生产产品，以及消费者如何利用互联网上的社会信息为生产者提供生产决策。因此，对中小企业而言，从根本上改变传统的产销模式至关重要。

其次，行业平台搭建方面，重点是为本地各行业建立一个公开高效的数字信息平台，以协助企业开放信息，使更多的中小型企业可以利用这个平台获取本地和国际所需的生产和销售信息，从而降低企业的生产成本，增加销售额。

四、加快人才培养和职业教育供给

发展数字经济，加快培养数字经济人才是关键，一是以龙湾高水平创新集群、季华实验室和佛山国高新区等重大项目为载体，广泛吸引国内外一流人才。目前佛山正在与国内外知名大学和科研机构建立战略合作机制，吸引优秀人才。二是充分利用粤港澳大湾区丰富的大学资源和科研院所，通过积极推进在佛山设立分校、分院等方式，建立政商联盟，实现数字化人才的培养。企业可以直接对接高校和科研院所资源，加快科研项目转化，进而加快数字化创新的步伐。三是加强地方人才建设，发挥佛山科学技术学院等高校的优势，调整专业结构，设立培养面向未来的数字经济新课程，提高工业互联网、云计算和人工智能等专业的科研水平。四是加强数字化职业技术教育体系的建设，发挥高职高专院校社会实践与应用的优势，在现有制造企业对员工进行数字化培训的基础上，建立适应新环境的持续职业培训体系。

参 考 文 献

陈靖斌. 2022-02-14. 赋能传统产业佛山抢占数字经济新赛道[N]. 中国经营报（B09）.

肖威，张艳婷. 2022. 数字经济背景下制造业数字化转型升级路径研究——以佛山市为例[J]. 广东轻工职业技术学院学报，21（2）：11-16.

第十五章　澳门特别行政区

第一节　澳门数字经济发展现状

粤港澳大湾区数字经济的快速发展为澳门数字经济带来了新的发展机遇。澳门官方统计数据显示，2013~2017 年，澳门互联网用户增长了 50% 以上，移动电话用户增长了 30% 以上。同时，澳门的创新创业环境有所改善，新成立的公司从 2014 年的 515 家增至 2017 年的 803 家，推动了澳门高新技术领域的人力资源开发和创新。此外，澳门的金融业蓬勃发展，为高科技创新公司提供了经济资本和有力保障。

2020 年，建设"数字澳门"成为澳门公共服务管理的核心，澳门的数字公共服务体系、"生产云"、"数据资源平台"、"大数据平台与云计算中心"等正在迅速发展，公共部门信息传播统一机制不断优化完善。澳门致力建设世界领先的新型智慧特区，建设"数字澳门"，提高公共服务数字化水平。

加强 5G 网络建设是澳门加快数字基础设施建设的重要方向。根据中国信息通信研究院 2020 年发布的《粤港澳大湾区数字经济发展与就业报告（2020 年）》，澳门电信运营商在 2020 年前完成 5G 主干网络的建设，并将在未来 5 年再投资 2.5 亿美元，以完成部署并优化其基础设施。澳门的移动宽带接入率为 345%，在整个粤港澳大湾区和全球都处于领先地位。在智慧城市方面，澳门正利用新一代信息科技带动智慧城市的建设，包括智慧旅游、智慧政府和智慧医疗等。例如，在澳门，按照标准将医疗数据转换为云数据存储，并在澳门最大的医院山顶医院进行了使用和演示，并建立了国内首个跨境服务创新平台——"琴澳通"。

第二节　澳门发展数字经济的主要措施与创新

一、明确智慧城市发展战略

澳门在数字经济发展方面，表现出了"后发先至"的态势。澳门在 2018 年施政报告和《澳门特别行政区五年发展规划（2016-2020 年）》中，都明确了智慧城市发展战略，并与国内外知名机构合作，以"云"计算作为建设智慧城市的基础。从一开始，通过城市数字服务带动不同行业和业务领域在互联网领域的发展，并将数字人才作为特区数字经济发展的重要组成部分。2020 年 9 月，澳门进入特区政府电子政务新阶段，为发展电子政务奠定了法律基础。

二、与国内外知名机构合作，智慧城市建设取得快速发展

澳门通过"互联网+推动传统产业"与互联网融合，为新兴产业增长注入新动力，

推进移动互联网应用，探索澳门大数据和云计算发展战略，探索互联互通，推动信息技术应用优化城市管理，提高居民生活质量，带动经济发展。

南光（集团）有限公司以改善澳门居民生活环境为宗旨，以客户为导向，建立智能服务平台。通过"服务在线、客户在线、业务在线"，实现了在澳业态资源的整合，形成整体互联互通，推动了集团业务数字化转型。

澳门正在加快实施智慧城市建设发展战略，促进特区政府数据的公开获取和更广泛应用，并致力建立"云计算中心"和整合特区政府数据。凭借云计算和大数据平台的支撑，推动部门间更顺畅的数据交换，提高政务、交通、旅游、医疗、安全等领域的智慧化。

三、加强数字经济人才培养，召开数字经济峰会

澳门正在实施人才引入计划，以吸引海内外人才积极参与澳门的建设，在2019年通过了《澳门中长期人才培养计划——五年行动方案》。此外，阿里云与澳门大学合作，在其科技学院的课程中加入更多内容，如数据收集、云计算等，以培养数字科技人才。

澳门为推动数字经济发展和城市可持续发展，承接了一系列学术会议和高端论坛，如2018年9月在澳门举行的"新技术、新业态、新消费"全球数字经济发展峰会，同年11月，由世界数字经济组织主办的一年一度的世界数字经济论坛在澳门举行。上述数字经济峰会对全国乃至全球数字经济的可持续发展产生了巨大影响。

四、给予数字经济相关产业税率优惠

澳门为新一代信息科技、高端设备制造及其他与数字经济相关的行业提供免税减税优惠，并在缴税前扣除额外的研发开支。如果将企业的收入用于开发新一代信息技术、人工智能、集成电路等创新技术，则首次300万澳门币的研发费用可以税前抵扣，比例最高可达300%，余额可以加扣200%，扣除总额的上限为1 500万澳门币。

五、横琴粤澳深度合作，推动数字城市发展

粤港澳三地政府逐步加大了对于云计算、数据智能和智能互联网等创新信息技术的投入，不断完善新型数字基础设施，实现跨境城市数字化治理。根据"十三五"国家大数据战略，澳门建立了一个公开的数据库，其中包含有关城市经济规模、运营和管理的数据，量身定制的数据收集系统和开放标准，促进城市建设和工业升级。

2018年10月23日，港珠澳大桥正式通车后，珠海成为连接粤港澳大湾区的重要城市，横琴新区也将在推动区域间经济互联互通发展中发挥关键作用。目前，"未来工业岛"是连接横琴与澳门的重要沟通渠道，双方强强联合，共同推进"澳门资本+创新人才+横琴载体+全球技术"产业合作模式。"未来工业岛"以人工智能、信息科技和生物医学新一代战略性新兴产业为目标，重点发展旅游休闲、金融服务、物流服务和商务展览等高端服务，面向世界和未来的高质量、高技术的现代工业体系正在逐步形成。例如，2019年，"琴澳通"APP跨境服务首次在珠海推出，不仅为澳门居民提供出入境服务，还为

澳门企业提供入境运营等商业服务，有效促进了区域内跨境城市管理实践，对支持大湾区数字化建设和融合发挥了积极作用。

第三节　澳门发展数字经济的对策与建议

一、提升数字化能力，强化实体经济融合

一是深化数据要素应用。数字经济以数据作为关键生产要素，重点要做好构建数字资源体系的工作，才能充分发挥数据要素的红利作用。二是强化数字技术产业。借力粤港澳大湾区在数字技术产业的规模优势和技术优势，将发展科技研发和高端制造产业放在重要位置，助力澳门的数字技术产业升级。三是加强实体经济融合。数字经济是实体经济的一部分，应与实体经济融合发展，尤其推动澳门传统中小企业产业数字化，将有助拓展更大的市场，同时要增强员工数字技能和数据管理能力，实现传统产业数字化转型。四是提升数字化治理能力。通过创新数字化治理的思维方式，构建更加公平、便民的智能政务系统，坚持以实现"一网一户"的智慧政务策略为目标，提升澳门居民整体数字应用水平。

二、提升横琴粤澳深度合作区数字化金融发展水平

通过数字金融的建设，横琴粤澳深度合作区金融体系不但可以纾困小微企业，而且可以促进银行业数字化转型，为横琴粤澳深度合作区的数字金融发展提供一个新的起点。在疫情的影响下，无接触支付方式成为民众首选，这一举措将会促进数字支付的发展。关于提高横琴粤澳深度合作区数字化金融发展水平的具体建议措施如下。

一是完善企业融资法律体系，保障数字经济企业能够顺利融资。为此，应以法律法规的形式为粤港澳大湾区数字经济的发展提供金融保护和支持。同时，制定适合数字经济发展的信用担保法和融资法等法律法规，以规范数字经济企业融资主体的责任范围、融资办法和保障措施。

二是重视经济的数字化建设，放大数字金融发展优势。横琴粤澳深度合作区数字金融迎来发展契机，企业的线上需求变得更加突出，监管部门、企业、个人都应重视经济的数字化建设，放大和提升数字金融发展优势，提升企业数字化生产和经营程度，为数字金融的发展提供新的起点。

三是创新金融科技，以数字经济加速新旧动能转换。横琴粤澳深度合作区应发挥原有优势，通过区块链技术等前沿科技助力金融领域提质增效。以数字经济发展助力特色金融发展，实现珠澳跨境金融发展的互联、互通、互认。

四是发展特色数字金融。横琴粤澳深度合作区作为目前内地唯一可以同港澳两个自由贸易港路桥相连的自贸区，应积极支持跨境电子商务业务持续发展。在此基础上，还应进一步支持互联网企业布局"智慧旅游、智慧出行、空中课堂"等数字平台，以数字经济发展带动横琴粤澳深度合作区多领域合作；让数字化的服务业成为新时代经济发展的新动能，为保障就业、稳定经济提供坚实基础，成为横琴粤澳深度合作区经济增长新

引擎。

　　五是加速智慧横琴粤澳深度合作区建设，释放数字金融活力。在建设数字化政府方面，横琴粤澳深度合作区经验丰富，2017 年 4 月就率先推出全国首个城市智慧管家——物业城市（原名横琴管家）APP 平台，推动城市治理模式的转变。横琴粤澳深度合作区还需进一步强化数字政务平台的惠民功能，输出数字政务、数字民生、数字金融监管等领域的服务，对社区医疗服务、疫情发布控制、卫生监督管理、交通智能管制和公共安全保障等领域进行覆盖，推进智能横琴粤澳深度合作区建设，提高政府治理能力，实现政府智能决策。

　　六是培育创新要素，促进数字金融协同创新发展。横琴粤澳深度合作区应充分利用数字化发展，培育创新要素，促进珠澳深度合作。积极推动人才高地战略，引进数字金融领域高端人才，抓住粤港澳大湾区建设契机，将横琴粤澳深度合作区打造成为服务港澳、服务全国的区域创新平台。

　　七是完善投融资服务体系，实现资本高效对接。面向企业创新创业和社会化双创，进一步完善投融资服务体系等方面工作，为数字企业发展提供全方位的投融资支持。建立和完善数字经济企业的融资担保体系，加强为数字经济企业服务的中介机构建设。与国外发达国家和地区相比，粤港澳大湾区金融中介机构的建设还需要提升。社会中介机构诸如财务机构、会计机构、资产评估机构、信用评级机构等仍未形成针对数字经济服务的金融机构和相关产品，因此应尽快形成为数字经济企业提供金融服务的中介服务体系。

参 考 文 献

任志宏. 2019. 粤港澳大湾区定位于"数字湾区"发展的意义价值[J]. 新经济，（10）：8-14.

万晓琼，王少龙. 2022. 数字经济对粤港澳大湾区高质量发展的驱动[J]. 武汉大学学报（哲学社会科学版），75（3）：115-123.

许佳，徐千然，徐舒婷. 2021. 横琴与澳门跨境电商产业合作的路径分析[J]. 经济视角，40（4）：81-90.

郑剑辉. 2021. 数字经济背景下粤港澳大湾区企业所得税协调机制研究[J]. 财政科学，（9）：29-41.

中国信息通信研究院广州分院. 2020. 粤港澳大湾区数字经济发展与就业报告（2020 年）[R].

第十六章　香港特别行政区

第一节　香港数字经济发展现状

粤港澳大湾区数字经济的快速发展，为香港数字经济发展带来了新的动力与机遇。《粤港澳大湾区数字经济发展与就业报告（2020 年）》显示，香港在信息及数字科技方面处于先进水平。

近年来，香港的信息及通信科技业稳步发展。根据国际电信联盟 2017 年 11 月发布的年度全球信息通信技术发展指数，中国香港在亚洲排名第二，在全球排名第六，信息通信技术产业先进水平居世界前列。2018 年，香港信息通信产业增加值达到 914 亿港元，占地区生产总值（按基本价格计算）的 3.4%，对加快香港数字经济发展发挥了关键作用。先进的电讯基础设施是香港发展成为亚太区主要商业中心的重要基石，香港的信息通信技术基础设施日益完善，5G 业务的步伐正在逐步加快。2019 年 4 月，香港通信局向中国移动（香港）有限公司（以下简称中国移动香港）、香港电讯有限公司和数码通电讯有限公司分配了第一批 5G 频谱，即 26 吉赫和 28 吉赫频段的 1 200 兆赫频谱，以提供 5G 服务。目前，中国移动香港已建成并开通 500 个 5G 基站，5G 覆盖率在主要地区（中西区、湾仔、铜锣湾等）超过 90%，香港和记电讯已实现 5G 覆盖 99% 的地区。运营商的 5G 服务可用于香港 600 个室内外场所，包括主要公路、大型购物中心和商业建筑。就各行各业的数字化程度而言，近年来，数字科技已逐渐渗入香港的业务。2009~2019 年，香港使用信息科技的机构数目逐渐增加。根据《粤港澳大湾区数字经济发展与就业报告（2020 年）》，到 2019 年，香港公司拥有自己网站或网页的比例从 2009 年的 20% 上升到 2019 年的 38.3%。

近年来，随着香港金融行业数字化程度的逐步提高，金融科技逐渐成为金融行业的发展主流，为金融行业带来新的增长机遇。根据香港特别行政区政府的数据，香港目前有 600 多家金融科技初创型企业，其中 8 家是独角兽企业。2020 年 1 月至 7 月，香港 21 家金融科技初创企业的总融资规模超过 500 万美元。

2018 年 9 月，香港金融管理局推出快速支付系统"转数快"，允许用户实现 24 小时即时到达和跨行转账，支持跨行和跨存储支付工具，同时支持香港元和人民币。它是目前世界上唯一支持双货币的电子钱包。自该系统推出以来，用户数量迅速增加，根据《人民日报海外版》2020 年 11 月 21 日报道，截至 2020 年 10 月，用户数量已超过 620 万人，日均交易量达到 42.6 万元，是两年前推出"转数快"首月的 7 倍。此外，香港目前已有 8 家虚拟银行相继开业。

在金融科技基础设施方面，香港金融管理局在 2019 年还实施了五项重大举措，包括与中国人民银行数字货币研究所附属机构在区块链方面的合作，以及香港国际清算银行创新中心的运营，并通过"金融科技合作平台"促进创新与合作，香港的金融科技生态基础设施日趋完善。

香港目前有超过 100 个人工智能研究项目，而香港大学在智能科技方面亦拥有世界领先地位。香港充分发挥优势，作为智能研发中心，实现香港研发孵化，共同打造粤港澳智能产业链，以及粤港澳世界一流科技湾，进入智能时代，带动中国数字经济发展。

第二节　香港发展数字经济的主要措施与创新

一、香港特区政府致力经济转型并大力发展智慧城市建设

多年来，香港工业结构较为单一，服务业占本地生产总值超过 90%。为促进香港制造业的发展，香港积极推动"互联网+"融入工业和再工业化，以配合湾区智能制造业的形成和发展。如此深度的融合，将为香港经济转型带来机遇，数字经济正成为香港发展的新动力。

2017 年 12 月，香港特别行政区政府公布香港智慧城市规划，从智慧特别行政区政府、智慧公民、智慧环境、智慧生活、智慧经济等多个领域实施相关政策措施，涵盖近 20 项计划。第一阶段包括创造数字个人身份、智能灯柱、大数据分析平台和政府云 3 项措施。香港智慧城市发展设计为未来五年提供整体发展蓝图，目标是让香港发展成为世界领先的智慧特区，利用创新和科技提升城市管理效率，改善居民生活，提升香港的吸引力，实现可持续发展。

二、积极发展软件开发，加快数字产业化发展

数字产业化是指数字科技所提供的产品和服务，如软件服务、电子信息制造等。GitHub 于 2020 年公布的开放源码榜单中，香港开发者的增长率排名第二，加快了香港各领域开源软件的发展，推动了软件业的创新发展。截止到 2020 年底，香港共有超过 1 000 家科技公司的办事处，也有助于提升香港的软件和互联网产业水平。

三、进一步推进信息技术，加快工业数字化进程

数字产业是指将数字技术应用于传统产业，实现数字技术升级、改造和重构的过程。近年来，香港的数字科技已逐渐融入商业发展。2009~2019 年，香港工业使用 IT 的机构总数持续上升，根据《粤港澳大湾区数字经济发展与就业报告（2020 年）》，有 95%的金融、保险、房地产、专业和商业服务公司使用计算机和互联网。2018 年 9 月，中国银联与腾讯合作推出香港微信钱包，可以让香港居民进行跨境双向移动支付业务。在数字城市领域，广东、香港和澳门逐步加大对云计算、智能数据、智能互联网等创新信息技术的投资，不断完善新型数字基础设施，实现跨境城市数字化治理。目前，内地最大的电商大猫和淘宝为香港居民提供更方便的购物服务，而彩鸟网则为香港企业家和消费者提供更快捷、成本更低的物流服务。

四、对与数字经济相关的行业给予优惠税率

香港为新一代金融科技、信息科技、医药和其他创新科技产业提供优惠税率。首先，在研发开支的优惠待遇方面，研发开支分为甲类及乙类，发生在香港之外的研发活动和支付给高校的研发资金属于甲类研发费用，可以税前全额扣除；在香港进行的研发活动和支付给当地指定研发机构的研发资金属于乙类研发费用。首次 200 万港币可扣除 300%，余额可扣除 200%，扣除金额不设上限。其次，在优先购买知识产权方面，注册外观设计、购买版权和注册商标等知识产权的费用可以在当期扣除一次或税前分摊 5 年。

五、高度重视金融科技发展，推动智慧城市发展

香港特别行政区政府一直高度重视数字经济，特别是在金融技术、基础研发、人工智能等研究领域。香港在推动科技创业方面有着独特的经验，在数字港口、金融科技、电子商务、大数据、人工智能、可穿戴技术、教育科技、智慧城市等领域取得了令人瞩目的成就。同时，香港拥有良好的法律法规基础，为上述行业的运营提供了一流的国际环境保护和支持。2020 年，香港特别行政区政府已逐步完善开放数据"资料一线通"网站，并致力推广智慧城市，以数字形式免费分发公营和私营机构的数据，以及促进科学研究和创新。

第三节　香港发展数字经济的对策与建议

一、培养优秀数字经济人才

发展数字经济，离不开高质量数字人才，香港在金融、教育、公共服务等行业中具有非常高的人才集中度。香港与深圳的人才联系最为紧密，来源于深圳的湾区内人才占比，以及去往深圳的湾区内人才占比均超过 50%，是香港融入内地的核心接口。建议香港特别行政区政府可以制定分阶段的人才培养计划，推动香港的大学调整课程，培养更多发展创新科技和数字经济所急需的人才。同时，调整人才输入政策，加大对数字经济、创新科技人才的吸引力，以推动香港在数字经济和创新科技上的快速发展。

二、加大创新科技的研发和应用，推动香港经济转型

香港目前还是以第三产业为主导的经济体，需要加大创新科技的研发和应用，推动香港的"再工业化"，提升工业在香港生产总值的比重，在实现国际创新科技中心的同时，推动粤港澳大湾区发展成为国际先进的制造业集群。作为亚太区重要的国际金融中心和商业枢纽，香港工商界应从提升自身竞争力的角度出发，加快推动业务数字化转型，提供更多高增值服务；并借助数字科技的普及运用提升经营效率，致力打造领先的金融科技、数字贸易、数字港口及数字物流等，提升跨境货币支付与结算、进出口贸易便利程度、通关速度及物流业的运作效率，推动香港在中国经济双循环新格局中发挥重要作用。

三、加强与内地互利合作，提升国家数字经济的国际影响力

香港基础科研实力雄厚，香港大学等五所大学的整体表现，以及工程科技学科均跻身世界前一百名。香港鼓励内地高校和领先的科技创新企业合作在香港设立研发机构，通过利用和整合国际研发资源，利用香港完善的法律和知识产权保护体系，与国际接轨，积极参与国际标准的研究和制定，增强国际话语权。香港将深化与内地在智慧城市和发展数字经济方面的合作，积极推进粤港澳大湾区科技创新走廊的规划建设，打造智慧湾区。在香港举办国内外具有重大影响力的数字经济高端展示论坛，推动"一带一路"数字经济协调发展，为全球数字经济发展贡献中国解决方案和中国实力。

参 考 文 献

任志宏. 2019. 粤港澳大湾区定位于"数字湾区"发展的意义价值[J]. 新经济，（10）：8-14.

万晓琼，王少龙. 2022. 数字经济对粤港澳大湾区高质量发展的驱动[J]. 武汉大学学报（哲学社会科学版），75（3）：115-123.

郑剑辉. 2021. 数字经济背景下粤港澳大湾区企业所得税协调机制研究[J]. 财政科学，（9）：29-41.

中国信息通信研究院广州分院. 2020. 粤港澳大湾区数字经济发展与就业报告（2020 年）[R].

案 例 篇

案例一：广东省建筑设计研究院有限公司：以数字化转型，引领企业高质量发展

1. 公司简介

广东省建筑设计研究院有限公司（以下简称省建院）创建于 1952 年，是新中国第一批大型综合勘察设计单位之一，改革开放后第一批推行工程总承包业务的现代科技服务型企业，全球低碳城市和建筑发展倡议单位、国家高新技术企业、全国科技先进集体、全国优秀勘察设计企业、当代中国建筑设计百家名院、全国企业文化建设示范单位、广东省文明单位、广东省抗震救灾先进集体、广东省重点项目建设先进集体、广东省守合同重信用企业、广东省勘察设计行业领军企业、广州市总部企业、综合性城市建设技术服务企业。

省建院现有全国工程勘察设计大师 2 名、广东省工程勘察设计大师 5 名、享受政府津贴专家 13 名、教授级高工逾 100 名，具有素质优良、结构合理、专业齐备、效能显著的人才梯队。

省建院现有建筑工程设计、市政行业设计、工程勘察（综合甲级）、工程咨询、城乡规划编制、建筑智能化系统工程设计、风景园林工程设计、建筑装饰设计、工程建设监理、招标代理、工程承包、施工图审查等甲级资质，以及人防设计资质和测绘资质，立足广东、面向国内外开展设计、规划、勘察、测绘、咨询、总承包、审图、监理、科技研发等技术服务。

2. 数字化转型

数字化转型是向科技型企业发展的重要驱动力。根据"十四五"发展规划部署，结合"成为全国一流、具有国际竞争力的科技型工程设计公司"的发展目标，近年来，按照统一规划、统筹推进、扎实工作的原则，省建院积极配合数字化转型，坚持目标导向，不断完善数字化管控体系，优化数字化基础设施和网络安全环境，持续推进公司各项业务和数字化转型工作的深度融合，致力于为上市目标提供新动能。

1)"数字 + 工程"增创价值道路

数字经济中，产业数字化是价值创造中心，数字产业化与数字化治理则是价值增长极。数字化转型除了通过产业数字化创造公司的价值，还能通过数字产业化延展、放大公司的价值。基于研判，省建院提出和践行"数字+工程"增创价值道路，紧紧抓住数字产业化与数字化治理这一价值增长的重要机遇。"数字+工程"为数字产业化与数字化治理背景下新的市场与业务提供了非常大的想象空间。数字经济下，在数字接

口、数字工具、数字生态等技术性建构完成后，工程行业发展将走向互联化、物联化、智能化。建筑工程在设计施工建设阶段、竣工交付后运营维护阶段均产生大量数据，数据也随建筑工程全生命周期经历迭代、更新、增减乃至消亡，这些数据资源通过与互联网、物联网、大数据、云计算、人工智能、区块链等新技术的集成，跨行业、跨地域、跨时空实现汇聚，将延伸到智慧建造、智慧城市、智慧园区、智慧建筑等领域，构建超级应用场景。

构建超级应用，实现数据资源的资产化，是数字产业化与数字化治理背景下衍生出的新业务，是"数字+工程"增创价值的核心工作。

2）推进国产自主 BIM 软件研发与应用

为了实现公司"数字+工程"增创价值，构建超级应用场景，数据资源的资产化战略目标，首要任务就是搭建数字化三维协同平台，收集建筑全生命周期的数据资源。

省建院从 2020 年初开始关注数字设计领域行业发展动态，主动学习数字设计、智能建造、智慧建筑等相关知识，了解新一代信息技术特点，收集建筑行业龙头企业数字化转型相关信息，调研适合公司发展的数字化三维协同平台架构方案。经历过一段时间学习、探索和调研后，省建院发现国内大部分 BIM（building information modeling，建筑信息化模型）软件（三维辅助设计软件）开发商和工程公司，基本上都是直接选用国外第三方的 BIM 图形引擎，在其基础上开发 BIM 的数字化三维协同平台和项目管理平台，BIM 核心技术受制于人，建筑数据信息安全受到极大威胁。

为了避免 BIM 核心技术受制于人，省建院积极主动落实国家战略和体现国企担当，有责任和义务积极应用国产自主可控的 BIM 技术，开展国产自主 BIM 基础平台建设、BIM 软件二次开发、BIM 技能培训及 BIM 技术应用推广等工作。

经过调研及多方因素考量，省建院选择与国内领先的研发企业北京构力科技有限公司签约成立了首个国产自主数字工程技术实训研发基地，共同开展国产自主 BIM 基础平台建设、BIM 软件二次开发、BIM 技能培训及合作推广等方面工作，破解卡脖子技术难题，共建国产自主数字化建筑业生态，助力核心技术弯道超车。

2020 年至今，省建院与北京构力科技有限公司在多个项目上展开合作，以实际工程作为试验项目，助力北京构力科技有限公司打磨国产自主软件 BIMBase，提升软件成熟度和市场竞争力。经多轮打磨后，北京构力科技有限公司于 2021 年成功推出国产自主软件 BIMBase 1.0 版本。

目前，通过在新世界国际学校 S1 楼、"三馆合一"项目、白云机场三期扩建工程周边临空经济产业园区基础设施项目（建南安置区）等一些大型设计项目中推进 BIMBase 的应用，也推动了省建院逐步摆脱应用技术和应用工具的卡脖子问题，实现三维正向设计。

3）推行大数据楼宇安全评估

房屋建筑物的使用安全是党和政府关心的重大民生问题，影响房屋的安全因素也比较复杂，建立关于城市房屋建筑物安全管理与应急体系是适应社会需求的。通过使用"信息化+物联网"的技术手段，对老旧房屋进行实时安全监测和采用科学合理的评估方法对房屋安全状态进行评估，对及时发现潜在安全隐患、降低房屋安全事故发生概率、提高房屋使用安全性具有重要的意义。

　　房屋的全寿命期一般为 50~70 年，建设期与使用维护期之比是 1:（24~34）。在使用的过程中对房屋进行定期的维护和修缮，其寿命可延长至百年。为加强房屋安全管理而采用的养护、修缮、改造等有效的技术措施，不仅能增加房屋安全可靠度，同时也能延长房屋的使用寿命，也是促进可持续发展的一个重要的工作点。

　　以主持住房和城乡建设部"基于大数据的城乡建筑群安全评估与决策系统"课题研究为切入口，省建院充分发挥多专业技术优势，组织公司内部多个技术部门以"建筑安全卫士"公众号为载体，联合公司外部科研机构，建立了一套包含直接评估、综合评估、模态损伤评估、人工智能评估与预测的分析方法体系，建立包括信息管理系统、安全评估系统、业主咨询顾问系统、决策预警系统的大数据平台，有效推动了房屋安全检测和监测业务的大力发展。

　　作为勘察设计行业领军企业，省建院在固本的同时坚持创新，始终坚持主动拥抱科技新趋势，重塑多维度竞争力，在未来发展中占领先机，数字化探索是其转型过程中浓墨重彩的一笔。未来，省建院将坚持企业初心，发挥技术创新优势，加大技术研发力度，调动人才的积极性，用科技破解发展难题，创造出更多优秀的工程作品，助力企业乃至整个行业高质量发展。

参考资料

广东省建筑设计研究院有限公司. https://www.gdadri.com/.

人民日报海外版. 从"满面灰尘"作业到"机器人上阵造房子"——中国建筑业加快数字化转型. http://www.scio.gov.cn/xwfbh/xwbfbh/wqfbh/47673/47917/xgbd47924/Document/1720635/1720635.htm.

案例二：迈入人工智能新时代："人工智能+应用"
——以科大讯飞股份有限公司为例

1. 公司简介

科大讯飞股份有限公司（以下简称科大讯飞）成立于 1999 年，是亚太地区知名的智能语音和人工智能上市企业。自成立以来，一直从事智能语音、自然语言理解、计算机视觉等核心技术研究并保持了国际前沿技术水平；积极推动人工智能产品和行业应用落地，致力让机器"能听会说，能理解会思考"，用人工智能建设美好世界。2008 年，公司在深圳证券交易所挂牌上市。

2018 年，科大讯飞在粤港澳大湾区几何中心南沙布局华南人工智能研究院进行技术创新，将技术研发力量向市场一线前移，进行基础性、前瞻性、应用型研发，实现人工智能源头技术创新向应用创新的快速高效转化。2021 年，科大讯飞将粤港澳大港区的总部落在广州人工智能与数字经济试验区，助力广州成为国际一流的人工智能示范区。

粤港澳大湾区是"人工智能+应用"最好的试验田。目前科大讯飞主要聚焦在基础研究、客户 NLP、司法 NLP、工业质检、医疗影像及大数据六大核心板块的研发。在做强研发的基础上，科大讯飞所寻求的应用场景，立足于本地实体经济的需求。2020 年科大讯飞和广汽集团在广州南沙合资成立了汽车科技公司，致力于智能座舱、车联网、汽车数字化服务，通过人工智能技术帮助司机实现更好的智能交互，开展全面"生态型"布局，助力粤港澳大湾区发展。

2. 人工智能+应用

1）人工智能+教育

在"人工智能助力教育，因材施教成就梦想"理念指导下，科大讯飞构建了覆盖"教学考评管"全场景的智慧教育产品体系，有效助力教育教学模式创新，为学生、教师和各级教育管理者提供了精准、便捷的服务。科大讯飞的教育产品已经在全国 31 个省级行政区划单位 38 000 多所学校应用，服务超 1 亿师生，取得了丰硕成果。

科大讯飞智慧课堂是指以建构主义等学习理论为指导，以促进学生核心素养发展为宗旨，利用物联网、云计算、大数据、人工智能等智能信息技术打造智能、高效的课堂；通过构建"云一台一端"整体架构，创设网络化、数据化、交互化、智能化学习环境，支持线上线下一体化、课内课外一体化、虚拟现实一体化的全场景教学应用；推动学科智慧教学模式创新，真正实现个性化学习和因材施教，促进学习者转识为智、智慧发展。

2）人工智能+城市

科大讯飞智慧城市事业群，聚焦科大讯飞人工智能技术在智慧城市领域的综合应用解决方案，秉持"用人工智能建设美好城市"的使命，运用人工智能、大数据、云计算、物联网等技术，倾力打造"城市超脑"，使其成为智慧城市的人工智能平台及神经中枢。同时，结合人工智能应用场景和专家知识，构建城市生活各行业领域"行业超脑"，为城市发展与建设、政府管理与服务提供咨询设计、系统集成、软件开发、运营维护和行业解决方案等一站式服务，让社会治理更精准、公共服务更高效、生活环境更美好。

城市超脑是基于互联网、物联网的基础设施，汇聚城市现实和历史、时间和空间数据，利用人工智能学习行业知识，发掘数据关联关系，对城市进行系统性理解、即时分析和模拟仿真，促进城市的公共资源优化配置、社会管理精细有序、居民生活质量提升、城市高效运行和可持续发展的智慧系统。

3）人工智能+医疗

科大讯飞医疗坚持"用人工智能服务健康中国"，致力将人工智能技术与医疗行业深度融合，打造"人工智能+医疗"的新蓝海，推动健康医疗产业发展，助力国家医改政策的落实。通过构建智慧医院、智医助理、智联网医疗平台三大产品体系，提升医务人员工作效率与服务能力，实现优质医疗资源公平可及。

4）人工智能+工业

科大讯飞构建的图聆工业互联网平台是跨行业、跨领域的人工智能工业互联网平台，围绕设备预测性维护、产品质检、人机交互、工艺参数优化等场景，构建"1+1+4+1"人工智能能力平台，可为工业企业提供标准人工智能能力、工业大数据平台和相关的工业物联设备，助力企业数字化升级转型。

科大讯飞智能制造利用人工智能从产品、服务和生产三个维度为企业提供智能工厂人工智能能力，实现企业现有数据、应用系统、软硬件装备和资源的连接，帮助企业从传统制造转型到智能制造，提升企业营收和利润。

5）人工智能+汽车

科大讯飞将人工智能算法和大数据相结合，向汽车驾舱提供专属服务，为车企智能化、网联化赋能，提高车企信息娱乐生态服务定制效率，实现高效运营需求，让用户时刻享受数字生活。

3. 所获荣誉

国家智能语音高新技术产业化基地

语音及语言信息处理国家工程实验室

国家 863 计划成果产业化基地

国家规划布局内重点软件企业

国家创新型企业

国家认定企业技术中心

国家高技术产业化示范工程

国家火炬计划骨干软件企业

中国中文语音交互技术标准工作组组长单位

国家博士后科研工作站

参考资料

杜兰. 2021. 科大讯飞杜兰：粤港澳大湾区是"AI+应用"最好的试验田[J]. 广东科技，30（5）：20-22.

黄颖川, 李鹏程. 2021-12-02. 科大讯飞高级副总裁杜兰：人工智能是驱动产业数字化的核心动力[N]. 南方日报　地方级（A11）.

科大讯飞. https://www.iflytek.com/index.html.

张欢. 2021-11-08. 科大讯飞AI共生　探路AI产业数字新生态[N]. 中国信息化周报　中央级（024）.

张心怡. 2021. 科大讯飞：以解决社会刚需为出发点发展人工智能[J]. 国际品牌观察,（8）：54-57.

案例三：广东格兰仕集团有限公司：紧抓数字化转型，打造完善工业互联网生态

1. 公司简介

格兰仕是一家从事小家电制造的企业，成立于 1978 年，总部位于广东佛山市，前身是一家乡镇羽绒制品厂，1992 年，带着让中国品牌在微波炉行业扬眉吐气、让微波炉进入中国百姓家庭的雄心壮志，格兰仕大胆闯入家电业。格兰仕在中国拥有 13 家子公司，在全国各地共设立了 60 多家销售分公司和营销中心。格兰仕微波炉从零开始，迅猛从中国第一发展到世界第一：1993 年，格兰仕试产微波炉 1 万台；1995 年，以 25.1% 的市场占有率登上中国市场第一席位；1999 年，微波炉产销突破 600 万台，跃升为全球最大专业化微波炉制造商；2001 年，全球产销量飙升到 1 200 万台，并让国人开始从"光波炉普及风暴"中全面领略"高档高质不高价"的新消费主义。截至 2006 年，格兰仕已经连续 12 年蝉联了中国微波炉市场销量及占有率第一的双项桂冠，连续 9 年蝉联微波炉出口销量和创汇双冠。2007 年 7 月成立分公司格兰仕中央空调有限公司，旗下产品有微波炉、空调等。2021 年 3 月 23 日，格兰仕以 280 亿元人民币价值在《2021 数云·胡润中国大消费民企百强榜》中排第 67 位。

2. 发展数字技术，实现"变道超车"

制造业是立国之本、强国之基，是实体经济的重中之重。经济的高质量发展，离不开制造业的高质量发展。进入"工业 4.0"时代，以互联网、大数据、人工智能为核心的数字技术迅猛发展，为全球制造业带来了前所未有的机遇和挑战，未来的制造业已经不是眼下可见的范畴。格兰仕作为中国制造的一面旗帜，紧抓开源芯片和"工业 4.0"生态建设，以此作为通向未来入场券。梁昭贤董事长认为，不管顺逆流，都要搏激流。国内外环境虽然发生深刻变化，但对于一直在积累核心技术并对数字化转型有着清晰判断的企业来说，是"变道超车"的大好时机。

万物互联的 5G 时代，芯片是"变道超车"的关键。格兰仕从 2019 年起就全身心投入芯片制造，成为全球第一家实现芯片自主研发的家电科技企业。2019 年格兰仕进军芯片产业，并推出"BF-细滘"芯片。2020 年 1 月，格兰仕发起的跃昉科技落户顺德，投资百亿建设世界级开源芯片基地，随后推出首个基于 RISC-V 内核的智能家居物联网模组。目前，"BF-细滘"芯片已投入应用，跃昉科技还计划推出 GF 系列芯片，用于微边缘计算主机。格兰仕将粤港澳大湾区及世界各地众多芯片开发及技术支持汇集到了一起，广泛赋能中国传统制造业。

格兰仕以全产业链智能制造为特色在顺德打造了"工业 4.0"基地。这一基地是一间近 30 年历史的老厂房改造而成的，共 4 条智能生产线，每条生产线 17 个机器人，生产效率达到过去的 9 倍，整个基地具备 1 100 万台健康家电的年产能，产品精度达到 0.1 毫米，生产线可以快速切换不同的产品生产模式，满足全球多样化需求。在疫情期间用

50天就完成了从动工到投产的全部过程，充分诠释了高质量发展下的格兰仕速度，这也是格兰仕走向数字化的重要项目。

3. 探索数字化转型，激发产业链活力

过去，客户的个性化要求常常令格兰仕犯难，从接单、设计到出样品，至少需要 5 个月；再到组织供应链、零部件到货、上线批量生产，又至少需要 1 个月。其间，大量工作需要通过反复发邮件沟通来完成，还需要协调不同部门、不同研发团队、不同生产线和不同供应商。这半年左右的时间，对于风云变幻的国际贸易市场来说，可能意味着区域市场一个销售季的踏空，也可能意味着一次市场契机从手边滑过。因此过去的接单—研发—生产—交货模式令企业无法快速响应市场需求，更难提供个性化的定制服务，在竞争日益激烈的国际贸易中，市场倒逼着格兰仕转型。

近年来格兰仕开始探索数字化转型，自主研发了供应链系统、供应商协同平台、制造执行系统等，形成了一个完善的工业互联网生态，打通产业链的所有环节。2020 年 3 月，格兰仕推出了首款空气炸微波炉，获得北美市场青睐，销售目标达成 112%。之后，格兰仕又收到了北美客户对空气炸微波炉全新机型的订单需求。为快速响应市场，格兰仕通过数字化供应链系统快速地将研发、可靠性验证、烹调数据调整、消费者研究、上游供应商开模、产品投产等工作同步协调起来，不仅让产品拥有更轻的重量、更佳的导风结构、更好的烹饪效果，还将整个流程从 6 个月缩短到不足 2 个月。

通过云端数字化管控和完善的工业互联网生态，针对客户提出来的个性化订单，从接单到设计仅用 7 天，协同供应链配套到成品批量下线最快也只需 7 天，劳动效率提升 40%，订单交付期缩短 67%。格兰仕推出的工业互联网平台，对接上下游几千个供应商的生产、库存、物流等数据，通过数字产业链，带动了上下游企业加快数字化转型。

4. 数字化转型成为必然趋势

家电行业经过近 40 年的发展，早已从供不应求变为供过于求，市场竞争日益激烈。作为传统制造业，数字化转型已经不是选择题，而是生存题，当下已经到了数字化转型的关键时期。困难越大，战胜困难以后取得的成就就会越大。格兰仕迎难而上，积极推进数字化与制造业的深度融合，在坚持新发展理念，实现自主可控能力的提升同时，还在科技研发和科技人员激励方面加大投入。格兰仕数字化转型强化了企业发展的内生动力，为格兰仕实现高质量发展提供了一个强有力的支撑，助推格兰仕奔向更开阔的未来。

参考资料

格兰仕官网. https://www.galanz.com.cn/.

人民网. 格兰仕——数字化转型激发产业链活力（中国品牌 中国故事）. http://paper.people.com.cn/rmrb/html/2021-09/24/nw.D110000renmrb_20210924_7-01.htm.

案例四：SHOPLINE 平台助力独立站卖家出海

1. 企业基本情况

1）跨境电商独立站建站平台 SHOPLINE

SHOPLINE 平台，国内某大型集团战略投资的跨境电商智慧建站平台，是一家专注于通过独立站助力跨境电商品牌出海的企业级技术服务公司。自 2013 年创立以来，SHOPLINE 平台已在深圳、广州、杭州、中国香港、中国台湾等 10 个城市及地区设立办公室，现已服务全球 27 万多商家和 4 亿消费者。助力品牌卖家货通全球，是 SHOPLINE 平台的创业初心。迄今，SHOPLINE 平台已建立包括广州研发中心在内的 800 余人国际化团队，搭建了从选品、建站、流量、支付、物流、培训的全链路服务体系，更有由专属客户成功顾问、独立站运营导师、品类代运营专家组成的强大服务团队让卖家轻松开启独立站事业，实现品牌跨境出海。

2）某大型集团简介

该集团于 2005 年 4 月成立，是一家全球领先的社交媒体企业。集团旗下运营多款社交娱乐产品，包括直播、短视频、休闲小游戏社交、即时通信等。坚持"以视频内容，连接你我，丰富生活"为使命，让用户通过线上多媒体实现实时互动，为全球用户创建了活跃的社区。

2012 年 11 月，该集团在美国纳斯达克上市（NASDAQ：YY）。截至 2020 年 12 月，集团员工超过 7 900 人，在全球各地超过 30 个城市设有办公室，包括新加坡、广州、上海、北京、洛杉矶、帕洛阿尔托、伦敦、雅加达、东京、开罗、安曼等。集团在全球共有 6 个研发中心，超过 44%的员工为研发人员。

3）集团和 SHOPLINE 平台企业联系

据该集团 2020 年第一季度财报，公司移动月活用户达到 5.201 亿人，其中海外用户占比为 77%，但近期，集团多款中国应用都在印度遭到封禁。随着越来越多的公司涌进直播行业，该集团也在慢慢寻求转型，寻找新的业绩增长点。

2020 年 1 月，集团战略投资了跨境电商 SHOPLINE 平台，开始布局跨境电商赛道。集团在跨境电商领域的优势有三个方面。第一，集团在海外有近 3.5 亿个月活跃用户，而且广泛分布在亚洲、欧洲、北美、大洋洲的不同国家。第二，中国制造和弹性供应链的优势，以及供应链的紧凑性，使中国商品在全球都具有很强的竞争力。第三，集团是一个以人工智能技术为核心的公司，短视频业务锻炼了团队在人工智能各个领域的基础能力，再加上推荐算法，这些核心能力在电商领域将带来巨大的竞争力。在 2020 年第二季度的财报分析师电话会议上，某员工表示："希望（集团）在未来一些年能够转为电商收入为主"，并表示"在未来的三五年内收获很大的电商规模"。

4）企业经营的主要产品及服务领域

经营范围包含：SaaS 建站工具销售；网站设计服务；广告投放业务；跨境行业培训业务。

5）企业历程

2013 年，SHOPLINE 平台在香港创立。

2014 年，获得硅谷 500 StartupShopline 创业基金。

2015 年，获得多家投资机构共同投资，共同设立台北办公室。

2016 年，获得 A 轮投资，全国商户数量超过 8 万名。

2017 年，成为谷歌大中华区第一个电商平台合作伙伴，全国商户数量超过 10 万名。

2018 年，成为 Facebook 营销合作伙伴，全球商户数量超过 15 万名。

2019 年，获得 B 轮投资，荣获"谷歌购物广告卓越奖"。

2020 年，获得大型集团战略投资，入选《金融时报》"亚太地区高速增长企业 500 强"。

2. 商业模式

1）目标客户

第一，平台电商转型卖家。

第二，传统 B2B（business to business）类型卖家。

第三，国内电商出海卖家。

第四，独立站卖家。

2）产品和服务

第一，建站业务。SHOPLINE 平台提供 SaaS 建站工具，支持一键套用的核心行业品类模板，在准备好资料的前提下，新手卖家也可以在 30 分钟内完成建站，页面修改效果支持实时交互。同时，SHOPLINE 平台独立站已打通与主流 ERP 的对接，支持快速刊登商品，也开发了与移动终端适配的界面和交互模式，呈现形式多样。SHOPLINE 平台陆续上线了博客、会员、分销、POD（print on demand，定制化服务）等功能。通过 SHOPLINE 平台独立站，用户不需要注册即可完成购买，直连支付解决方案支持消费者快速结账无须跳转，SHOPLINE 平台将结算页用户交互时间缩短，通过地址联想减少用户输入步骤；SHOPLINE 平台以营销组件适配各种需求场景，可以帮助弃购用户快速恢复未完成步骤。

第二，流量业务。SHOPLINE 平台流量业务团队拥有一套完整的服务流程，包括从媒体选择、账号养护到广告投放、策略更新，支持为卖家提供广告开户及人工代投服务，帮助卖家解决引流难题。SHOPLINE 平台还自主研发了一套以 ROAS（return on advertising spend，广告支出回报率）为目标驱动的人工智能投放系统"诸葛智能广告"，内聚各品类的投放模型，可以基于人工智能机器学习算法为商家自动适配投放策略。

第三，物流业务。SHOPLINE 平台物流致力构建全链路的智慧物流解决方案，在"揽、干、清、仓、配"物流的各环节，为全球商家和消费者提供智慧物流产品和服务。SHOPLINE 平台物流支持一键下单、一件代发、航班直飞、订单追踪和退货管理，积极帮助跨境商家解决物流问题。目前 SHOPLINE 平台物流已在东南亚、非洲等跨境电商热门市场开通专线。

第四，培训业务。SHOPLINE 平台已上线"SHOPLINE 平台私享会"线上内容学习平台，涵盖从选品、建站、社媒运营和广告投放、物流支付等独立站全链路体系化内容，打造了独立站领域学习平台。"SHOPLINE 平台私享会"以卖家为本，全程服务闭环，针对不同阶段卖家，推出"7 天新手训练营""30 天新商家百万 GMV[①]增长训练营""Facebook 出单班""谷歌出单班"等系列课程。

3）盈利模式

第一，站点抽佣。根据不同版本套餐和卖家产生的 GMV 流水，按月抽取 0.2%~2.0% 的站点佣金费用。

第二，建站服务。购买站点使用权的月付及年付的建站方案订阅费，是 SHOPLINE 平台的收入来源之一。

第三，流量服务。作为 Facebook 国内二级代理和谷歌国内一级代理，SHOPLINE 平台在不同渠道为客户开户能够获取一定的返点费用。同时，SHOPLINE 平台提供流量代投服务，会根据代投费用的消耗收取 5%~10%的佣金。

第四，物流服务。SHOPLINE 平台提供物流解决方案，该服务的收入主要是物流配送及海外仓储服务的费用。

第五，培训服务。通过为不同水平的独立站卖家提供培训服务课程，收取一定的课程费用。

3. 荣誉称号

2020 年，SHOPLINE 平台入选《金融时报》"亚太地区高速增长企业 500 强"；

2021 年，SHOPLINE 平台荣获雨果跨境【2021 年度最佳跨境软件奖】；

2022 年，由广东省网商协会主办的"2022 IEBE 之夜暨互联网新商业大奖颁奖典礼"在广州隆重召开，SHOPLINE 平台在大会上荣获"值得信赖的跨境新商业服务机构"一奖。

参考资料

商线科技（深圳）有限公司. http://shln.top/.

SHOPLINE 官网. https://Shoplineapp.cn/.

---

① GMV：gross merchandise volume，商品交易总额。

案例五："佛山无影脚"领先 AGV 制造商
——广东嘉腾机器人自动化有限公司

1. 公司简介

广东嘉腾机器人自动化有限公司（以下简称嘉腾）成立于 2002 年，是中国工业机器人十大品牌商之一，国内领先的 AGV 及智能物料配送解决方案提供商。嘉腾致力 AGV 领域的研发、生产、销售，凭借惯性导航、激光导航、二维码导航、磁导航、自然导航、复合导航等先进技术，可以为工厂、仓库、码头等提供室内外的产品和服务，推出了系列便捷、高效、智能的搬运机器人，是出口欧洲最早的中国机器人公司。在广东佛山拥有 50 000 平方米以上的现代化生产基地，分设重庆基地及 20 个办事处遍布全国，在北美洲、南美洲、欧洲、东南亚都有合作伙伴。公司至今拥有 400 多项专利及软件著作权，其中一项与激光导航技术相关的算法已得到国际认同，属于完全自主知识产权。

2. 市场地位

嘉腾是广东省高新技术企业、广东省机器人骨干企业和战略新兴骨干企业，是德国物流协会成员。嘉腾是中国唯一一家获得工业设计"奥斯卡"德国红点奖的机器人公司，是中国市场上知名的 AGV 品牌。嘉腾机器人一直深耕高度智能化搬运机器人，目前自主研发的 100 多款工业搬运机器人产品从大湾区制造重镇走向全球，运用于汽车、3C 制造、航天、大型基建工程等行业，获得超过 60 家世界 500 强的客户的青睐，超过 5 000 台嘉腾 AGV 应用于世界各地的企业。客户涵盖广汽集团、本田、丰田、大众等知名汽车生产商，华为、美的、海信、联想、纬创资通等通信、电子电器类公司的国内外工厂或仓库等众多领域的世界级公司。

3. 专注"做配角中的主角"

2015 年开始，嘉腾机器人生产出"大黄蜂""小白豚"AGV 机器人，获得德国红点奖。来自广东制造的"机械脚"一步一步走出广东，成功开始进军全球市场。

特别是随着人力成本上升和疫情影响，机器人的第一大应用领域——搬运占整体应用比例日益提高。嘉腾自主研发的侧叉 AGV 产品开启了立体仓的智能时代，彻底解决了传统立库弹性差、维修成本高、难移动的问题。

2021 年 12 月，嘉腾耗时 6 年研发的国内首台"差速 20 吨 AGV 驱动单元"正式面世，打破国外技术垄断，助力制造业数字化转型迈上快车道。为了突破"卡脖子"技术，嘉腾机器人采用差速重载动力模组及控制策略，开发低底盘、全转向的重载 AGV 驱动装置，提高 AGV 装载量。相比此前市场上，20 吨及以上重载 AGV 机器人售价高昂，均超百万元，嘉腾自主研发的国产产品更加实用、耐用，可用于航天、高压容器、大型基建工程、模块化建筑工程等行业，替代大量人力劳动，减少安全隐患。希望"机械脚"像"佛山无影脚"一样闻名于全世界。

4. "智慧大脑"平台

在 5G 时代，万物互联中，制造业对智能设备实现互联互通、信息化、智能化有更高的要求。除了 AGV 机器人，同是嘉腾自主研发的嘉腾中控系统（嘉腾 Brain）可以让中小企业通过极少的投入建起智能工厂，降低中小企业进行数字化、智能化的门槛。嘉腾 Brain 是一个智能工厂建设平台，基于这个"智慧大脑"平台，半智能、智能的生产设备之间能相互协调，实现智能交互，通过大数据的积累，可以对多台 AGV 进行监控调度，配合协作。

2021 年 3 月，经过持续 2 年多的立项开发，位于国家"工业强基工程"规划的重点领域之列的嘉腾中控系统成功实现在有中国自主知识产权的服务器操作系统——国产麒麟系统上试运行。嘉腾针对国产麒麟系统进行应用开发，攻克了 AGV 系统的一项卡脖子技术，突破应用系统瓶颈，实现了在软件方面的纯国产化。随着这项卡脖子技术难题的解决，嘉腾的 AGV 中控系统不仅应用于制造业，也将能广泛应用到银行、政府机构等对信息安全有着高度要求的领域。

同时，嘉腾也加快了对未来机器人的核心部件的布局。2021 年初，嘉腾还与华为、中国电信合作，推出搭载华为芯片的 5G 工业级机器人通信模块，即安装在机器人上的 5G 物联网关，可实现 5G 信号的接收与发送。

5G 技术远程驾驶及远程维护等方面的应用前景十分广阔。借助 5G 低延时和高带宽的能力，未来将采用远程来控制维修机器人完成维修工作，维护人员只需在远程外做决策，现场交给机器人去执行。目前，嘉腾机器人厂区已经进行了 5G 全覆盖。嘉腾还通过华为云与 5G 通信技术，实现了对东莞某公司的远程实时控制测试。

5. "佛山无影脚"志在登上火星

中国航天日（4 月 24 日），在广东顺德高新区体育公园里，2020 年国家专精特新"小巨人"、佛山"隐形冠军"企业——嘉腾机器人在庆祝航天日打卡活动中，介绍工业机器人在助力卫星制造方面的作用。作为全球领先的 AGV 机器人公司，嘉腾负载 1 000 千克的搬运机器人"大力士"，可以为卫星生产环节提供精准高效的物料搬运工作。在 2021 年 9 月，吉利旗下的首颗卫星也是浙江首颗民用商业卫星下线，其中就有来自嘉腾这一湾区制造的智能助力。一年前的中国航天日，中国首辆火星车——祝融号揭晓，更让嘉腾在广东创业 20 年的节点上有了下一站唯一、明确的目标，要送自主研发的工业机器人上火星去"打工"，全力以赴，为"实现在火星上搬运与救援"而奋斗。

6. 机器人走进图书馆

在顺德人工智能智能图书馆场馆内，来自嘉腾的 AGV 工业机器人进行着相似的无人搬运。与"大力士"相比，这款名为"小蚂蚁"的 AGV 机器人，被来借书的小朋友们形容是"个头小、聪明、力气大"。

在嘉腾旗下的中控系统操作下，"小蚂蚁"机器人和其他机器人伙伴们"大展身手"，可以智能分拣分类、智能消毒、无人立体搬运，甚至"小蚂蚁"可以自己搭乘电梯，将消毒分类好的图书篮筐搬运至指定的图书架旁，再由工作人员将图书一本本放上书架。据介绍，目前顺德图书馆至少有 25 台分拣机器人和 6 台搬运机器人。这些机器人不仅因有趣新奇而"吸睛",还凭借先进的导航技术,实现借阅图书的"拣、消、搬",大大节省人力成本,方便快捷。

7. 荣誉称号

2022 年,嘉腾获得"广东省五一劳动奖状";

2020 年,嘉腾获得工业和信息化部专精特新"小巨人"称号、广东省"机器人骨干企业"、佛山市制造业"隐形冠军"企业、广东省知识产权示范企业;

2019 年,嘉腾获得科技创新先进企业、广东专利奖——大黄蜂。

参考资料

嘉腾官网. https://www.jtrobots.com/.

数字化成实体经济发展新引擎 广东下出数字经济先手棋. http://www.workercn.cn/34179/202205/16/220516095029371.shtml.

助力智能制造,"佛山无影脚"志在登上火星. https://new.qq.com/rain/a/20220516A08N7A00.

案例六：老字号数字化转型——广州华糖食品有限公司

1. 公司简介

广州华糖食品有限公司（以下简称华糖食品）前身为广州市华侨糖厂，是一家拥有60多年食用糖生产历史的国有大型企业，隶属于广州轻工工贸集团旗下的广州市浪奇实业股份有限公司。通过不断进行技术改进和研发，华糖食品目前在广州开发区拥有占地9万平方米的高自动化的大型精制糖生产基地，已经成为全球跨国大型食品公司和多家国内知名食品企业的主要食糖供应商之一，主要产品有红棉牌系列食用糖、广氏菠萝啤系列饮料及东方寓言系列咖啡等，年主营业务收入突破15亿元。

2. 市场化改革提供创新动力

拼搏潮头需要源源不断的内生动力。2018年，华糖食品成立新零售部，实施年度销售承包考核机制。成立后，部门销售业绩连续两年实现超过50%增长，员工薪酬同步提升。大量亮眼新品来自这个"特立独行"的团队，通过大量的市场研究、不断试错，为老品牌创新发展提供了无数新可能。

近年来结合当下最热的直播带货，华糖食品终端消费品销售收入呈增长态势。2021年1~9月，华糖食品红棉牌食用糖销售收入同比增长12%，广氏饮料产品销售收入同比增长29%。华糖食品本着品牌创新发展的宗旨"守正创新，秉持精品国货品质，关注年轻消费群体，拥抱市场潮流，奋起勇立潮头"。

3. 打造食品饮料行业集群云平台

2019年，华糖食品精制糖低碳生产技术升级改造项目被列为广州市重点"攻城拔寨"项目，同年还建成了高自动化的饮料生产线，在提高自动化节能降耗、提高产品质量及稳定性等方面发挥了巨大作用。2020年华糖食品在两项目基础上开展生产制造数字化、网络化、智能化改造，联合航天云网广东公司及业内相关服务企业联合打造了食品饮料行业集群云平台，平台基于航天云网INDICS国家级工业互联网平台、黄埔智造云平台，利用工业互联网平台自身的技术和数据优势，打通食品饮料垂直行业的全流程环节的数据、业务和信息，打造世界级食品饮料产业示范基地，"线上+线下"构建产业生态链。项目成功入库广州市促进工业和信息化产业高质量发展专项资金数字新基建专题工业互联网方向数字化特色产业集群平台建设项目。

4. 数字化转型让企业用工成本降至1/6

2016年开始，华糖食品投资4亿元进行数字化升级，为企业的提质增效带来明显收益。华糖食品近年来通过建设企业驾驶舱，将生产数据、能耗数据和DCS（distributed control system，分布式控制系统）进行融合应用，实现了企业生产管理透明化和采购、仓储业务的线上化，大大提升了产品质量稳定性。通过数字化转型，企业已成长为全球跨国大型食品公司和国内知名食品企业的主要食糖供应商之一，精制糖产品国内市场占有率已达30%以上。

白糖是居民生活中最常见的食品之一，在黄埔区的华糖食品车间，白糖生产已经实现了自动化、智能化。一张巨大的中央控制室大屏幕上，工程师可以一张图掌握生产各个环节的数据，来料、进料、结晶情况一目了然，改造后整个生产线的产能实现 28 万吨/年，涨了近 1 倍。在包装车间，以前每天 60 名工人才能搞定 600 吨白糖的包装运输，2018 年起通过技术改造，采用国内外的智能机器，10 个人就搞定了 600 吨白糖的包装运输。

在新一代信息技术与传统制造业深度融合的发展变革推动下，华糖食品积极探索数字化转型，提出建设基于工业互联网的数字化转型特色蓝图，进一步明确依托工业互联网平台的技术优势，实现企业提质、降本增效，提升企业数字化运营的核心竞争力的战略目标。借助食品饮料行业数字化特色产业集群平台的服务能力，华糖食品借助生产过程管理、设备管理、能耗管理、质量管理、质量追溯等方面的数字化转型应用取得显著成效，生产效率提升 3%以上，且信息化支出成本下降超过 35%。

5. 生产管理实现数字化

经过自动化、数字化升级后，华糖食品大大降低了人力成本，提高了管理效率，能耗也随之减少，产能更是翻了一倍。2021 年，公司启动总投资 1.07 亿元的食品饮料生产线技改项目，计划新建一条饮料生产线、一座智能化立体仓和一座原料储存仓库。投资建设饮料线二期项目和智能立体仓项目，将有利于进一步提升饮料产能，扩大公司的饮料业务规模，实现仓储作业高效运行、快速流通，提高货物进出库效率，并通过数据和成本管控信息化和智能化，提升工作效率。投资建设原料储存仓项目，将进一步保障饮料生产的主要原辅材料的储存和供应，为安全、高效的生产提供有力的保障。在公司未来五年的发展规划中，这个由传统制糖厂与啤酒厂转型而来的食品企业，将继续向健康糖和低酒精饮品市场发起冲击，向高效节能、低碳环保、绿色健康的产业路线不断转型。

参考资料

华糖食品官网. https://hmsugar.com/zh_CN.

老字号改革创新样本｜华糖食品：勇立潮头是老字号的灵魂. https://new.qq.com/rain/a/20211108A 06Q4N00.

案例七：数字化赋能制造业转型升级
——广州市美洛士家具有限公司

1. 公司简介

广州市美洛士家具有限公司（以下简称美洛士）是一家以家具全屋定制为主导，配备以美客中心、美梦中心、美厨中心等福利性配套产品为一体的全屋家居定制专营企业。拥有 40 亩①地的现代化生产基地，配备德国豪迈全自动化生产线，产品制造已全面实现自动化、信息化、精细化，引进德国高仿实木板材技术，并与国际知名企业合作，研发出实木抛光质感——无影板无印系列等经典产品，以具有实木般的抛光质感的产品出圈，产品线齐全，基本涵盖了所有新装和后期添置家具的客户需求。

美洛士一直秉承"以人为本、以质为根、精益求精、力求完美"的管理宗旨，持续提高员工素质、产品、服务质量、创新技术及生产能力，为客户提供专业的全方位家居空间解决方案。经过多年的用心开拓与经营，美洛士获得中国衣柜十大品牌、绿色环保推广产品、中国名优产品等一系列荣誉称号，并先后通过了中国质量管理体系认证、中国环境标志十环产品认证、中国环保产品认证。

2. 运营四大优势

1）制造优势

美洛士拥有 40 亩地的现代化生产基地，配备德国豪迈全自动化生产线、滚筒式流水线作业、中央吸尘系统，产、销、存一体化软件对接全面实现了从管人到管设备的华丽转变，为市场需求提供高品质、高效率的服务标准，有力杜绝行业内常规性订单出错、周期延误等问题发生，提高生产效率和产品质量，为终端创造良好的口碑效益。

2）产品创新优势

美洛士产品追随行业时尚潮流，凭借自身的实力直接与国际接轨，引进国际技术与材料，打造美洛士别具一格的产品优势和风格，研发出实木抛光质感无影板、无印衣柜，避免同质化产品竞争、比拼价格。

3）国际企业合作优势

美洛士着眼世界，致力与国际技术企业进行技术融合和材料引进，打造品质与效率双重结合的经营管理理念，实现高性价比的品牌优势，凭借公司的实力和规模先后与德国豪迈、德国瑞好、德国胡克等一批企业深度合作，通过国际知名企业的优质资源推动美洛士生产的产品向更高的水平发展。

4）售后服务优势

美洛士定制家具坚持以品质赢得售后口碑，树立美好的品牌形象，执行订单一次性完成的生产服务管理标准，提供从细节到顾客"快乐消费""开心享受"的贴心服务。以产品品质、服务标准培育顾客对品牌的忠诚度，建立完善的售后服务体系，开通倾心服

---

① 1 亩≈666.667 平方米。

务电话，贴心 100 服务，致力提供放心的产品和优质的服务。

3. 让工业设备在线"通话"

从 2013 年成立至今，美洛士工厂逐渐走向信息化、自动化、智能化。2019年，美洛士通过树根互联"全球定制家居产业链平台"深度完成了从终端设计到订单管理到生产排程管理再到仓储物流的全链条无缝对接升级，大幅提升了从消费者需求到设计师出图到工厂交付的时效，让整个制造流程全面实现自动化、透明化、智能化，从而真正实现消费者对定制家具产品所见即所得的消费需求，确保每一件美洛士产品都能按质按量交付。以前一个订单大约需要 30 天，有了数字化无缝对接以后，协同效应更强，当前的订单基本上可以保证大约 10 天的交货周期。在线上，可以很清晰地看到前端设计师、门店销售情况、每道工序进展、原材料和仓库状况、出库和运输等，所有环节都是可视化管理，售后也做到了每个环节可追溯，以前的售后周期需要 7~15 天，现在是 24 小时之内给到结果，48 小时之内解决问题。

与树根互联联合打造的"全球定制家居产业链平台"，通过 APP 实时掌握每一台机器的生产效率，可以把最适合的加工订单分发到最适合的工厂及机器，通过对历史数据的统计和挖掘，掌握设备故障生产负荷变化等，规划出最优化的零部件加工订单工艺匹配路线。工业互联网可以让设备的运行效率不断提高，生命周期管理更加精准化，"解读"数据让各类设备间能"通话"，因此也被看作"中国制造"迈向"中国智造"的重要驱动力。

4. 打造平台化产业链

一是通过平台实施订单管理系统，实现企业门店端与工厂的订单在线业务管理、设计数据与工厂生产工艺数据的对接及互通、自动拆单与实时报价，缩短拆单周期，解决拆单瓶颈工序问题，缩短整体订单交货周期。

二是通过平台提供的工厂生产管理与生产执行系统的数据互通服务，解决了工厂原独立信息化建设造成的数据孤岛的问题，实现了生产加工指令自动下发，优化了生产排程，形成小批量多批次订单的混合排产柔性生产；优化原材料的采购策略，实现生产计划的材料预扣，进而助力企业的生产计划管理效率提升；优化了板材利用率，平均板材利用率达到 80%以上，降低了用料成本。

三是借助平台物联网实时数据监测指标体系，通过对服务公司的生产设备数据的采集、传输和接入，助力企业实现设备状态与生产过程的可视化管理，实现订单整体生产交付的透明化管理。企业管理者随时随地可以通过手机或电脑了解门店订单趋势、订单交付进度、逾期预警、设备故障预警等。

四是以数据驱动上下游协作，实现规模化产业分工。设计师设计图纸到工厂无须拆单，全屋定制可节省 1~2 天拆单时长，大大提升交付效率。打通超过 100 种设备控制协议，市面上通用的木工机械设备均能连接并做设备工况采集，获取工厂真实产能报告，进而提供精准的订单引流，提质增效。依据订单需求统一开料，板材利用批量混合优化，让板材综合利用率超过 80%。在相同企业产能下，人员成本优化约 60%，生产线上开料钻孔等工序效率提升约 30%，企业分拣运输正确率提升至 100%。

参考资料

美洛士官网. http://www.meelas.com/zsjm/.

树根互联"全球定制家居产业链平台"以数据驱动上下游协作. http://www.cnfina.com/kuaixun/ 20210716_184712.html.

央视《经济半小时》：树根互联贡献产业集群数字化转型成功范式. https://www.sohu.com/a/ 518982322_104421.

案例八：传统制造企业转型升级之路
——欣旺达电子股份有限公司

1. 公司简介

欣旺达电子股份有限公司（以下简称欣旺达）创立于 1997 年，以锂电池电芯及模组研发、设计、生产及销售为主营业务，于 2011 年登陆深圳证券交易所创业板。欣旺达积极拓展新能源汽车动力电池业务，已发展成为全球锂离子电池领域的领军企业，形成了 3C 消费类电池、智能硬件、电动汽车电池、能源科技、智能制造与工业互联网、第三方检测服务六大产业群，并致力为社会提供更多绿色、快速、高效的新能源一体化解决方案。

欣旺达一方面进行自动化产线升级改造和核心装备研发，积极探索新能源行业智能制造及数字化工厂整体解决方案；另一方面打造工业互联网平台，赋能企业数字化转型。欣旺达还成立第三方检测服务平台，专注于提升产品质量，提炼行业共性技术，并积极参与国家行业标准制定。

欣旺达作为全市工业互联网企业标杆，先后参与 2019 年工业和信息化部工业互联网创新发展工程和国家工业互联网平台示范中心（深圳）建设，被认定为广东省智能制造试点示范企业、深圳市工业互联网标杆企业。

2. 工业互联网为传统制造产业转型升级赋能

新的经济形势下，国家大力推动制造业数字化转型，将工业互联网作为促进实体经济提质增效的重要抓手，推动数字经济和实体经济深度融合。在这样的大趋势之下，欣旺达紧抓数字化发展浪潮机遇，从 2015 年起，全力推动制造业加速向数字化、网络化、智能化发展，加快实现从制造大企向制造强企的转变。这个过程中，欣旺达与宝安科技服务企业（点链科技）联合打造的点链工业互联网平台就是突出的典型代表。

由欣旺达和点链科技共同打造的点链工业互联网平台，紧紧围绕基础资产运营价值链、产品生命周期价值链和业务履约价值链，抓住人、机、料、法、环等核心要素，从生产规划、智能装备、智能园区、工艺仿真、产品研发、智能排产、智能物流、供应链协同等推动企业生产、运营关键环节的数字化，推动传统制造与工业互联网的深度融合，从而助力企业高质量发展。

自动化物流仓储、虚拟现实仿真模拟培训系统、数字仿真车间规划、已售产品可实时传输回数据，欣旺达打造的工业互联网平台，以区块链技术做底层架构，在应用层打通上下游产业链，实现物流、采购、仓储、生产、产品和服务等全要素的链接，实现设备之间、人与设备、设备和客户、客户和供应商的互联互通。目前已有 5 000 多家企业入驻该工业互联网平台，企业只需缴纳一定的服务费便可使用底层数据收集、智能排查等多项功能服务，无须再购买硬件设施，为企业节省了成本，有效提高企业各项资源配置。平台还与税务局直接联通，供应链双方确认交易后即可在线申请开具区块链电子发票。

此外，融资难、融资贵一直是制约中小企业发展的一大瓶颈，而对于银行来说，对中小企业情况掌握不足，企业经营情况如何、融资风险高不高等很难全面掌控，因此发放贷款顾虑重重。通过工业互联网平台利用区块链技术有效解决了金融领域征信及办理金融贷款业务信任、风险控制、办理难度大等问题。欣旺达工业互联网平台在点链科技帮助下利用区块链、5G、大数据、人工智能等技术，建设三条价值链：生产规划、智能装备与设备运营维护数字化价值链，从研发设计到产品生命周期的数字化价值链，从供应链管理、生产制造、产品运输到交付的数字化价值链，为企业经营提质、降本、增效发挥了极其重要的作用。

3. 打造深圳 5G+工业互联网产线

2020 年 11 月，欣旺达在深圳宝安区石岩街道同富康工业区的水田工厂建成并投入使用了深圳市首条 5G+工业互联网试点产线。这也是欣旺达建设 5G+工业互联网应用示范工厂、引领工业企业加快应用 5G 网络的先行探索。

5G 网络具有大带宽、低时延的特性，确保了海量数据的毫秒级传输，是实现工业设备上云、生产流程智能协同的关键。在进行 5G+工业互联网应用改造过程中，欣旺达对试点产线 80%的设备进行了升级，主要包括增加了 5G 通信模组、5G 工业网关、5G 室内微基站、MEC 服务器、CPE（customer premise equipment，客户前置设备）信号接收设备等，让设备实时互联、生产数据一目了然。据介绍，通过 5G 技术对生产设备采集的数据进行传输和反馈，实现设备运行的在线监控和诊断，极大地降低了因保养、维护、故障等原因带来的停机损失，同时提高了生产效率和良品率。根据生产数据，该试点产线每日产能较改造前提升 17%，同时维护产线的人力需求也大大降低，以前一条生产线需要 30 多名工人，现在只需要 6 个人，而这些人的主要作用是对良品率进行人工核查。

由于自动化改造乃至工业互联网应用都将带来海量数据交换，优质的网络环境必不可少。通过 5G 技术还能减少园区、车间网络布线，内部 5G 网络直接与外部 5G 基站光纤连通，在欣旺达水田工业区 2 145 平方米的车间里，只需要 5 个 5G 通信模组就能满足同楼层所有产线信号全覆盖，而且信号的稳定性大幅提高，AGV 智能运输车的掉线率降到 0。在质量管理方面，通过 5G 技术传输产品的数字视觉检测数据，可以实现产品品质的人工智能检测，提高检测效率和准确率。目前，欣旺达已建成一条 5G 生产示范线，两条 5G 生产线正在改造中。

欣旺达作为深圳宝安区制造行业的龙头企业还将积极发挥引领和示范效应，通过在智能制造、工业互联网方面积累的经验、技术、平台，为全区、全市乃至全国的制造企业引领示范，带动更多的产业和企业快速上云上平台，促进更多的制造企业从制造走向智造。

参考资料

工业互联网+5G 看宝安传统制造企业欣旺达转型升级之路. http://ibaoan.sznews.com/content/
　　2021-07/01/content_24346331.htm.

欣旺达官网. https://www.sunwoda.com/.

案例九：企业采购数字化转型——广州视源电子科技股份有限公司

1. 公司简介

广州视源电子科技股份有限公司（以下简称视源股份）成立于2005年12月，注册资本为65 584.534万元，旗下拥有多家业务子公司。视源股份主营业务为液晶显示主控板卡和交互智能平板的设计、研发与销售。

视源股份始终致力赋予电子产品更加丰富、高效的沟通及互动体验，依托在显示驱动、信号处理、电源管理、人机交互、应用开发、系统集成等技术领域的产品开发经验，面向多应用场景通过技术创新不断延伸和丰富产品结构，目前产品已广泛应用于家电、教育、企业服务等领域。依托在音视频技术、信号处理、电源管理、人机交互、应用开发、系统集成等电子产品领域的软硬件技术积累，面向多应用场景进行技术创新和产品开发，通过产品和资源整合等能力在细分市场逐步取得领先地位，并建立了教育信息化应用工具和服务提供商希沃（seewo）、智慧协同平台MAXHUB等多个业内知名品牌。

同时，视源股份十分重视对核心技术的保护，截至2021年12月31日，已拥有授权专利超过6 700件，拥有计算机软件著作权、作品著作权超过2 400项。在2021年中国企业发明授权专利排行榜上排名第54位，并荣登2021年中国上市公司（沪A深A）专利实力500强、2021年中国企业[PCT国际专利申请]排行榜（TOP100）。

2. 视源股份牵手商越科技，落地大企业采购数字化

2021年，视源股份与北京商越网络科技有限公司（以下简称商越科技）达成合作，双方将基于商越采购SaaS标品建设视源股份企业采购商城，共同推进其采购数字化转型。

商越科技提供的采购SaaS标准化产品，基于先进的云原生架构和C端交互体验，让企业需求用户、采购员、供应商多角色在线协同；基于强大的连接能力，集成企业内部OA（office automation，办公自动化）、ERP、SRM（supplier relationship management，供应商关系管理）、财务等各种系统；利用人工智能等领先技术为企业提供从采购需求申请/审批、订单发运货，到结算对账、开票等全业务流程的自动化、数字化；以毫秒计算、快速响应及顺畅迭代，助力企业采购降本增效、智慧运营。

视源股份企业采购商城项目于2021年3月初启动，4月中旬完成上线，经过一周试运营后已正式上线。企业采购商城是视源股份所有非生产采购需求提报的入口，目前已实现自有供应商和京东、震坤行的电商资源对接，上线的采购品类包括办公易耗品、IT类、设备类、工具类，同时也集成了SRM、OA、人力资源及EAM（enterprise asset management，企业资产管理）等企业系统，助力视源股份完成非生产采购的线上化、数字化。

作为一家高科技企业，视源股份极其注重数字化、智能化等科技创新，此次与商越科技合作的采购商城项目聚焦于企业内部采购，采用商越采购SaaS标准化产品，将非生

产采购全流程线上化、数字化，为视源股份企业采购降本、提质、增效。

3. 荣誉称号

2019 年 8 月，视源股份入选《财富》中国 500 强；

2020 年 10 月，视源股份上榜中国制造业企业 500 强；

2020 年 12 月，视源股份入选 2020 国家技术创新示范企业名单；

2020 年 12 月，视源股份获评"2020 年度中国新经济最具投资价值上市公司"；

2020 年 12 月，视源股份登榜"粤港澳大湾区最具创新力公司 GBA50"；

2021 年 1 月，视源股份获批成立博士后科研工作站；

2021 年 3 月，视源股份获评"中国战略性新兴产业领军企业 100 强"；

2021 年 3 月，视源股份位列"广州企业创新 50 强民营企业"榜首；

2021 年 11 月，视源股份荣获五项专利奖，其中包括 1 个广东专利金奖、1 个广东专利银奖、2 个中国专利优秀奖、1 个广东专利优秀奖。

参考资料

视源股份官网. http://www.cvte.com/about/index.html.

视源股份企业采购商城上线，商越科技 SaaS 产品落地采购数字化. https://new.sohu.com/a/
465302326-104421.

案例十：应用信息系统，实施国际战略
——广州市森大贸易有限公司

广州市森大贸易有限公司始创于 2000 年（以下简称森大集团），总部位于广州，是中国最早进入非洲、南美洲等海外市场的企业之一。公司致力陶瓷制品、洁具、日用洗涤、个人护理、五金制品等产品的研发和生产，现已拥有 17 个海外分公司和 13 个海外工厂，是一家集海外工业制造、国际贸易、实业投资、咨询服务、信息技术服务为一体的跨国综合性产业集团。森大集团在"对非出口百强企业"中名列前茅，凭借信息技术在非洲市场如火如荼地经营着建材、快消、五金百货三大业务，管理着 1 100 多名中方员工和 7 000 多名外方员工，每年以 30%的复合增长率高速发展。森大集团主要采用"信息技术和国际化战略"双线并行，森大集团的发展历程如下。

成立之初，森大集团致力开拓非洲市场，以尼日利亚市场为起点，从国内供应商处购买产品，通过代理商将国内产品销售给海外客户，开启了拓展海外市场的发展道路。一方面，森大集团利用金算盘 ERP 系统解决财务记账和库存的收、发、盘、存的管理问题；另一方面，森大集团逐渐获得了非洲客户的信任，在尼日利亚拥有较高的市场声誉，为后续发展打下坚固基础。

2004 年初，森大集团获得商务部授予的自营进出口权，以建材业务为核心，在加纳、坦桑尼亚及苏丹三地共建立了 4 个分公司。其中，加纳作为西非地区进出口货物重要的集散中心，森大集团在其首都阿克拉和第二大城市库马西共建立 2 家分公司，增强对此重要根据地的掌控。为快速了解海外分公司的财务状况，森大集团继续使用金算盘 ERP 系统，帮助集团开展财务及库存管理等工作。同时，为实现跨时空背景下的分公司管理，提升各环节的运营效率和服务能力，森大集团不断切换、上线各类信息系统，出口销售额创历史新高。

2008 年起，森大集团正式设立快消板块的业务，并在非洲新增 5 家分公司。其中，坦桑尼亚作为东非地区的物资吞吐中心，新增 2 家分公司，助力森大集团快速辐射东非地区，深入当地市场。随着分公司数量的增加，森大集团借助用友 ERP 系统，高效管理分布在多个国家的分公司，提高各业务环节的工作效率。2011 年，森大集团通过用友OA 系统构建科学管理模式，统一管理流程，增强监控能力并促进信息共享。

2013 年起，森大集团新增五金业务，分公司持续扩张，但却面临着一系列系统升级的问题。为提升销售管理的质量，森大集团推出 POS（point of sale，销售时点）信息系统，简化业务操作流程，帮助其更直观地获取商品销售和库存等信息，促进未来销售计划的高效开展。面对"跨国家、跨地区、跨业务、跨文化"的管理难题，森大集团需统一信息系统以实现"天涯若比邻"式的管理。于是，森大集团将用友 ERP 切换为 SAP ERP系统，促进部门间的协同配合与数据共享，提高信息的流转效率。2014 年，森大集团将用友 OA 系统切换为泛微 E7OA 系统，以加强与 SAP 的对接。

2015 年起，森大集团逐步建设生产基地，开始参与制造及产品设计环节，获得资源

整合、工厂选址、产品生产及装配的能力，深入把控产品功能、物理特征、外观及品质。随着生产基地数量的增加，森大集团开始布局并逐步完善产业链上游，将聚焦范围从销售端扩展至生产端，实现了企业后向一体化的转变。如今，森大集团已囊括了产品设计、制造、营销、分销四大价值链环节。为进一步深耕非洲市场，森大集团采用"多核裂变"的战略，对"分公司、工厂、产品"三大核心分别进行裂变。第一，森大集团持续扩张非洲市场，迄今已拥有 17 家海外销售分公司，业务网络覆盖世界 20 多个国家和地区。第二，2015 年，森大集团进军生产制造领域，在肯尼亚、加纳等国家和地区建立陶瓷厂，实现建材业务向工贸一体化的转变；快消工厂在加纳、坦桑尼亚等地相继建成投产；2016年，森大集团在加纳、科特迪瓦落成钢材加工基地。第三，森大集团为不同地区的消费者提供多样化的产品，并不断推出新产品、新品牌，扩大自身品牌树。

为加强对生产基地的管理及上下游合作伙伴关系的维护，2019 年，森大集团上线计划管理软件 JDA（joint distribution adaptation，联合分布适应），助力减少库存、优化成本、提高销售预测准确率，保证业务活动数据的实时性和可见性。2020 年，森大集团借助 IBM 智慧供应链完善全球供应链体系，并以系统建设为主线，同步推进流程体系建设与人员建设，致力实现一体化、高效率、低成本且高品质的运营。森大集团旨在通过信息化平台建立智慧、弹性、灵活的供应链，成为"一带一路"企业转型的标杆。

乘风破浪会有时，直挂云帆济沧海。自 2000 年起，森大集团通过代理出口、建立海外销售机构及生产基地，逐步开拓非洲市场。"跑马圈地"阶段，森大集团布局海外市场的营销网络，成功铺设建材、快消品和五金百货三大业务，打开"分公司——一级渠道商—二级渠道商"的下沉市场。"多核裂变"阶段，森大集团建立海外生产基地，搭建以"分公司—工厂—产品"为核心的全方位业务运营模式，逐渐提升产品丰富度并深化品牌竞争优势，参与产品的设计、生产、销售等多个环节，定位精准。

参考资料

王玮、叶梓雯、郭俊伶，等. 森大集团：深耕非洲，"一带一路"的践行者. http://www.cmcc-dlut.cn/cases/Detail/6194，2021.

案例十一：钛 动 科 技

1. 企业基本情况

1）钛动科技简介

钛动科技成立于 2017 年，是全球领先的基于大数据和商业智能的商业增长赋能公司。

公司秉承以服务客户为中心的核心价值观，旨在通过技术能力抽样提高全球商业运营效率，打造帮助中国企业出海的一站式服务平台。

公司业务覆盖全球 200 多个国家和地区，服务近 5 000 名客户，连接近 20 000 个全球垂直及综合媒体资源，是字节跳动、谷歌、Facebook、阿里巴巴、Lazada 等业内领先企业的合作伙伴。

旗下拥有为中国出海品牌提供一站式电商出海解决方案的 Tec-Retail、为全球移动端流量主提供一站式移动电商解决方案的 meetMyShop、专注海外移动效果广告的商业智能广告服务品牌 Mobisummer 和一站式整合营销及代理服务品牌 UniAgency。

2）企业经营的主要产品及服务领域

钛动科技经营范围包含：软件技术推广服务、信息技术咨询服务、软件零售、货物进出口。

3）企业历程

2017 年，钛动科技正式成立，同年获得 IDG（International Data Group，国际数据集团）、险峰长青数百万美元的天使轮投资。

2018 年，钛动科技正式成为谷歌官方合作伙伴，同年成功获取 TIKTOK 媒体官方代理资质。

2020 年，正式发布出海营销全栈式智能服务平台 UniAgency 并获得 FaceBook 官方授权，成为其华南区唯一官方授权代理商。

2021 年，正式担任"广东省游戏产业协会理事单位"，同年荣获"2020 年度广东省电子商务企业 100 强"荣誉称号，担任"广州市软件协会副会长单位"。

2. 商业模式

1）目标客户

第一，国内游戏厂商。

第二，国内 APP 产品制作方。

第三，国内电商品牌卖家。

第四，跨境电商卖家（包括平台及独立站）。

2）产品和服务

第一，游戏出海推广业务。为出海游戏发行商提供出海营销全方位服务的一站式解决方案。通过市场调研、竞品分析、人工智能匹配及一对一定制化营销方案，为客户带来优质的流量。同时，通过商业智能能力与平台对接能力，充分利用媒体端数据，实现精准与批量的高效投放，提升整体投放效率。

第二，APP 出海推广业务。以 KPI（key performance indication，关键业绩指标）为目标，针对不同赛道情况，进行目标市场情况调研、用户偏好触媒情况分析、产品分析、对标竞品投放创意策略对比，形成一对一定制化的 APP 出海营销方案。

第三，品牌咨询及全案电商代运营服务。钛动科技拥有 Facebook、谷歌、TIKTOK、Snapchat 等多平台营销认证证书及具有资深广告投放经验的专业营销团队、资深的投放设计团队和专属的产品技术团队。

咨询服务内容包括不限于定制化的周期业务报告、行业最新趋势洞察、竞品交叉对比分析、整合营销策略、分渠道特性解析、媒体平台功能解读、广告投放数据总结分析、素材创意思路等。用最优质的适配资源帮助广告主推广，为广大广告主提供市场调研、竞品分析、人工智能匹配，以及一对一制定对应的营销方案和策略支撑。

代运营服务包括各个跨境电商平台的全链路运营服务，涵盖渠道 0~1 搭建、运营投流、售后跟进等。

第四，广告代理商开户服务。钛动科技作为 Facebook 的国内一级代理，具有 Facebook 开户跑量的服务能力。

3）盈利模式

第一，流量渠道返点。各个流量渠道（如 Facebook、谷歌、TIKTOK）的渠道方返点，是钛动科技的主要营收来源之一。当客户通过钛动科技开户跑量，钛动科技就可以在渠道方获得投放流水的 10% 左右的渠道返点费用。

第二，代投服务费用。钛动科技对选择代投服务的电商卖家、游戏厂商或出海 APP 制作方，收取投放流水 5%~10% 的推广服务费，针对投流金额较小的客户，会根据具体情况收取一定的基础服务费。

第三，全案营销服务费。钛动科技针对国内品牌出海的卖家提供全案的代运营服务，以年份为周期收取每年 200 万元起的全案营销费用。

4）荣誉称号

2018 年，荣获第七届中国创新创业全国总决赛第二名；

2019 年，荣获 2019 中国创新创业成果交易会"最具投资价值科技成果"；

2019 年，连获数项大奖："鲸鸣奖·2019 年度十佳新锐出海企业""巨量引擎'年度出海精英合作伙伴'称号"，创始人兼 CEO 李述昊获评"2019 年度天河区创新领军人才"；

2020 年，获得"鲸鸣奖·2020 年度十佳出海服务商""2020 国际科创节暨全球数字大会'数字解决方案'奖""2020 网易创投+创新创业大赛全国总冠军"等多项大奖。

参考资料

南早网. 钛动科技 x 头头是道：解读出海生态发展趋势，打开出海探索新思路. https://baijiahao.baidu.com/s?id=1730628856724918854&wfr=spider&for=pc.

钛动科技官网. https://www.tec-do.com/.

附　录　篇

附录一：不断做强做优做大我国数字经济①

近年来，互联网、大数据、云计算、人工智能、区块链等技术加速创新，日益融入经济社会发展各领域全过程，各国竞相制定数字经济发展战略、出台鼓励政策，数字经济发展速度之快、辐射范围之广、影响程度之深前所未有，正在成为重组全球要素资源、重塑全球经济结构、改变全球竞争格局的关键力量。

长期以来，我一直重视发展数字技术、数字经济。2000年我在福建工作期间就提出建设"数字福建"，2003年在浙江工作期间又提出建设"数字浙江"。党的十八大以来，我多次强调要发展数字经济。2016年在十八届中央政治局第三十六次集体学习时强调要做大做强数字经济、拓展经济发展新空间；同年在二十国集团领导人杭州峰会上首次提出发展数字经济的倡议，得到各国领导人和企业家的普遍认同；2017年在十九届中央政治局第二次集体学习时强调要加快建设数字中国，构建以数据为关键要素的数字经济，推动实体经济和数字经济融合发展；2018年在中央经济工作会议上强调要加快5G、人工智能、工业互联网等新型基础设施建设；2021年在致世界互联网大会乌镇峰会的贺信中指出，要激发数字经济活力，增强数字政府效能，优化数字社会环境，构建数字合作格局，筑牢数字安全屏障，让数字文明造福各国人民。

党的十八大以来，党中央高度重视发展数字经济，将其上升为国家战略。党的十八届五中全会提出，实施网络强国战略和国家大数据战略，拓展网络经济空间，促进互联网和经济社会融合发展，支持基于互联网的各类创新。党的十九大提出，推动互联网、大数据、人工智能和实体经济深度融合，建设数字中国、智慧社会。党的十九届五中全会提出，发展数字经济，推进数字产业化和产业数字化，推动数字经济和实体经济深度融合，打造具有国际竞争力的数字产业集群。我们出台了《网络强国战略实施纲要》《数字经济发展战略纲要》，从国家层面部署推动数字经济发展。这些年来，我国数字经济发展较快、成就显著。根据2021全球数字经济大会的数据，我国数字经济规模已经连续多年位居世界第二。特别是新冠肺炎疫情暴发以来，数字技术、数字经济在支持抗击新冠肺炎疫情、恢复生产生活方面发挥了重要作用。

同时，我们要看到，同世界数字经济大国、强国相比，我国数字经济大而不强、快而不优。还要看到，我国数字经济在快速发展中也出现了一些不健康、不规范的苗头和趋势，这些问题不仅影响数字经济健康发展，而且违反法律法规、对国家经济金融安全构成威胁，必须坚决纠正和治理。

---

① 习近平. 不断做强做优做大我国数字经济[EB/OL]. http://www.qstheory.cn/dukan/qs/2022-01/15/c_1128261632.htm, 2022-01-15.

　　综合判断，发展数字经济意义重大，是把握新一轮科技革命和产业变革新机遇的战略选择。一是数字经济健康发展，有利于推动构建新发展格局。构建新发展格局的重要任务是增强经济发展动能、畅通经济循环。数字技术、数字经济可以推动各类资源要素快捷流动、各类市场主体加速融合，帮助市场主体重构组织模式，实现跨界发展，打破时空限制，延伸产业链条，畅通国内外经济循环。二是数字经济健康发展，有利于推动建设现代化经济体系。数据作为新型生产要素，对传统生产方式变革具有重大影响。数字经济具有高创新性、强渗透性、广覆盖性，不仅是新的经济增长点，而且是改造提升传统产业的支点，可以成为构建现代化经济体系的重要引擎。三是数字经济健康发展，有利于推动构筑国家竞争新优势。当今时代，数字技术、数字经济是世界科技革命和产业变革的先机，是新一轮国际竞争重点领域，我们一定要抓住先机、抢占未来发展制高点。

　　面向未来，我们要站在统筹中华民族伟大复兴战略全局和世界百年未有之大变局的高度，统筹国内国际两个大局、发展安全两件大事，充分发挥海量数据和丰富应用场景优势，促进数字技术和实体经济深度融合，赋能传统产业转型升级，催生新产业新业态新模式，不断做强做优做大我国数字经济。

　　第一，加强关键核心技术攻关。要牵住数字关键核心技术自主创新这个"牛鼻子"，发挥我国社会主义制度优势、新型举国体制优势、超大规模市场优势，提高数字技术基础研发能力，打好关键核心技术攻坚战，尽快实现高水平自立自强，把发展数字经济自主权牢牢掌握在自己手中。

　　第二，加快新型基础设施建设。要加强战略布局，加快建设以 5G 网络、全国一体化数据中心体系、国家产业互联网等为抓手的高速泛在、天地一体、云网融合、智能敏捷、绿色低碳、安全可控的智能化综合性数字信息基础设施，打通经济社会发展的信息"大动脉"。要全面推进产业化、规模化应用，培育具有国际影响力的大型软件企业，重点突破关键软件，推动软件产业做大做强，提升关键软件技术创新和供给能力。

　　第三，推动数字经济和实体经济融合发展。要把握数字化、网络化、智能化方向，推动制造业、服务业、农业等产业数字化，利用互联网新技术对传统产业进行全方位、全链条的改造，提高全要素生产率，发挥数字技术对经济发展的放大、叠加、倍增作用。要推动互联网、大数据、人工智能同产业深度融合，加快培育一批"专精特新"企业和制造业单项冠军企业。当然，要脚踏实地、因企制宜，不能为数字化而数字化。

　　第四，推进重点领域数字产业发展。要聚焦战略前沿和制高点领域，立足重大技术突破和重大发展需求，增强产业链关键环节竞争力，完善重点产业供应链体系，加速产品和服务迭代。要聚焦集成电路、新型显示、通信设备、智能硬件等重点领域，加快锻造长板、补齐短板，培育一批具有国际竞争力的大企业和具有产业链控制力的生态主导型企业，构建自主可控产业生态。要促进集群化发展，打造世界级数字产业集群。

　　第五，规范数字经济发展。推动数字经济健康发展，要坚持促进发展和监管规范两手抓、两手都要硬，在发展中规范、在规范中发展。要健全市场准入制度、公平竞争审查制度、公平竞争监管制度，建立全方位、多层次、立体化监管体系，实现事前事中事后全链条全领域监管，堵塞监管漏洞，提高监管效能。要纠正和规范发展过程中损害群众利益、妨碍公平竞争的行为和做法，防止平台垄断和资本无序扩张，依法查处垄断和不正当竞争行为。要保护平台从业人员和消费者合法权益。要加强税收监管和税务稽查。

第六，完善数字经济治理体系。要健全法律法规和政策制度，完善体制机制，提高我国数字经济治理体系和治理能力现代化水平。要完善主管部门、监管机构职责，分工合作、相互配合。要改进提高监管技术和手段，把监管和治理贯穿创新、生产、经营、投资全过程。要明确平台企业主体责任和义务，建设行业自律机制。要开展社会监督、媒体监督、公众监督，形成监督合力。要完善国家安全制度体系，重点加强数字经济安全风险预警、防控机制和能力建设，实现核心技术、重要产业、关键设施、战略资源、重大科技、头部企业等安全可控。要加强数字经济发展的理论研究。

第七，积极参与数字经济国际合作。要密切观察、主动作为，主动参与国际组织数字经济议题谈判，开展双多边数字治理合作，维护和完善多边数字经济治理机制，及时提出中国方案，发出中国声音。

数字经济事关国家发展大局。我们要结合我国发展需要和可能，做好我国数字经济发展顶层设计和体制机制建设。要加强形势研判，抓住机遇，赢得主动。各级领导干部要提高数字经济思维能力和专业素质，增强发展数字经济本领，强化安全意识，推动数字经济更好服务和融入新发展格局。要提高全民全社会数字素养和技能，夯实我国数字经济发展社会基础。

附录二：国务院关于印发"十四五"数字经济发展规划的通知[①]

国发〔2021〕29号

各省、自治区、直辖市人民政府，国务院各部委、各直属机构：

现将《"十四五"数字经济发展规划》印发给你们，请认真贯彻执行。

国务院

2021年12月12日

（此件公开发布）

"十四五"数字经济发展规划

数字经济是继农业经济、工业经济之后的主要经济形态，是以数据资源为关键要素，以现代信息网络为主要载体，以信息通信技术融合应用、全要素数字化转型为重要推动力，促进公平与效率更加统一的新经济形态。数字经济发展速度之快、辐射范围之广、影响程度之深前所未有，正推动生产方式、生活方式和治理方式深刻变革，成为重组全球要素资源、重塑全球经济结构、改变全球竞争格局的关键力量。"十四五"时期，我国数字经济转向深化应用、规范发展、普惠共享的新阶段。为应对新形势新挑战，把握数字化发展新机遇，拓展经济发展新空间，推动我国数字经济健康发展，依据《中华人民共和国国民经济和社会发展第十四个五年规划和2035年远景目标纲要》，制定本规划。

一、发展现状和形势

（一）发展现状。

"十三五"时期，我国深入实施数字经济发展战略，不断完善数字基础设施，加快培育新业态新模式，推进数字产业化和产业数字化取得积极成效。2020年，我国数字经济核心产业增加值占国内生产总值（GDP）比重达到7.8%，数字经济为经济社会持续健康发展提供了强大动力。

信息基础设施全球领先。建成全球规模最大的光纤和第四代移动通信（4G）网络，第五代移动通信（5G）网络建设和应用加速推进。宽带用户普及率明显提高，光纤用户占比超过94%，移动宽带用户普及率达到108%，互联网协议第六版（IPv6）活跃用户数达到4.6亿。

[①] 国务院. 国务院关于印发"十四五"数字经济发展规划的通知[EB/OL]. http://www.gov.cn/gongbao/content/2022/content_5671108.htm, 2022-01-12.

产业数字化转型稳步推进。农业数字化全面推进。服务业数字化水平显著提高。工业数字化转型加速,工业企业生产设备数字化水平持续提升,更多企业迈上"云端"。

新业态新模式竞相发展。数字技术与各行业加速融合,电子商务蓬勃发展,移动支付广泛普及,在线学习、远程会议、网络购物、视频直播等生产生活新方式加速推广,互联网平台日益壮大。

数字政府建设成效显著。一体化政务服务和监管效能大幅度提升,"一网通办"、"最多跑一次"、"一网统管"、"一网协同"等服务管理新模式广泛普及,数字营商环境持续优化,在线政务服务水平跃居全球领先行列。

数字经济国际合作不断深化。《二十国集团数字经济发展与合作倡议》等在全球赢得广泛共识,信息基础设施互联互通取得明显成效,"丝路电商"合作成果丰硕,我国数字经济领域平台企业加速出海,影响力和竞争力不断提升。

与此同时,我国数字经济发展也面临一些问题和挑战:关键领域创新能力不足,产业链供应链受制于人的局面尚未根本改变;不同行业、不同区域、不同群体间数字鸿沟未有效弥合,甚至有进一步扩大趋势;数据资源规模庞大,但价值潜力还没有充分释放;数字经济治理体系需进一步完善。

（二）面临形势。

当前,新一轮科技革命和产业变革深入发展,数字化转型已经成为大势所趋,受内外部多重因素影响,我国数字经济发展面临的形势正在发生深刻变化。

发展数字经济是把握新一轮科技革命和产业变革新机遇的战略选择。数字经济是数字时代国家综合实力的重要体现,是构建现代化经济体系的重要引擎。世界主要国家均高度重视发展数字经济,纷纷出台战略规划,采取各种举措打造竞争新优势,重塑数字时代的国际新格局。

数据要素是数字经济深化发展的核心引擎。数据对提高生产效率的乘数作用不断凸显,成为最具时代特征的生产要素。数据的爆发增长、海量集聚蕴藏了巨大的价值,为智能化发展带来了新的机遇。协同推进技术、模式、业态和制度创新,切实用好数据要素,将为经济社会数字化发展带来强劲动力。

数字化服务是满足人民美好生活需要的重要途径。数字化方式正有效打破时空阻隔,提高有限资源的普惠化水平,极大地方便群众生活,满足多样化个性化需要。数字经济发展正在让广大群众享受到看得见、摸得着的实惠。

规范健康可持续是数字经济高质量发展的迫切要求。我国数字经济规模快速扩张,但发展不平衡、不充分、不规范的问题较为突出,迫切需要转变传统发展方式,加快补齐短板弱项,提高我国数字经济治理水平,走出一条高质量发展道路。

二、总体要求

（一）指导思想。

以习近平新时代中国特色社会主义思想为指导,全面贯彻党的十九大和十九届历次全会精神，立足新发展阶段，完整、准确、全面贯彻新发展理念，构建新发展格局，推动高质量发展，统筹发展和安全、统筹国内和国际，以数据为关键要素，以数字技术与实体经济深度融合为主线，加强数字基础设施建设，完善数字经济治理体系，协同推进数字产业化和产业数字化，赋能传统产业转型升级，培育新产业新业态新模式，不断做强做优做大我国数字经济，为构建数字中国提供有力支撑。

（二）基本原则。

坚持创新引领、融合发展。坚持把创新作为引领发展的第一动力，突出科技自立自强的战略支撑作用，促进数字技术向经济社会和产业发展各领域广泛深入渗透，推进数字技术、应用场景和商业模式融合创新，形成以技术发展促进全要素生产率提升、以领域应用带动技术进步的发展格局。

坚持应用牵引、数据赋能。坚持以数字化发展为导向，充分发挥我国海量数据、广阔市场空间和丰富应用场景优势，充分释放数据要素价值，激活数据要素潜能，以数据流促进生产、分配、流通、消费各个环节高效贯通，推动数据技术产品、应用范式、商业模式和体制机制协同创新。

坚持公平竞争、安全有序。突出竞争政策基础地位，坚持促进发展和监管规范并重，健全完善协同监管规则制度，强化反垄断和防止资本无序扩张，推动平台经济规范健康持续发展，建立健全适应数字经济发展的市场监管、宏观调控、政策法规体系，牢牢守住安全底线。

坚持系统推进、协同高效。充分发挥市场在资源配置中的决定性作用，构建经济社会各主体多元参与、协同联动的数字经济发展新机制。结合我国产业结构和资源禀赋，发挥比较优势，系统谋划、务实推进，更好发挥政府在数字经济发展中的作用。

（三）发展目标。

到 2025 年，数字经济迈向全面扩展期，数字经济核心产业增加值占 GDP 比重达到 10%，数字化创新引领发展能力大幅提升，智能化水平明显增强，数字技术与实体经济融合取得显著成效，数字经济治理体系更加完善，我国数字经济竞争力和影响力稳步提升。

——数据要素市场体系初步建立。数据资源体系基本建成，利用数据资源推动研发、生产、流通、服务、消费全价值链协同。数据要素市场化建设成效显现，数据确权、定价、交易有序开展，探索建立与数据要素价值和贡献相适应的收入分配机制，激发市场主体创新活力。

——产业数字化转型迈上新台阶。农业数字化转型快速推进，制造业数字化、网络化、智能化更加深入，生产性服务业融合发展加速普及，生活性服务业多元化拓展显著加快，产业数字化转型的支撑服务体系基本完备，在数字化转型过程中推进绿色发展。

——数字产业化水平显著提升。数字技术自主创新能力显著提升，数字化产品和服务供给质量大幅提高，产业核心竞争力明显增强，在部分领域形成全球领先优势。新产业新业态新模式持续涌现、广泛普及，对实体经济提质增效的带动作用显著增强。

——数字化公共服务更加普惠均等。数字基础设施广泛融入生产生活，对政务服务、公共服务、民生保障、社会治理的支撑作用进一步凸显。数字营商环境更加优化，电子政务服务水平进一步提升，网络化、数字化、智慧化的利企便民服务体系不断完善，数字鸿沟加速弥合。

——数字经济治理体系更加完善。协调统一的数字经济治理框架和规则体系基本建立，跨部门、跨地区的协同监管机制基本健全。政府数字化监管能力显著增强，行业和市场监管水平大幅提升。政府主导、多元参与、法治保障的数字经济治理格局基本形成，治理水平明显提升。与数字经济发展相适应的法律法规制度体系更加完善，数字经济安全体系进一步增强。

展望 2035 年，数字经济将迈向繁荣成熟期，力争形成统一公平、竞争有序、成熟完备的数字经济现代市场体系，数字经济发展基础、产业体系发展水平位居世界前列。

"十四五"数字经济发展指标

指标	2020 年	2025 年	属性
数字经济核心产业增加值占 GDP 比重（%）	7.8	10	预期性
IPv6 活跃用户数（亿户）	4.6	8	预期性
千兆宽带用户数（万户）	640	6000	预期性
软件和信息技术服务业规模（万亿元）	8.16	14	预期性
工业互联网平台应用普及率（%）	14.7	45	预期性
全国网上零售额（万亿元）	11.76	17	预期性
电子商务交易规模（万亿元）	37.21	46	预期性
在线政务服务实名用户规模（亿）	4	8	预期性

三、优化升级数字基础设施

（一）加快建设信息网络基础设施。建设高速泛在、天地一体、云网融合、智能敏捷、绿色低碳、安全可控的智能化综合性数字信息基础设施。有序推进骨干网扩容，协同推进千兆光纤网络和 5G 网络基础设施建设，推动 5G 商用部署和规模应用，前瞻布局第六代移动通信（6G）网络技术储备，加大 6G 技术研发支持力度，积极参与推动 6G 国际标准化工作。积极稳妥推进空间信息基础设施演进升级，加快布局卫星通信网络等，推动卫星互联网建设。提高物联网在工业制造、农业生产、公共服务、应急管理等领域的覆盖水平，增强固移融合、宽窄结合的物联接入能力。

专栏1　信息网络基础设施优化升级工程

　　1. 推进光纤网络扩容提速。加快千兆光纤网络部署，持续推进新一代超大容量、超长距离、智能调度的光传输网建设，实现城市地区和重点乡镇千兆光纤网络全面覆盖。

　　2. 加快5G网络规模化部署。推动5G独立组网（SA）规模商用，以重大工程应用为牵引，支持在工业、电网、港口等典型领域实现5G网络深度覆盖，助推行业融合应用。

　　3. 推进IPv6规模部署应用。深入开展网络基础设施IPv6改造，增强网络互联互通能力，优化网络和应用服务性能，提升基础设施业务承载能力和终端支持能力，深化对各类网站及应用的IPv6改造。

　　4. 加速空间信息基础设施升级。提升卫星通信、卫星遥感、卫星导航定位系统的支撑能力，构建全球覆盖、高效运行的通信、遥感、导航空间基础设施体系。

　　（二）推进云网协同和算网融合发展。加快构建算力、算法、数据、应用资源协同的全国一体化大数据中心体系。在京津冀、长三角、粤港澳大湾区、成渝地区双城经济圈、贵州、内蒙古、甘肃、宁夏等地区布局全国一体化算力网络国家枢纽节点，建设数据中心集群，结合应用、产业等发展需求优化数据中心建设布局。加快实施"东数西算"工程，推进云网协同发展，提升数据中心跨网络、跨地域数据交互能力，加强面向特定场景的边缘计算能力，强化算力统筹和智能调度。按照绿色、低碳、集约、高效的原则，持续推进绿色数字中心建设，加快推进数据中心节能改造，持续提升数据中心可再生能源利用水平。推动智能计算中心有序发展，打造智能算力、通用算法和开发平台一体化的新型智能基础设施，面向政务服务、智慧城市、智能制造、自动驾驶、语言智能等重点新兴领域，提供体系化的人工智能服务。

　　（三）有序推进基础设施智能升级。稳步构建智能高效的融合基础设施，提升基础设施网络化、智能化、服务化、协同化水平。高效布局人工智能基础设施，提升支撑"智能+"发展的行业赋能能力。推动农林牧渔业基础设施和生产装备智能化改造，推进机器视觉、机器学习等技术应用。建设可靠、灵活、安全的工业互联网基础设施，支撑制造资源的泛在连接、弹性供给和高效配置。加快推进能源、交通运输、水利、物流、环保等领域基础设施数字化改造。推动新型城市基础设施建设，提升市政公用设施和建筑智能化水平。构建先进普惠、智能协作的生活服务数字化融合设施。在基础设施智能升级过程中，充分满足老年人等群体的特殊需求，打造智慧共享、和睦共治的新型数字生活。

　　四、充分发挥数据要素作用

　　（一）强化高质量数据要素供给。支持市场主体依法合规开展数据采集，聚焦数据的标注、清洗、脱敏、脱密、聚合、分析等环节，提升数据资源处理能力，培育壮大数据服务产业。推动数据资源标准体系建设，提升数据管理水平和数据质量，探索面向业务应用的共享、交换、协作和开放。加快推动各领域通信协议兼容统一，打破技术和协议壁垒，努力实现互通互操作，形成完整贯通的数据链。推动数据分类分级管理，强化数据安全风险评估、监测预警和应急处置。深化政务数据跨层级、跨地域、跨部门有序共享。建立健全国家公共数据资源体系，统筹公共数据资源开发利用，推动基础公共数据安全有序开放，构建统一的国家公共数据开放平台和开发利用端口，提升公共数据开放水平，释放数据红利。

专栏2　数据质量提升工程

1. 提升基础数据资源质量。建立健全国家人口、法人、自然资源和空间地理等基础信息更新机制，持续完善国家基础数据资源库建设、管理和服务，确保基础信息数据及时、准确、可靠。

2. 培育数据服务商。支持社会化数据服务机构发展，依法依规开展公共资源数据、互联网数据、企业数据的采集、整理、聚合、分析等加工业务。

3. 推动数据资源标准化工作。加快数据资源规划、数据治理、数据资产评估、数据服务、数据安全等国家标准研制，加大对数据管理、数据开放共享等重点国家标准的宣贯力度。

（二）加快数据要素市场化流通。加快构建数据要素市场规则，培育市场主体、完善治理体系，促进数据要素市场流通。鼓励市场主体探索数据资产定价机制，推动形成数据资产目录，逐步完善数据定价体系。规范数据交易管理，培育规范的数据交易平台和市场主体，建立健全数据资产评估、登记结算、交易撮合、争议仲裁等市场运营体系，提升数据交易效率。严厉打击数据黑市交易，营造安全有序的市场环境。

专栏3　数据要素市场培育试点工程

1. 开展数据确权及定价服务试验。探索建立数据资产登记制度和数据资产定价规则，试点开展数据权属认定，规范完善数据资产评估服务。

2. 推动数字技术在数据流通中的应用。鼓励企业、研究机构等主体基于区块链等数字技术，探索数据授权使用、数据溯源等应用，提升数据交易流通效率。

3. 培育发展数据交易平台。提升数据交易平台服务质量，发展包含数据资产评估、登记结算、交易撮合、争议仲裁等的运营体系，健全数据交易平台报价、询价、竞价和定价机制，探索协议转让、挂牌等多种形式的数据交易模式。

（三）创新数据要素开发利用机制。适应不同类型数据特点，以实际应用需求为导向，探索建立多样化的数据开发利用机制。鼓励市场力量挖掘商业数据价值，推动数据价值产品化、服务化，大力发展专业化、个性化数据服务，促进数据、技术、场景深度融合，满足各领域数据需求。鼓励重点行业创新数据开发利用模式，在确保数据安全、保障用户隐私的前提下，调动行业协会、科研院所、企业等多方参与数据价值开发。对

具有经济和社会价值、允许加工利用的政务数据和公共数据，通过数据开放、特许开发、授权应用等方式，鼓励更多社会力量进行增值开发利用。结合新型智慧城市建设，加快城市数据融合及产业生态培育，提升城市数据运营和开发利用水平。

五、大力推进产业数字化转型

（一）加快企业数字化转型升级。引导企业强化数字化思维，提升员工数字技能和数据管理能力，全面系统推动企业研发设计、生产加工、经营管理、销售服务等业务数字化转型。支持有条件的大型企业打造一体化数字平台，全面整合企业内部信息系统，强化全流程数据贯通，加快全价值链业务协同，形成数据驱动的智能决策能力，提升企业整体运行效率和产业链上下游协同效率。实施中小企业数字化赋能专项行动，支持中小企业从数字化转型需求迫切的环节入手，加快推进线上营销、远程协作、数字化办公、智能生产线等应用，由点及面向全业务全流程数字化转型延伸拓展。鼓励和支持互联网平台、行业龙头企业等立足自身优势，开放数字化资源和能力，帮助传统企业和中小企业实现数字化转型。推行普惠性"上云用数赋智"服务，推动企业上云、上平台，降低技术和资金壁垒，加快企业数字化转型。

（二）全面深化重点产业数字化转型。立足不同产业特点和差异化需求，推动传统产业全方位、全链条数字化转型，提高全要素生产率。大力提升农业数字化水平，推进"三农"综合信息服务，创新发展智慧农业，提升农业生产、加工、销售、物流等各环节数字化水平。纵深推进工业数字化转型，加快推动研发设计、生产制造、经营管理、市场服务等全生命周期数字化转型，加快培育一批"专精特新"中小企业和制造业单项冠军企业。深入实施智能制造工程，大力推动装备数字化，开展智能制造试点示范专项行动，完善国家智能制造标准体系。培育推广个性化定制、网络化协同等新模式。大力发展数字商务，全面加快商贸、物流、金融等服务业数字化转型，优化管理体系和服务模式，提高服务业的品质与效益。促进数字技术在全过程工程咨询领域的深度应用，引领咨询服务和工程建设模式转型升级。加快推动智慧能源建设应用，促进能源生产、运输、消费等各环节智能化升级，推动能源行业低碳转型。加快推进国土空间基础信息平台建设应用。推动产业互联网融通应用，培育供应链金融、服务型制造等融通发展模式，以数字技术促进产业融合发展。

专栏4　重点行业数字化转型提升工程

1. 发展智慧农业和智慧水利。加快推动种植业、畜牧业、渔业等领域数字化转型，加强大数据、物联网、人工智能等技术深度应用，提升农业生产经营数字化水平。构建智慧水利体系，以流域为单元提升水情测报和智能调度能力。

2. 开展工业数字化转型应用示范。实施智能制造试点示范行动，建设智能制造示范工厂，培育智能制造先行区。针对产业痛点、堵点，分行业制定数字化转型路线图，面向原材料、消费品、装备制造、电子信息等重点行业开展数字化转型应用示范和评估，加大标杆应用推广力度。

3. 加快推动工业互联网创新发展。深入实施工业互联网创新发展战略，鼓励工业企业利用 5G、时间敏感网络（TSN）等技术改造升级企业内外网，完善标识解析体系，打造若干具有国际竞争力的工业互联网平台，提升安全保障能力，推动各行业加快数字化转型。

4. 提升商务领域数字化水平。打造大数据支撑、网络化共享、智能化协作的智慧供应链体系。健全电子商务公共服务体系，汇聚数字赋能服务资源，支持商务领域中小微企业数字化转型升级。提升贸易数字化水平。引导批发零售、住宿餐饮、租赁和商务服务等传统业态积极开展线上线下、全渠道、定制化、精准化营销创新。

5. 大力发展智慧物流。加快对传统物流设施的数字化改造升级，促进现代物流业与农业、制造业等产业融合发展。加快建设跨行业、跨区域的物流信息服务平台，实现需求、库存和物流信息的实时共享，探索推进电子提单应用。建设智能仓储体系，提升物流仓储的自动化、智能化水平。

6. 加快金融领域数字化转型。合理推动大数据、人工智能、区块链等技术在银行、证券、保险等领域的深化应用，发展智能支付、智慧网点、智能投顾、数字化融资等新模式，稳妥推进数字人民币研发，有序开展可控试点。

7. 加快能源领域数字化转型。推动能源产、运、储、销、用各环节设施的数字化升级，实施煤矿、油气田、油气管网、电厂、电网、油气储备库、终端用能等领域设备设施、工艺流程的数字化建设与改造。推进微电网等智慧能源技术试点示范应用。推动基于供需衔接、生产服务、监督管理等业务关系的数字平台建设，提升能源体系智能化水平。

（三）推动产业园区和产业集群数字化转型。引导产业园区加快数字基础设施建设，利用数字技术提升园区管理和服务能力。积极探索平台企业与产业园区联合运营模式，丰富技术、数据、平台、供应链等服务供给，提升线上线下相结合的资源共享水平，引导各类要素加快向园区集聚。围绕共性转型需求，推动共享制造平台在产业集群落地和规模化发展。探索发展跨越物理边界的"虚拟"产业园区和产业集群，加快产业资源虚拟化集聚、平台化运营和网络化协同，构建虚实结合的产业数字化新生态。依托京津冀、长三角、粤港澳大湾区、成渝地区双城经济圈等重点区域，统筹推进数字基础设施建设，探索建立各类产业集群跨区域、跨平台协同新机制，促进创新要素整合共享，构建创新协同、错位互补、供需联动的区域数字化发展生态，提升产业链供应链协同配套能力。

（四）培育转型支撑服务生态。建立市场化服务与公共服务双轮驱动，技术、资本、人才、数据等多要素支撑的数字化转型服务生态，解决企业"不会转"、"不能转"、"不敢转"的难题。面向重点行业和企业转型需求，培育推广一批数字化解决方案。聚焦转型咨询、标准制定、测试评估等方向，培育一批第三方专业化服务机构，提升数字化转型服务市场规模和活力。支持高校、龙头企业、行业协会等加强协同，建设综合测试验证环境，加强产业共性解决方案供给。建设数字化转型促进中心，衔接集聚各类资源条件，提供数字化转型公共服务，打造区域产业数字化创新综合体，带动传统产业数字化转型。

专栏 5　　数字化转型支撑服务生态培育工程

　　1. 培育发展数字化解决方案供应商。面向中小微企业特点和需求，培育若干专业型数字化解决方案供应商，引导开发轻量化、易维护、低成本、一站式解决方案。培育若干服务能力强、集成水平高、具有国际竞争力的综合型数字化解决方案供应商。

　　2. 建设一批数字化转型促进中心。依托产业集群、园区、示范基地等建立公共数字化转型促进中心，开展数字化服务资源条件衔接集聚、优质解决方案展示推广、人才招聘及培养、测试试验、产业交流等公共服务。依托企业、产业联盟等建立开放型、专业化数字化转型促进中心，面向产业链上下游企业和行业内中小微企业提供供需撮合、转型咨询、定制化系统解决方案开发等市场化服务。制定完善数字化转型促进中心遴选、评估、考核等标准、程序和机制。

　　3. 创新转型支撑服务供给机制。鼓励各地因地制宜，探索建设数字化转型产品、服务、解决方案供给资源池，搭建转型供需对接平台，开展数字化转型服务券等创新，支持企业加快数字化转型。深入实施数字化转型伙伴行动计划，加快建立高校、龙头企业、产业联盟、行业协会等市场主体资源共享、分工协作的良性机制。

六、加快推动数字产业化

　　（一）增强关键技术创新能力。瞄准传感器、量子信息、网络通信、集成电路、关键软件、大数据、人工智能、区块链、新材料等战略性前瞻性领域，发挥我国社会主义制度优势、新型举国体制优势、超大规模市场优势，提高数字技术基础研发能力。以数字技术与各领域融合应用为导向，推动行业企业、平台企业和数字技术服务企业跨界创新，优化创新成果快速转化机制，加快创新技术的工程化、产业化。鼓励发展新型研发机构、企业创新联合体等新型创新主体，打造多元化参与、网络化协同、市场化运作的创新生态体系。支持具有自主核心技术的开源社区、开源平台、开源项目发展，推动创新资源共建共享，促进创新模式开放化演进。

专栏 6　　数字技术创新突破工程

　　1. 补齐关键技术短板。优化和创新"揭榜挂帅"等组织方式，集中突破高端芯片、操作系统、工业软件、核心算法与框架等领域关键核心技术，加强通用处理器、云计算系统和软件关键技术一体化研发。

　　2. 强化优势技术供给。支持建设各类产学研协同创新平台，打通贯穿基础研究、技术研发、中试熟化与产业化全过程的创新链，重点布局 5G、物联网、云计算、大数据、人工智能、区块链等领域，突破智能制造、数字孪生、城市大脑、边缘计算、脑机融合等集成技术。

　　3. 抢先布局前沿技术融合创新。推进前沿学科和交叉研究平台建设，重点布局下一代移动通信技术、量子信息、神经芯片、类脑智能、脱氧核糖核酸（DNA）存储、第三代半导体等新兴技术，推动信息、生物、材料、能源等领域技术融合和群体性突破。

（二）提升核心产业竞争力。着力提升基础软硬件、核心电子元器件、关键基础材料和生产装备的供给水平，强化关键产品自给保障能力。实施产业链强链补链行动，加强面向多元化应用场景的技术融合和产品创新，提升产业链关键环节竞争力，完善5G、集成电路、新能源汽车、人工智能、工业互联网等重点产业供应链体系。深化新一代信息技术集成创新和融合应用，加快平台化、定制化、轻量化服务模式创新，打造新兴数字产业新优势。协同推进信息技术软硬件产品产业化、规模化应用，加快集成适配和迭代优化，推动软件产业做大做强，提升关键软硬件技术创新和供给能力。

（三）加快培育新业态新模式。推动平台经济健康发展，引导支持平台企业加强数据、产品、内容等资源整合共享，扩大协同办公、互联网医疗等在线服务覆盖面。深化共享经济在生活服务领域的应用，拓展创新、生产、供应链等资源共享新空间。发展基于数字技术的智能经济，加快优化智能化产品和服务运营，培育智慧销售、无人配送、智能制造、反向定制等新增长点。完善多元价值传递和贡献分配体系，有序引导多样化社交、短视频、知识分享等新型就业创业平台发展。

专栏7　数字经济新业态培育工程

1. 持续壮大新兴在线服务。加快互联网医院发展，推广健康咨询、在线问诊、远程会诊等互联网医疗服务，规范推广基于智能康养设备的家庭健康监护、慢病管理、养老护理等新模式。推动远程协同办公产品和服务优化升级，推广电子合同、电子印章、电子签名、电子认证等应用。

2. 深入发展共享经济。鼓励共享出行等商业模式创新，培育线上高端品牌，探索错时共享、有偿共享新机制。培育发展共享制造平台，推进研发设计、制造能力、供应链管理等资源共享，发展可计量可交易的新型制造服务。

3. 鼓励发展智能经济。依托智慧街区、智慧商圈、智慧园区、智能工厂等建设，加强运营优化和商业模式创新，培育智能服务新增长点。稳步推进自动驾驶、无人配送、智能停车等应用，发展定制化、智慧化出行服务。

4. 有序引导新个体经济。支持线上多样化社交、短视频平台有序发展，鼓励微创新、微产品等创新模式。鼓励个人利用电子商务、社交软件、知识分享、音视频网站、创客等新型平台就业创业，促进灵活就业、副业创新。

（四）营造繁荣有序的产业创新生态。发挥数字经济领军企业的引领带动作用，加强资源共享和数据开放，推动线上线下相结合的创新协同、产能共享、供应链互通。鼓励开源社区、开发者平台等新型协作平台发展，培育大中小企业和社会开发者开放协作的数字产业创新生态，带动创新型企业快速壮大。以园区、行业、区域为整体推进产业

创新服务平台建设，强化技术研发、标准制修订、测试评估、应用培训、创业孵化等优势资源汇聚，提升产业创新服务支撑水平。

七、持续提升公共服务数字化水平

（一）提高"互联网+政务服务"效能。全面提升全国一体化政务服务平台功能，加快推进政务服务标准化、规范化、便利化，持续提升政务服务数字化、智能化水平，实现利企便民高频服务事项"一网通办"。建立健全政务数据共享协调机制，加快数字身份统一认证和电子证照、电子签章、电子公文等互信互认，推进发票电子化改革，促进政务数据共享、流程优化和业务协同。推动政务服务线上线下整体联动、全流程在线、向基层深度拓展，提升服务便利化、共享化水平。开展政务数据与业务、服务深度融合创新，增强基于大数据的事项办理需求预测能力，打造主动式、多层次创新服务场景。聚焦公共卫生、社会安全、应急管理等领域，深化数字技术应用，实现重大突发公共事件的快速响应和联动处置。

（二）提升社会服务数字化普惠水平。加快推动文化教育、医疗健康、会展旅游、体育健身等领域公共服务资源数字化供给和网络化服务，促进优质资源共享复用。充分运用新型数字技术，强化就业、养老、儿童福利、托育、家政等民生领域供需对接，进一步优化资源配置。发展智慧广电网络，加快推进全国有线电视网络整合和升级改造。深入开展电信普遍服务试点，提升农村及偏远地区网络覆盖水平。加强面向革命老区、民族地区、边疆地区、脱贫地区的远程服务，拓展教育、医疗、社保、对口帮扶等服务内容，助力基本公共服务均等化。加强信息无障碍建设，提升面向特殊群体的数字化社会服务能力。促进社会服务和数字平台深度融合，探索多领域跨界合作，推动医养结合、文教结合、体医结合、文旅融合。

专栏8　社会服务数字化提升工程

1. 深入推进智慧教育。推进教育新型基础设施建设，构建高质量教育支撑体系。深入推进智慧教育示范区建设，进一步完善国家数字教育资源公共服务体系，提升在线教育支撑服务能力，推动"互联网＋教育"持续健康发展，充分依托互联网、广播电视网络等渠道推进优质教育资源覆盖农村及偏远地区学校。

2. 加快发展数字健康服务。加快完善电子健康档案、电子处方等数据库，推进医疗数据共建共享。推进医疗机构数字化、智能化转型，加快建设智慧医院，推广远程医疗。精准对接和满足群众多层次、多样化、个性化医疗健康服务需求，发展远程化、定制化、智能化数字健康新业态，提升"互联网＋医疗健康"服务水平。

3. 以数字化推动文化和旅游融合发展。加快优秀文化和旅游资源的数字化转化和开发，推动景区、博物馆等发展线上数字化体验产品，发展线上演播、云展览、沉浸式体验等新型文旅服务，培育一批具有广泛影响力的数字文化品牌。

4. 加快推进智慧社区建设。充分依托已有资源，推动建设集约化、联网规范化、应用智能化、资源社会化，实现系统集成、数据共享和业务协同，更好提供政务、商超、家政、托育、养老、物业等社区服务资源，扩大感知智能技术应用，推动社区服务智能化，提升城乡社区服务效能。

　　5. 提升社会保障服务数字化水平。完善社会保障大数据应用，开展跨地区、跨部门、跨层级数据共享应用，加快实现"跨省通办"。健全风险防控分类管理，加强业务运行监测，构建制度化、常态化数据核查机制。加快推进社保经办数字化转型，为参保单位和个人搭建数字全景图，支持个性服务和精准监管。

　　（三）推动数字城乡融合发展。统筹推动新型智慧城市和数字乡村建设，协同优化城乡公共服务。深化新型智慧城市建设，推动城市数据整合共享和业务协同，提升城市综合管理服务能力，完善城市信息模型平台和运行管理服务平台，因地制宜构建数字孪生城市。加快城市智能设施向乡村延伸覆盖，完善农村地区信息化服务供给，推进城乡要素双向自由流动，合理配置公共资源，形成以城带乡、共建共享的数字城乡融合发展格局。构建城乡常住人口动态统计发布机制，利用数字化手段助力提升城乡基本公共服务水平。

专栏9　新型智慧城市和数字乡村建设工程

　　1. 分级分类推进新型智慧城市建设。结合新型智慧城市评价结果和实践成效，遴选有条件的地区建设一批新型智慧城市示范工程，围绕惠民服务、精准治理、产业发展、生态宜居、应急管理等领域打造高水平新型智慧城市样板，着力突破数据融合难、业务协同难、应急联动难等痛点问题。

　　2. 强化新型智慧城市统筹规划和建设运营。加强新型智慧城市总体规划与顶层设计，创新智慧城市建设、应用、运营等模式，建立完善智慧城市的绩效管理、发展评价、标准规范体系，推进智慧城市规划、设计、建设、运营的一体化、协同化，建立智慧城市长效发展的运营机制。

　　3. 提升信息惠农服务水平。构建乡村综合信息服务体系，丰富市场、科技、金融、就业培训等涉农信息服务内容，推进乡村教育信息化应用，推进农业生产、市场交易、信贷保险、农村生活等数字化应用。

　　4. 推进乡村治理数字化。推动基本公共服务更好向乡村延伸，推进涉农服务事项线上线下一体化办理。推动农业农村大数据应用，强化市场预警、政策评估、监管执法、资源管理、舆情分析、应急管理等领域的决策支持服务。

　　（四）打造智慧共享的新型数字生活。加快既有住宅和社区设施数字化改造，鼓励新建小区同步规划建设智能系统，打造智能楼宇、智能停车场、智能充电桩、智能垃圾箱等公共设施。引导智能家居产品互联互通，促进家居产品与家居环境智能互动，丰富"一键控制"、"一声响应"的数字家庭生活应用。加强超高清电视普及应用，发展互动视频、沉浸式视频、云游戏等新业态。创新发展"云生活"服务，深化人工智能、虚拟现实、8K 高清视频等技术的融合，拓展社交、购物、娱乐、展览等领域的

应用，促进生活消费品质升级。鼓励建设智慧社区和智慧服务生活圈，推动公共服务资源整合，提升专业化、市场化服务水平。支持实体消费场所建设数字化消费新场景，推广智慧导览、智能导流、虚实交互体验、非接触式服务等应用，提升场景消费体验。培育一批新型消费示范城市和领先企业，打造数字产品服务展示交流和技能培训中心，培养全民数字消费意识和习惯。

八、健全完善数字经济治理体系

（一）强化协同治理和监管机制。规范数字经济发展，坚持发展和监管两手抓。探索建立与数字经济持续健康发展相适应的治理方式，制定更加灵活有效的政策措施，创新协同治理模式。明晰主管部门、监管机构职责，强化跨部门、跨层级、跨区域协同监管，明确监管范围和统一规则，加强分工合作与协调配合。深化"放管服"改革，优化营商环境，分类清理规范不适应数字经济发展需要的行政许可、资质资格等事项，进一步释放市场主体创新活力和内生动力。鼓励和督促企业诚信经营，强化以信用为基础的数字经济市场监管，建立完善信用档案，推进政企联动、行业联动的信用共享共治。加强征信建设，提升征信服务供给能力。加快建立全方位、多层次、立体化监管体系，实现事前事中事后全链条全领域监管，完善协同会商机制，有效打击数字经济领域违法犯罪行为。加强跨部门、跨区域分工协作，推动监管数据采集和共享利用，提升监管的开放、透明、法治水平。探索开展跨场景跨业务跨部门联合监管试点，创新基于新技术手段的监管模式，建立健全触发式监管机制。加强税收监管和税务稽查。

（二）增强政府数字化治理能力。加大政务信息化建设统筹力度，强化政府数字化治理和服务能力建设，有效发挥对规范市场、鼓励创新、保护消费者权益的支撑作用。建立完善基于大数据、人工智能、区块链等新技术的统计监测和决策分析体系，提升数字经济治理的精准性、协调性和有效性。推进完善风险应急响应处置流程和机制，强化重大问题研判和风险预警，提升系统性风险防范水平。探索建立适应平台经济特点的监管机制，推动线上线下监管有效衔接，强化对平台经营者及其行为的监管。

专栏 10　数字经济治理能力提升工程

1. 加强数字经济统计监测。基于数字经济及其核心产业统计分类，界定数字经济统计范围，建立数字经济统计监测制度，组织实施数字经济统计监测。定期开展数字经济核心产业核算，准确反映数字经济核心产业发展规模、速度、结构等情况。探索开展产业数字化发展状况评估。

2. 加强重大问题研判和风险预警。整合各相关部门和地方风险监测预警能力，健全完善风险发现、研判会商、协同处置等工作机制，发挥平台企业和专业研究机构等力量的作用，有效监测和防范大数据、人工智能等技术滥用可能引发的经济、社会和道德风险。

3. 构建数字服务监管体系。加强对平台治理、人工智能伦理等问题的研究，及时跟踪研判数字技术创新应用发展趋势，推动完善数字中介服务、工业 APP、云计算等数字技术和服务监管规则。探索大数据、人工智能、区块链等数字技术在监管领域的应用。强化产权和知识产权保护，严厉打击网络侵权和盗版行为，营造有利于创新的发展环境。

（三）完善多元共治新格局。建立完善政府、平台、企业、行业组织和社会公众多元参与、有效协同的数字经济治理新格局，形成治理合力，鼓励良性竞争，维护公平有效市场。加快健全市场准入制度、公平竞争审查机制，完善数字经济公平竞争监管制度，预防和制止滥用行政权力排除限制竞争。进一步明确平台企业主体责任和义务，推进行业服务标准建设和行业自律，保护平台从业人员和消费者合法权益。开展社会监督、媒体监督、公众监督，培育多元治理、协调发展新生态。鼓励建立争议在线解决机制和渠道，制定并公示争议解决规则。引导社会各界积极参与推动数字经济治理，加强和改进反垄断执法，畅通多元主体诉求表达、权益保障渠道，及时化解矛盾纠纷，维护公众利益和社会稳定。

专栏 11　多元协同治理能力提升工程

1. 强化平台治理。科学界定平台责任与义务，引导平台经营者加强内部管理和安全保障，强化平台在数据安全和隐私保护、商品质量保障、食品安全保障、劳动保护等方面的责任，研究制定相关措施，有效防范潜在的技术、经济和社会风险。

2. 引导行业自律。积极支持和引导行业协会等社会组织参与数字经济治理，鼓励出台行业标准规范、自律公约，并依法依规参与纠纷处理，规范行业企业经营行为。

3. 保护市场主体权益。保护数字经济领域各类市场主体尤其是中小微企业和平台从业人员的合法权益、发展机会和创新活力，规范网络广告、价格标示、宣传促销等行为。

4. 完善社会参与机制。拓宽消费者和群众参与渠道，完善社会举报监督机制，推动主管部门、平台经营者等及时回应社会关切，合理引导预期。

九、着力强化数字经济安全体系

（一）增强网络安全防护能力。强化落实网络安全技术措施同步规划、同步建设、同步使用的要求，确保重要系统和设施安全有序运行。加强网络安全基础设施建设，强化跨领域网络安全信息共享和工作协同，健全完善网络安全应急事件预警通报机制，提升网络安全态势感知、威胁发现、应急指挥、协同处置和攻击溯源能力。提升网络安全应急处置能力，加强电信、金融、能源、交通运输、水利等重要行业领域关键信息基础设施网络安全防护能力，支持开展常态化安全风险评估，加强网络安全等级保护和密码应用安全性评估。支持网络安全保护技术和产品研发应用，推广使用安全可靠的信息产品、服务和解决方案。强化针对新技术、新应用的安全研究管理，为新产业新业态新模式健康发展提供保障。加快发展网络安全产业体系，促进拟态防御、数据加密等网络安全技术应用。加强网络安全宣传教育和人才培养，支持发展社会化网络安全服务。

（二）提升数据安全保障水平。建立健全数据安全治理体系，研究完善行业数据安全管理政策。建立数据分类分级保护制度，研究推进数据安全标准体系建设，规范数据采集、传输、存储、处理、共享、销毁全生命周期管理，推动数据使用者落实数据安全保护责任。依法依规加强政务数据安全保护，做好政务数据开放和社会化利用的安全管理。依法依规做好网络安全审查、云计算服务安全评估等，有效防范国家安全风险。健全完善数据跨境流动安全管理相关制度规范。推动提升重要设施设备的安全可靠水平，增强重点行业数据安全保障能力。进一步强化个人信息保护，规范身份信息、隐私信息、生物特征信息的采集、传输和使用，加强对收集使用个人信息的安全监管能力。

（三）切实有效防范各类风险。强化数字经济安全风险综合研判，防范各类风险叠加可能引发的经济风险、技术风险和社会稳定问题。引导社会资本投向原创性、引领性创新领域，避免低水平重复、同质化竞争、盲目跟风炒作等，支持可持续发展的业态和模式创新。坚持金融活动全部纳入金融监管，加强动态监测，规范数字金融有序创新，严防衍生业务风险。推动关键产品多元化供给，着力提高产业链供应链韧性，增强产业体系抗冲击能力。引导企业在法律合规、数据管理、新技术应用等领域完善自律机制，防范数字技术应用风险。健全失业保险、社会救助制度，完善灵活就业的工伤保险制度。健全灵活就业人员参加社会保险制度和劳动者权益保障制度，推进灵活就业人员参加住房公积金制度试点。探索建立新业态企业劳动保障信用评价、守信激励和失信惩戒等制度。着力推动数字经济普惠共享发展，健全完善针对未成年人、老年人等各类特殊群体的网络保护机制。

十、有效拓展数字经济国际合作

（一）加快贸易数字化发展。以数字化驱动贸易主体转型和贸易方式变革，营造贸易数字化良好环境。完善数字贸易促进政策，加强制度供给和法律保障。加大服务业开放力度，探索放宽数字经济新业态准入，引进全球服务业跨国公司在华设立运营总部、研发设计中心、采购物流中心、结算中心，积极引进优质外资企业和创业团队，加强国际创新资源"引进来"。依托自由贸易试验区、数字服务出口基地和海南自由贸易港，针对跨境寄递物流、跨境支付和供应链管理等典型场景，构建安全便利的国际互联网数据专用通道和国际化数据信息专用通道。大力发展跨境电商，扎实推进跨境电商综合试验区建设，积极鼓励各业务环节探索创新，培育壮大一批跨境电商龙头企业、海外仓领军企业和优秀产业园区，打造跨境电商产业链和生态圈。

（二）推动"数字丝绸之路"深入发展。加强统筹谋划，高质量推动中国—东盟智慧城市合作、中国—中东欧数字经济合作。围绕多双边经贸合作协定，构建贸易投资开放新格局，拓展与东盟、欧盟的数字经济合作伙伴关系，与非盟和非洲国家研究开展数字经济领域合作。统筹开展境外数字基础设施合作，结合当地需求和条件，与共建"一带一路"国家开展跨境光缆建设合作，保障网络基础设施互联互通。构建基于区块链的可信服务网络和应用支撑平台，为广泛开展数字经济合作提供基础保障。推动数据存储、智能计算等新兴服务能力全球化发展。加大金融、物流、电子商务等领域的合作模式创新，支持我国数字经济企业"走出去"，积极参与国际合作。

（三）积极构建良好国际合作环境。倡导构建和平、安全、开放、合作、有序的网络空间命运共同体，积极维护网络空间主权，加强网络空间国际合作。加快研究制定符合我国国情的数字经济相关标准和治理规则。依托双边和多边合作机制，开展数字经济标准国际协调和数字经济治理合作。积极借鉴国际规则和经验，围绕数据跨境流动、市场准入、反垄断、数字人民币、数据隐私保护等重大问题探索建立治理规则。深化政府间数字经济政策交流对话，建立多边数字经济合作伙伴关系，主动参与国际组织数字经济议题谈判，拓展前沿领域合作。构建商事协调、法律顾问、知识产权等专业化中介服务机制和公共服务平台，防范各类涉外经贸法律风险，为出海企业保驾护航。

十一、保障措施

（一）加强统筹协调和组织实施。建立数字经济发展部际协调机制，加强形势研判，协调解决重大问题，务实推进规划的贯彻实施。各地方要立足本地区实际，健全工作推进协调机制，增强发展数字经济本领，推动数字经济更好服务和融入新发展格局。进一步加强对数字经济发展政策的解读与宣传，深化数字经济理论和实践研究，完善统计测度和评价体系。各部门要充分整合现有资源，加强跨部门协调沟通，有效调动各方面的积极性。

（二）加大资金支持力度。加大对数字经济薄弱环节的投入，突破制约数字经济发展的短板与瓶颈，建立推动数字经济发展的长效机制。拓展多元投融资渠道，鼓励企业开展技术创新。鼓励引导社会资本设立市场化运作的数字经济细分领域基金，支持符合条件的数字经济企业进入多层次资本市场进行融资，鼓励银行业金融机构创新产品和服务，加大对数字经济核心产业的支持力度。加强对各类资金的统筹引导，提升投资质量和效益。

（三）提升全民数字素养和技能。实施全民数字素养与技能提升计划，扩大优质数字资源供给，鼓励公共数字资源更大范围向社会开放。推进中小学信息技术课程建设，加强职业院校（含技工院校）数字技术技能类人才培养，深化数字经济领域新工科、新文科建设，支持企业与院校共建一批现代产业学院、联合实验室、实习基地等，发展订单制、现代学徒制等多元化人才培养模式。制定实施数字技能提升专项培训计划，提高老年人、残障人士等运用数字技术的能力，切实解决老年人、残障人士面临的困难。提高公民网络文明素养，强化数字社会道德规范。鼓励将数字经济领域人才纳入各类人才计划支持范围，积极探索高效灵活的人才引进、培养、评价及激励政策。

（四）实施试点示范。统筹推动数字经济试点示范，完善创新资源高效配置机制，构建引领性数字经济产业集聚高地。鼓励各地区、各部门积极探索适应数字经济发展趋势的改革举措，采取有效方式和管用措施，形成一批可复制推广的经验做法和制度性成果。支持各地区结合本地区实际情况，综合采取产业、财政、科研、人才等政策手段，不断完善与数字经济发展相适应的政策法规体系、公共服务体系、产业生态体系和技术创新体系。鼓励跨区域交流合作，适时总结推广各类示范区经验，加强标杆示范引领，形成以点带面的良好局面。

（五）强化监测评估。各地区、各部门要结合本地区、本行业实际，抓紧制定出台相关配套政策并推动落地。要加强对规划落实情况的跟踪监测和成效分析，抓好重大任务推进实施，及时总结工作进展。国家发展改革委、中央网信办、工业和信息化部要会同有关部门加强调查研究和督促指导，适时组织开展评估，推动各项任务落实到位，重大事项及时向国务院报告。

附录三：中共中央 国务院印发《国家标准化发展纲要》①

近日，中共中央、国务院印发了《国家标准化发展纲要》，并发出通知，要求各地区各部门结合实际认真贯彻落实。

《国家标准化发展纲要》主要内容如下。

标准是经济活动和社会发展的技术支撑，是国家基础性制度的重要方面。标准化在推进国家治理体系和治理能力现代化中发挥着基础性、引领性作用。新时代推动高质量发展、全面建设社会主义现代化国家，迫切需要进一步加强标准化工作。为统筹推进标准化发展，制定本纲要。

一、总体要求

（一）指导思想。以习近平新时代中国特色社会主义思想为指导，深入贯彻党的十九大和十九届二中、三中、四中、五中全会精神，按照统筹推进"五位一体"总体布局和协调推进"四个全面"战略布局要求，坚持以人民为中心的发展思想，立足新发展阶段、贯彻新发展理念、构建新发展格局，优化标准化治理结构，增强标准化治理效能，提升标准国际化水平，加快构建推动高质量发展的标准体系，助力高技术创新，促进高水平开放，引领高质量发展，为全面建成社会主义现代化强国、实现中华民族伟大复兴的中国梦提供有力支撑。

（二）发展目标

到 2025 年，实现标准供给由政府主导向政府与市场并重转变，标准运用由产业与贸易为主向经济社会全域转变，标准化工作由国内驱动向国内国际相互促进转变，标准化发展由数量规模型向质量效益型转变。标准化更加有效推动国家综合竞争力提升，促进经济社会高质量发展，在构建新发展格局中发挥更大作用。

——全域标准化深度发展。农业、工业、服务业和社会事业等领域标准全覆盖，新兴产业标准地位凸显，健康、安全、环境标准支撑有力，农业标准化生产普及率稳步提升，推动高质量发展的标准体系基本建成。

——标准化水平大幅提升。共性关键技术和应用类科技计划项目形成标准研究成果的比率达到 50%以上，政府颁布标准与市场自主制定标准结构更加优化，国家标准平均制定周期缩短至 18 个月以内，标准数字化程度不断提高，标准化的经济效益、社会效益、质量效益、生态效益充分显现。

——标准化开放程度显著增强。标准化国际合作深入拓展，互利共赢的国际标准化合作伙伴关系更加密切，标准化人员往来和技术合作日益加强，标准信息更大范围实现互联共享，我国标准制定透明度和国际化环境持续优化，国家标准与国际标准关键技术

---

① 中共中央 国务院印发《国家标准化发展纲要》[EB/OL]. https://www.gov.cn/gongbao/content/2021/content_5647347. htm，2021-10-10.

指标的一致性程度大幅提升，国际标准转化率达到85%以上。

——标准化发展基础更加牢固。建成一批国际一流的综合性、专业性标准化研究机构，若干国家级质量标准实验室，50个以上国家技术标准创新基地，形成标准、计量、认证认可、检验检测一体化运行的国家质量基础设施体系，标准化服务业基本适应经济社会发展需要。

到2035年，结构优化、先进合理、国际兼容的标准体系更加健全，具有中国特色的标准化管理体制更加完善，市场驱动、政府引导、企业为主、社会参与、开放融合的标准化工作格局全面形成。

二、推动标准化与科技创新互动发展

（三）加强关键技术领域标准研究。在人工智能、量子信息、生物技术等领域，开展标准化研究。在两化融合、新一代信息技术、大数据、区块链、卫生健康、新能源、新材料等应用前景广阔的技术领域，同步部署技术研发、标准研制与产业推广，加快新技术产业化步伐。研究制定智能船舶、高铁、新能源汽车、智能网联汽车和机器人等领域关键技术标准，推动产业变革。适时制定和完善生物医学研究、分子育种、无人驾驶等领域技术安全相关标准，提升技术领域安全风险管理水平。

（四）以科技创新提升标准水平。建立重大科技项目与标准化工作联动机制，将标准作为科技计划的重要产出，强化标准核心技术指标研究，重点支持基础通用、产业共性、新兴产业和融合技术等领域标准研制。及时将先进适用科技创新成果融入标准，提升标准水平。对符合条件的重要技术标准按规定给予奖励，激发全社会标准化创新活力。

（五）健全科技成果转化为标准的机制。完善科技成果转化为标准的评价机制和服务体系，推进技术经理人、科技成果评价服务等标准化工作。完善标准必要专利制度，加强标准制定过程中的知识产权保护，促进创新成果产业化应用。完善国家标准化技术文件制度，拓宽科技成果标准化渠道。将标准研制融入共性技术平台建设，缩短新技术、新工艺、新材料、新方法标准研制周期，加快成果转化应用步伐。

三、提升产业标准化水平

（六）筑牢产业发展基础。加强核心基础零部件（元器件）、先进基础工艺、关键基础材料与产业技术基础标准建设，加大基础通用标准研制应用力度。开展数据库等方面标准攻关，提升标准设计水平，制定安全可靠、国际先进的通用技术标准。

（七）推进产业优化升级。实施高端装备制造标准化强基工程，健全智能制造、绿色制造、服务型制造标准，形成产业优化升级的标准群，部分领域关键标准适度领先于产业发展平均水平。完善扩大内需方面的标准，不断提升消费品标准和质量水平，全面促进消费。推进服务业标准化、品牌化建设，健全服务业标准，重点加强食品冷链、现代物流、电子商务、物品编码、批发零售、房地产服务等领域标准化。健全和推广金融领域科技、产品、服务与基础设施等标准，有效防范化解金融风险。加快先进制造业和现代服务业融合发展标准化建设，推行跨行业跨领域综合标准化。建立健全大数据与产业融合标准，推进数字产业化和产业数字化。

（八）引领新产品新业态新模式快速健康发展。实施新产业标准化领航工程，开展新兴产业、未来产业标准化研究，制定一批应用带动的新标准，培育发展新业态新模式。围绕食品、医疗、应急、交通、水利、能源、金融等领域智慧化转型需求，加快完善相关标准。建立数据资源产权、交易流通、跨境传输和安全保护等标准规范，推动平台经济、共享经济标准化建设，支撑数字经济发展。健全依据标准实施科学有效监管机制，鼓励社会组织应用标准化手段加强自律、维护市场秩序。

（九）增强产业链供应链稳定性和产业综合竞争力。围绕生产、分配、流通、消费，加快关键环节、关键领域、关键产品的技术攻关和标准研制应用，提升产业核心竞争力。发挥关键技术标准在产业协同、技术协作中的纽带和驱动作用，实施标准化助力重点产业稳链工程，促进产业链上下游标准有效衔接，提升产业链供应链现代化水平。

（十）助推新型基础设施提质增效。实施新型基础设施标准化专项行动，加快推进通信网络基础设施、新技术基础设施、算力基础设施等信息基础设施系列标准研制，协同推进融合基础设施标准研制，建立工业互联网标准，制定支撑科学研究、技术研发、产品研制的创新基础设施标准，促进传统基础设施转型升级。

四、完善绿色发展标准化保障

（十一）建立健全碳达峰、碳中和标准。加快节能标准更新升级，抓紧修订一批能耗限额、产品设备能效强制性国家标准，提升重点产品能耗限额要求，扩大能耗限额标准覆盖范围，完善能源核算、检测认证、评估、审计等配套标准。加快完善地区、行业、企业、产品等碳排放核查核算标准。制定重点行业和产品温室气体排放标准，完善低碳产品标准标识制度。完善可再生能源标准，研究制定生态碳汇、碳捕集利用与封存标准。实施碳达峰、碳中和标准化提升工程。

（十二）持续优化生态系统建设和保护标准。不断完善生态环境质量和生态环境风险管控标准，持续改善生态环境质量。进一步完善污染防治标准，健全污染物排放、监管及防治标准，筑牢污染排放控制底线。统筹完善应对气候变化标准，制定修订应对气候变化减缓、适应、监测评估等标准。制定山水林田湖草沙多生态系统质量与经营利用标准，加快研究制定水土流失综合防治、生态保护修复、生态系统服务与评价、生态承载力评估、生态资源评价与监测、生物多样性保护及生态效益评估与生态产品价值实现等标准，增加优质生态产品供给，保障生态安全。

（十三）推进自然资源节约集约利用。构建自然资源统一调查、登记、评价、评估、监测等系列标准，研究制定土地、矿产资源等自然资源节约集约开发利用标准，推进能源资源绿色勘查与开发标准化。以自然资源资产清查统计和资产核算为重点，推动自然资源资产管理体系标准化。制定统一的国土空间规划技术标准，完善资源环境承载能力和国土空间开发适宜性评价机制。制定海洋资源开发保护标准，发展海洋经济，服务陆海统筹。

（十四）筑牢绿色生产标准基础。建立健全土壤质量及监测评价、农业投入品质量、适度规模养殖、循环型生态农业、农产品食品安全、监测预警等绿色农业发展标准。建立健全清洁生产标准，不断完善资源循环利用、产品绿色设计、绿色包装和绿色供应链、产业废弃物综合利用等标准。建立健全绿色金融、生态旅游等绿色发展标准。建立绿色建造标准，完善绿色建筑设计、施工、运维、管理标准。建立覆盖各类绿色生活设施的绿色社区、村庄建设标准。

（十五）强化绿色消费标准引领。完善绿色产品标准，建立绿色产品分类和评价标准，规范绿色产品、有机产品标识。构建节能节水、绿色采购、垃圾分类、制止餐饮浪费、绿色出行、绿色居住等绿色生活标准。分类建立绿色公共机构评价标准，合理制定消耗定额和垃圾排放指标。

五、加快城乡建设和社会建设标准化进程

（十六）推进乡村振兴标准化建设。强化标准引领，实施乡村振兴标准化行动。加强高标准农田建设，加快智慧农业标准研制，加快健全现代农业全产业链标准，加强数字乡村标准化建设，建立农业农村标准化服务与推广平台，推进地方特色产业标准化。完善乡村建设及评价标准，以农村环境监测与评价、村容村貌提升、农房建设、农村生活垃圾与污水治理、农村卫生厕所建设改造、公共基础设施建设等为重点，加快推进农村人居环境改善标准化工作。推进度假休闲、乡村旅游、民宿经济、传统村落保护利用等标准化建设，促进农村一二三产业融合发展。

（十七）推动新型城镇化标准化建设。研究制定公共资源配置标准，建立县城建设标准、小城镇公共设施建设标准。研究制定城市体检评估标准，健全城镇人居环境建设与质量评价标准。完善城市生态修复与功能完善、城市信息模型平台、建设工程防灾、更新改造及海绵城市建设等标准。推进城市设计、城市历史文化保护传承与风貌塑造、老旧小区改造等标准化建设，健全街区和公共设施配建标准。建立智能化城市基础设施建设、运行、管理、服务等系列标准，制定城市休闲慢行系统和综合管理服务等标准，研究制定新一代信息技术在城市基础设施规划建设、城市管理、应急处置等方面的应用标准。健全住房标准，完善房地产信息数据、物业服务等标准。推动智能建造标准化，完善建筑信息模型技术、施工现场监控等标准。开展城市标准化行动，健全智慧城市标准，推进城市可持续发展。

（十八）推动行政管理和社会治理标准化建设。探索开展行政管理标准建设和应用试点，重点推进行政审批、政务服务、政务公开、财政支出、智慧监管、法庭科学、审判执行、法律服务、公共资源交易等标准制定与推广，加快数字社会、数字政府、营商环境标准化建设，完善市场要素交易标准，促进高标准市场体系建设。强化信用信息采集与使用、数据安全和个人信息保护、网络安全保障体系和能力建设等领域标准的制定实施。围绕乡村治理、综治中心、网格化管理，开展社会治理标准化行动，推动社会治理标准化创新。

（十九）加强公共安全标准化工作。坚持人民至上、生命至上，实施公共安全标准

化筑底工程，完善社会治安、刑事执法、反恐处突、交通运输、安全生产、应急管理、防灾减灾救灾标准，织密筑牢食品、药品、农药、粮食能源、水资源、生物、物资储备、产品质量、特种设备、劳动防护、消防、矿山、建筑、网络等领域安全标准网，提升洪涝干旱、森林草原火灾、地质灾害、地震等自然灾害防御工程标准，加强重大工程和各类基础设施的数据共享标准建设，提高保障人民群众生命财产安全水平。加快推进重大疫情防控救治、国家应急救援等领域标准建设，抓紧完善国家重大安全风险应急保障标准。构建多部门多区域多系统快速联动、统一高效的公共安全标准化协同机制，推进重大标准制定实施。

（二十）推进基本公共服务标准化建设。围绕幼有所育、学有所教、劳有所得、病有所医、老有所养、住有所居、弱有所扶等方面，实施基本公共服务标准体系建设工程，重点健全和推广全国统一的社会保险经办服务、劳动用工指导和就业创业服务、社会工作、养老服务、儿童福利、残疾人服务、社会救助、殡葬公共服务以及公共教育、公共文化体育、住房保障等领域技术标准，使发展成果更多更公平惠及全体人民。

（二十一）提升保障生活品质的标准水平。围绕普及健康生活、优化健康服务、倡导健康饮食、完善健康保障、建设健康环境、发展健康产业等方面，建立广覆盖、全方位的健康标准。制定公共体育设施、全民健身、训练竞赛、健身指导、线上和智能赛事等标准，建立科学完备、门类齐全的体育标准。开展养老和家政服务标准化专项行动，完善职业教育、智慧社区、社区服务等标准，加强慈善领域标准化建设。加快广播电视和网络视听内容融合生产、网络智慧传播、终端智能接收、安全智慧保障等标准化建设，建立全媒体传播标准。提高文化旅游产品与服务、消费保障、公园建设、景区管理等标准化水平。

六、提升标准化对外开放水平

（二十二）深化标准化交流合作。履行国际标准组织成员国责任义务，积极参与国际标准化活动。积极推进与共建"一带一路"国家在标准领域的对接合作，加强金砖国家、亚太经合组织等标准化对话，深化东北亚、亚太、泛美、欧洲、非洲等区域标准化合作，推进标准信息共享与服务，发展互利共赢的标准化合作伙伴关系。联合国际标准组织成员，推动气候变化、可持续城市和社区、清洁饮水与卫生设施、动植物卫生、绿色金融、数字领域等国际标准制定，分享我国标准化经验，积极参与民生福祉、性别平等、优质教育等国际标准化活动，助力联合国可持续发展目标实现。支持发展中国家提升利用标准化实现可持续发展的能力。

（二十三）强化贸易便利化标准支撑。持续开展重点领域标准比对分析，积极采用国际标准，大力推进中外标准互认，提高我国标准与国际标准的一致性程度。推出中国标准多语种版本，加快大宗贸易商品、对外承包工程等中国标准外文版编译。研究制定服务贸易标准，完善数字金融、国际贸易单一窗口等标准。促进内外贸质量标准、检验检疫、认证认可等相衔接，推进同线同标同质。创新标准化工作机制，支撑构建面向全球的高标准自由贸易区网络。

（二十四）推动国内国际标准化协同发展。统筹推进标准化与科技、产业、金融对外交流合作，促进政策、规则、标准联通。建立政府引导、企业主体、产学研联动的国际标准化工作机制。实施标准国际化跃升工程，推进中国标准与国际标准体系兼容。推动标准制度型开放，保障外商投资企业依法参与标准制定。支持企业、社会团体、科研机构等积极参与各类国际性专业标准组织。支持国际性专业标准组织来华落驻。

七、推动标准化改革创新

（二十五）优化标准供给结构。充分释放市场主体标准化活力，优化政府颁布标准与市场自主制定标准二元结构，大幅提升市场自主制定标准的比重。大力发展团体标准，实施团体标准培优计划，推进团体标准应用示范，充分发挥技术优势企业作用，引导社会团体制定原创性、高质量标准。加快建设协调统一的强制性国家标准，筑牢保障人身健康和生命财产安全、生态环境安全的底线。同步推进推荐性国家标准、行业标准和地方标准改革，强化推荐性标准的协调配套，防止地方保护和行业垄断。建立健全政府颁布标准采信市场自主制定标准的机制。

（二十六）深化标准化运行机制创新。建立标准创新型企业制度和标准融资增信制度，鼓励企业构建技术、专利、标准联动创新体系，支持领军企业联合科研机构、中小企业等建立标准合作机制，实施企业标准领跑者制度。建立国家统筹的区域标准化工作机制，将区域发展标准需求纳入国家标准体系建设，实现区域内标准发展规划、技术规则相互协同，服务国家重大区域战略实施。持续优化标准制定流程和平台、工具，健全企业、消费者等相关方参与标准制定修订的机制，加快标准升级迭代，提高标准质量水平。

（二十七）促进标准与国家质量基础设施融合发展。以标准为牵引，统筹布局国家质量基础设施资源，推进国家质量基础设施统一建设、统一管理，健全国家质量基础设施一体化发展体制机制。强化标准在计量量子化、检验检测智能化、认证市场化、认可全球化中的作用，通过人工智能、大数据、区块链等新一代信息技术的综合应用，完善质量治理，促进质量提升。强化国家质量基础设施全链条技术方案提供，运用标准化手段推动国家质量基础设施集成服务与产业价值链深度融合。

（二十八）强化标准实施应用。建立法规引用标准制度、政策实施配套标准制度，在法规和政策文件制定时积极应用标准。完善认证认可、检验检测、政府采购、招投标等活动中应用先进标准机制，推进以标准为依据开展宏观调控、产业推进、行业管理、市场准入和质量监管。健全基于标准或标准条款订立、履行合同的机制。建立标准版权制度、呈缴制度和市场自主制定标准交易制度，加大标准版权保护力度。按照国家有关规定，开展标准化试点示范工作，完善对标达标工作机制，推动企业提升执行标准能力，瞄准国际先进标准提高水平。

（二十九）加强标准制定和实施的监督。健全覆盖政府颁布标准制定实施全过程的追溯、监督和纠错机制，实现标准研制、实施和信息反馈闭环管理。开展标准质量和标准实施第三方评估，加强标准复审和维护更新。健全团体标准化良好行为评价机制。强化行业自律和社会监督，发挥市场对团体标准的优胜劣汰作用。有效实施企业标准自我声明公开和监督制度，将企业产品和服务符合标准情况纳入社会信用体系建设。建立标准实施举报、投诉机制，鼓励社会公众对标准实施情况进行监督。

八、夯实标准化发展基础

（三十）提升标准化技术支撑水平。加强标准化理论和应用研究，构建以国家级综合标准化研究机构为龙头，行业、区域和地方标准化研究机构为骨干的标准化科技体系。发挥优势企业在标准化科技体系中的作用。完善专业标准化技术组织体系，健全跨领域工作机制，提升开放性和透明度。建设若干国家级质量标准实验室、国家标准验证点和国家产品质量检验检测中心。有效整合标准技术、检测认证、知识产权、标准样品等资源，推进国家技术标准创新基地建设。建设国家数字标准馆和全国统一协调、分工负责的标准化公共服务平台。发展机器可读标准、开源标准，推动标准化工作向数字化、网络化、智能化转型。

（三十一）大力发展标准化服务业。完善促进标准、计量、认证认可、检验检测等标准化相关高技术服务业发展的政策措施，培育壮大标准化服务业市场主体，鼓励有条件地区探索建立标准化服务业产业集聚区，健全标准化服务评价机制和标准化服务业统计分析报告制度。鼓励标准化服务机构面向中小微企业实际需求，整合上下游资源，提供标准化整体解决方案。大力发展新型标准化服务工具和模式，提升服务专业化水平。

（三十二）加强标准化人才队伍建设。将标准化纳入普通高等教育、职业教育和继续教育，开展专业与标准化教育融合试点。构建多层次从业人员培养培训体系，开展标准化专业人才培养培训和国家质量基础设施综合教育。建立健全标准化领域人才的职业能力评价和激励机制。造就一支熟练掌握国际规则、精通专业技术的职业化人才队伍。提升科研人员标准化能力，充分发挥标准化专家在国家科技决策咨询中的作用，建设国家标准化高端智库。加强基层标准化管理人员队伍建设，支持西部地区标准化专业人才队伍建设。

（三十三）营造标准化良好社会环境。充分利用世界标准日等主题活动，宣传标准化作用，普及标准化理念、知识和方法，提升全社会标准化意识，推动标准化成为政府管理、社会治理、法人治理的重要工具。充分发挥标准化社会团体的桥梁和纽带作用，全方位、多渠道开展标准化宣传，讲好标准化故事。大力培育发展标准化文化。

九、组织实施

（三十四）加强组织领导。坚持党对标准化工作的全面领导。进一步完善国务院标准化协调推进部际联席会议制度，健全统一、权威、高效的管理体制和工作机制，强化部门协同、上下联动。各省（自治区、直辖市）要建立健全标准化工作协调推进领导机制，将标准化工作纳入政府绩效评价和政绩考核。各地区各有关部门要将本纲要主要任务与国民经济和社会发展规划有效衔接、同步推进，确保各项任务落到实处。

（三十五）完善配套政策。各地区各有关部门要强化金融、信用、人才等政策支持，促进科技、产业、贸易等政策协同。按照有关规定开展表彰奖励。发挥财政资金引导作用，积极引导社会资本投入标准化工作。完善标准化统计调查制度，开展标准化发展评价，将相关指标纳入国民经济和社会发展统计。建立本纲要实施评估机制，把相关结果作为改进标准化工作的重要依据。重大事项及时向党中央、国务院请示报告。

附录四：国家发展改革委等部门关于推动平台经济规范健康持续发展的若干意见①

发改高技〔2021〕1872号

各省、自治区、直辖市、新疆生产建设兵团有关部门：

平台经济是以互联网平台为主要载体，以数据为关键生产要素，以新一代信息技术为核心驱动力、以网络信息基础设施为重要支撑的新型经济形态。近年来我国平台经济快速发展，在经济社会发展全局中的地位和作用日益突显。要坚持以习近平新时代中国特色社会主义思想为指导，全面贯彻党的十九大和十九届历次全会精神，深入落实党中央、国务院决策部署，立足新发展阶段、贯彻新发展理念、构建新发展格局，推动高质量发展，从构筑国家竞争新优势的战略高度出发，坚持发展和规范并重，坚持"两个毫不动摇"，遵循市场规律，着眼长远、兼顾当前、补齐短板、强化弱项，适应平台经济发展规律，建立健全规则制度，优化平台经济发展环境。为进一步推动平台经济规范健康持续发展，现提出以下意见。

一、健全完善规则制度

（一）完善治理规则。

修订《反垄断法》，完善数据安全法、个人信息保护法配套规则。制定出台禁止网络不正当竞争行为的规定。细化平台企业数据处理规则。制定出台平台经济领域价格行为规则，推动行业有序健康发展。完善金融领域监管规则体系，坚持金融活动全部纳入金融监管，金融业务必须持牌经营。

（二）健全制度规范。

厘清平台责任边界，强化超大型互联网平台责任。建立平台合规管理制度，对平台合规形成有效的外部监督、评价体系。加大平台经济相关国家标准研制力度。建立互联网平台信息公示制度，增强平台经营透明度，强化信用约束和社会监督。建立健全平台经济公平竞争监管制度。完善跨境数据流动"分级分类+负面清单"监管制度，探索制定互联网信息服务算法安全制度。

（三）推动协同治理。

强化部门协同，坚持"线上线下一体化监管"原则，负有监管职能的各行业主管部门在负责线下监管的同时，承担相应线上监管的职责，实现审批、主管与监管权责统一。

---

① 国家发展改革委等部门关于推动平台经济规范健康持续发展的若干意见[EB/OL]. http://www.gov.cn/zhengce/zhengceku/2022-01/20/content_5669431.htm，2021-12-24.

推动各监管部门间抽查检验鉴定结果互认，避免重复抽查、检测，探索建立案件会商和联合执法、联合惩戒机制，实现事前事中事后全链条监管。推动行业自律，督促平台企业依法合规经营，鼓励行业协会牵头制定团体标准、行业自律公约。加强社会监督，探索公众和第三方专业机构共同参与的监督机制，推动提升平台企业合规经营情况的公开度和透明度。

二、提升监管能力和水平

（四）完善竞争监管执法。

对人民群众反映强烈的重点行业和领域，加强全链条竞争监管执法。依法查处平台经济领域垄断和不正当竞争等行为。严格依法查处平台经济领域垄断协议、滥用市场支配地位和违法实施经营者集中行为。强化平台广告导向监管，对重点领域广告加强监管。重点规制以减配降质产品误导消费者、平台未对销售商品的市场准入资质资格实施审查等问题，对存在缺陷的消费品落实线上经营者产品召回相关义务。加大对出行领域平台企业非法营运行为的打击力度。强化平台企业涉税信息报送等税收协助义务，加强平台企业税收监管，依法查处虚开发票、逃税等涉税违法行为。强化对平台押金、预付费、保证金等费用的管理和监督。

（五）加强金融领域监管。

强化支付领域监管，断开支付工具与其他金融产品的不当连接，依法治理支付过程中的排他或"二选一"行为，对滥用非银行支付服务相关市场支配地位的行为加强监管，研究出台非银行支付机构条例。规范平台数据使用，从严监管征信业务，确保依法持牌合规经营。落实金融控股公司监管制度，严格审查股东资质，加强穿透式监管，强化全面风险管理和关联交易管理。严格规范平台企业投资入股金融机构和地方金融组织，督促平台企业及其控股、参股金融机构严格落实资本金和杠杆率要求。完善金融消费者保护机制，加强营销行为监管，确保披露信息真实、准确，不得劝诱超前消费。

（六）探索数据和算法安全监管。

切实贯彻收集、使用个人信息的合法、正当、必要原则，严厉打击平台企业超范围收集个人信息、超权限调用个人信息等违法行为。从严管控非必要采集数据行为，依法依规打击黑市数据交易、大数据杀熟等数据滥用行为。在严格保护算法等商业秘密的前提下，支持第三方机构开展算法评估，引导平台企业提升算法透明度与可解释性，促进算法公平。严肃查处利用算法进行信息内容造假、传播负面有害信息和低俗劣质内容、流量劫持以及虚假注册账号等违法违规行为。推动平台企业深入落实网络安全等级保护制度，探索开展数据安全风险态势监测通报，建立应急处置机制。国家机关在执法活动中应依法调取、使用个人信息，保护数据安全。

（七）改进提高监管技术和手段。

强化数字化监管支撑，建立违法线索线上发现、流转、调查处理等非接触式监管机制，提升监测预警、线上执法、信息公示等监管能力，支持条件成熟的地区开展数字化监管试点创新。加强和改进信用监管，强化平台经济领域严重违法失信名单管理。发挥行业协会作用，引导互联网企业间加强对严重违法失信名单等相关信用评价互通、互联、互认，推动平台企业对网络经营者违法行为实施联防联控。

三、优化发展环境

（八）降低平台经济参与者经营成本。

持续推进平台经济相关市场主体登记注册便利化、规范化，支持省级人民政府按照相关要求，统筹开展住所与经营场所分离登记试点。进一步清理和规范各地于法无据、擅自扩权的平台经济准入等规章制度。完善互联网市场准入禁止许可目录。引导平台企业合理确定支付结算、平台佣金等服务费用，给予优质小微商户一定的流量扶持。平台服务收费应质价相符、公平合理，应与平台内经营者平等协商、充分沟通，不得损害公平竞争秩序。

（九）建立有序开放的平台生态。

推动平台企业间合作，构建兼容开放的生态圈，激发平台企业活力，培育平台经济发展新动能。倡导公平竞争、包容发展、开放创新，平台应依法依规有序推进生态开放，按照统一规则公平对外提供服务，不得恶意不兼容，或设置不合理的程序要求。平台运营者不得利用数据、流量、技术、市场、资本优势，限制其他平台和应用独立运行。推动制定云平台间系统迁移和互联互通标准，加快业务和数据互联互通。

（十）加强新就业形态劳动者权益保障。

落实网约配送员、网约车驾驶员等新就业形态劳动者权益保障相关政策措施。完善新就业形态劳动者与平台企业、用工合作企业之间的劳动关系认定标准，探索明确不完全符合确立劳动关系情形的认定标准，合理确定企业与劳动者的权利义务。引导平台企业加强与新就业形态劳动者之间的协商，合理制定订单分配、计件单价、抽成比例等直接涉及劳动者权益的制度和算法规则，并公开发布，保证制度规则公开透明。健全最低工资和支付保障制度，保障新就业形态劳动者获得合理劳动报酬。开展平台灵活就业人员职业伤害保障试点，探索用工企业购买商业保险等机制。实施全民参保计划，促进新就业形态劳动者参加社会保险。加强对新就业形态劳动者的安全意识、法律意识培训。

四、增强创新发展能力

（十一）支持平台加强技术创新。

引导平台企业进一步发挥平台的市场和数据优势，积极开展科技创新，提升核心竞争力。鼓励平台企业不断提高研发投入强度，加快人工智能、云计算、区块链、操作系统、处理器等领域的技术研发突破。鼓励平台企业加快数字化绿色化融合技术创新研发和应用，助推构建零碳产业链和供应链。营造良好技术创新政策环境，进一步健全适应平台企业创新发展的知识产权保护制度。支持有实力的龙头企业或平台企业牵头组建创新联合体，围绕工业互联网底层架构、工业软件根技术、人工智能开放创新、公共算法集、区块链底层技术等领域，推进关键软件技术攻关。

（十二）提升全球化发展水平。

支持平台企业推动数字产品与服务"走出去"，增强国际化发展能力，提升国际竞争力。积极参与跨境数据流动、数字经济税收等相关国际规则制定，参与反垄断、反不正当竞争国际协调，充分发挥自由贸易试验区、自由贸易港先行先试作用，推动构建互利共赢的国际经贸规则，为平台企业国际化发展营造良好环境。培育知识产权、商事协调、法律顾问等专业化中介服务，试点探索便捷的司法协调、投资保护和救济机制，强化海外知识产权风险预警、维权援助、纠纷调解等工作机制，保护我国平台企业和经营者在海外的合法权益。鼓励平台企业发展跨境电商，积极推动海外仓建设，提升数字化、智能化、便利化水平，推动中小企业依托跨境电商平台拓展国际市场。积极推动境外经贸合作区建设，培育仓储、物流、支付、通关、结汇等跨境电商产业链和生态圈。

（十三）鼓励平台企业开展模式创新。

鼓励平台企业在依法依规前提下，充分利用技术、人才、资金、渠道、数据等方面优势，发挥创新引领的关键作用，推动"互联网+"向更大范围、更深层次、更高效率方向发展。鼓励基于平台的要素融合创新，加强行业数据采集、分析挖掘、综合利用，试点推进重点行业数据要素市场化进程，发挥数据要素对土地、劳动、资本等其他生产要素的放大、叠加、倍增作用。试点探索"所有权与使用权分离"的资源共享新模式，盘活云平台、开发工具、车间厂房等方面闲置资源，培育共享经济新业态。鼓励平台企业开展创新业务众包，更多向中小企业开放和共享资源。

五、赋能经济转型发展

（十四）赋能制造业转型升级。

支持平台企业依托市场、数据优势，赋能生产制造环节，发展按需生产、以销定产、个性化定制等新型制造模式。鼓励平台企业加强与行业龙头企业合作，提升企业一体化数字化生产运营能力，推进供应链数字化、智能化升级，带动传统行业整体数字化转型。探索推动平台企业与产业集群合作，补齐区域产业转型发展短板，推动提升区域产业竞争力。引导平台企业积极参与工业互联网创新发展工程，开展关键技术攻关、公共平台培育，推动构建多层次、系统化的工业互联网平台体系。深入实施普惠性"上云用数赋智"行动，支持中小企业从数据上云逐步向管理上云、业务上云升级。实施中小企业数字化赋能专项行动，鼓励推广传统产业数字化、绿色化、智能化优秀实践。

（十五）推动农业数字化转型。

鼓励平台企业创新发展智慧农业，推动种植业、畜牧业、渔业等领域数字化，提升农业生产、加工、销售、物流等产业链各环节数字化水平，健全农产品质量追溯体系，以品牌化、可追溯化助力实现农产品优质优价。规范平台企业农产品和农资交易行为，采购、销售的农产品、农兽药残留不得超标，不采购、销售质量不合格农资，切实保障产品质量安全，支持有机认证农产品采购、销售。引导平台企业在农村布局，加快农村电子商务发展，推进"互联网+"农产品出村进城。进一步引导平台经济赋能"三农"发展，加快推动农村信用信息体系建设，以数字化手段创新金融支持农业农村方式，培育全面推进乡村振兴新动能。

（十六）提升平台消费创造能力。

鼓励平台企业拓展"互联网+"消费场景，提供高质量产品和服务，促进智能家居、虚拟现实、超高清视频终端等智能产品普及应用，发展智能导购、智能补货、虚拟化体验等新兴零售方式，推动远程医疗、网上办公、知识分享等应用。引导平台企业开展品牌消费、品质消费等网上促销活动，培育消费新增长点。鼓励平台企业助力优化公共服务，提升医疗、社保、就业等服务领域的普惠化、便捷化、个性化水平。鼓励平台企业提供无障碍服务，增强老年人、残疾人等特殊群体享受智能化产品和服务的便捷性。引导平台企业开展数字帮扶，促进数字技术和数字素养提升。

六、保障措施

（十七）加强统筹协调。

充分依托已有机制，强化部门协同、央地联动，加强对平台经济领域重大问题的协同研判。加强监管行动、政策的统筹协调，充分听取各方意见，尤其是行政相对人意见，避免影响、中断平台企业正常经营活动，防范政策叠加导致非预期风险。强化中央统筹、省负总责、地方落实属地管理责任，坚持责任划分、评估考评与追责问责有机统一。

（十八）强化政策保障。

鼓励创业投资、股权投资（基金）等加大投入科技创新领域，支持企业科技创新。鼓励依托各类高等学校、职业院校和研究机构加强对数字经济高端人才、实用人才的培养。加强全民数字技能教育和培训。各地要积极推进平台经济发展，健全推进平台经济发展的政策体系，及时研究解决平台经济发展中的重大问题。

（十九）开展试点探索。

依托国家数字经济创新发展试验区、全面创新改革试验区、国家智能社会治理实验基地、全国网络市场监管与服务示范区、国家电子商务示范基地、自由贸易试验区、自由贸易港等，探索建立适应平台经济发展的监管模式，构建与平台经济创新发展相适应的制度环境。

国家发展改革委

市场监管总局

中央网信办

工业和信息化部

人力资源社会保障部

农业农村部

商　务　部

人　民　银　行

税　务　总　局

2021 年 12 月 24 日

附录五：关于发展数字经济稳定并扩大就业的指导意见^①

发改就业〔2018〕1363号

各省、自治区、直辖市发展改革委、教育厅（委）、科技厅（委）、工业和信息化（中小企业）主管部门、公安厅（局）、财政厅（局）、人力资源社会保障厅（局）、自然资源主管部门、农业（农牧、农村经济）厅（局、委）、商务主管部门、税务局、工商行政管理局（市场监督管理部门）、统计局、知识产权局、总工会、工商联，中国人民银行上海总部、各分行、营业管理部、省会（首府）城市中心支行，银监局、证监局、保监局、国家统计局各调查总队：

随着新一轮科技革命和产业变革孕育兴起，互联网、大数据、云计算、人工智能等数字技术日新月异，以数据资源为重要生产要素、以全要素数字化转型为重要推动力的数字经济蓬勃发展，数字经济领域就业加速增长，新就业形态不断涌现。但同时，数字人才供给缺口大、适应劳动者流动性和就业方式多样化的就业服务及用工管理制度有待完善等问题仍较突出。当前和今后一段时期，要深入贯彻落实党中央、国务院的决策部署，抢抓发展机遇，大力发展数字经济稳定并扩大就业，促进经济转型升级和就业提质扩面互促共进。为此，提出如下意见。

一、总体要求

（一）指导思想。

全面贯彻落实党的十九大精神，以习近平新时代中国特色社会主义思想为指导，紧紧围绕统筹推进"五位一体"总体布局和协调推进"四个全面"战略布局，牢固树立和贯彻落实创新、协调、绿色、开放、共享的发展理念，坚持就业优先战略和积极就业政策，以大力发展数字经济促进就业为主线，以同步推进产业结构和劳动者技能数字化转型为重点，加快形成适应数字经济发展的就业政策体系，大力提升数字化、网络化、智能化就业创业服务能力，不断拓展就业创业新空间，着力实现更高质量和更充分就业，为保障和改善民生、全面建成小康社会、建设社会主义现代化强国提供强大支撑。

（二）基本原则。

——坚持市场主导、政府引导。既要健全机制，加快消除制度性、体制性障碍，充分发挥市场决定性作用，又要加强政策支持，强化公共服务，更好地发挥政府作用，努

① 关于发展数字经济稳定并扩大就业的指导意见[EB/OL]. http://www.gov.cn/xinwen/2018-09/26/content_5325444.htm, 2018-09-26.

力营造发展数字经济促进就业的良好环境。

——坚持就业优先、协调发展。要坚持就业优先战略和积极就业政策，把促进充分就业作为经济社会发展优先目标、放在更加突出位置，前瞻性地加强数字人才培养培训，优化人力资本服务，引导更多劳动者有序向数字经济领域转岗就业，在数字经济发展壮大中实现更高质量和更充分就业。

——坚持盘活存量、创造增量。坚持以供给侧结构性改革为主线，既要着眼于数字经济发展趋势，加快传统经济数字化转型步伐，盘活存量就业岗位，又要整合资源、优化环境，大力发展互联网、物联网、大数据、云计算、人工智能等新兴产业，不断催生数字化生产新业态新模式，提高新成长劳动力数字技能水平，创造更多新兴就业机会。

——坚持包容创新、共建共享。既要加快完善包容创新的政策体系，营造适度宽松的发展环境，又要制定差异化动态化监管政策，创新就业创业服务方式，加快形成适应和引领发展数字经济促进就业的政策环境，使广大劳动者共建共享数字经济发展成果。

（三）主要目标。

到 2025 年，伴随数字经济不断壮大，国民数字素养达到发达国家平均水平，数字人才规模稳步扩大，数字经济领域成为吸纳就业的重要渠道。适应数字经济领域就业要求的法律制度框架基本完善，数字化公共就业创业服务能力大幅提升，人力资源市场配置效率明显提高，就业规模不断扩大，就业质量持续改善。

二、加快培育数字经济新兴就业机会

（四）推动数字产业发展壮大，拓展就业新空间。抓住数字经济发展机遇，深入推进创新驱动发展战略，加快数字基础设施建设，着力发展壮大互联网、物联网、大数据、云计算、人工智能等信息技术产业，做大做强平台企业，在带动经济转型提质过程中创造更多更高质量的新兴就业创业增长点。鼓励数据资源高效利用、开放共享，进一步扩大和升级信息消费，促进电子商务、共享经济等新业态蓬勃发展，培育更多新就业形态，吸纳更多就业。（工业和信息化部、发展改革委牵头，科技部、商务部按职责分工负责）

（五）促进传统产业数字化转型，带动更多劳动者转岗提质就业。推动互联网、大数据、人工智能和实体经济深度融合，培育新增长点、形成新动能。深入推进数字技术与制造业融通发展，建立健全工业互联网基础设施体系，大力发展核心工业软件，推动传统制造业加快数字化转型，在提升国际竞争力、拓展产业链条中带动更多劳动力转岗就业。加速传统服务业数字化、网络化转型，提升精准服务、高效服务、智能服务能力，带动更多数字经济领域就业创业。充分应用物联网、大数据等新一代信息技术，促进农业生产、经营、管理、服务数字化，大力发展智慧农业，推进农业全产业链延伸和升级，促进农村一二三产业融合发展，加快乡村振兴步伐，切实提升新农民新主体数字技能。（工业和信息化部、发展改革委、科技部、人力资源社会保障部、农业农村部、商务部

按职责分工负责）

（六）激发数字经济创新创业活力，厚植就业增长沃土。加大融资政策支持力度，切实落实支持新产业新业态发展、促进大众创业万众创新用地意见，支持互联网龙头企业、各类开发区建设开放平台，建设一批数字产业承接能力强的返乡创业示范基地，营造富有活力的数字经济创新创业环境。进一步深化新三板改革，稳步扩大创新创业公司债试点规模，支持私募股权和创业投资基金投资数字经济领域，增强资本市场支持数字经济创新创业能力。积极引进掌握先进数字技术知识的外国高层次人才，培育推动数字经济创新发展的国际化专家团队。（发展改革委、自然资源部、人力资源社会保障部、工业和信息化部、科技部、商务部、财政部、教育部、人民银行、证监会按职责分工负责）

三、持续提升劳动者数字技能

（七）强化数字人才教育。深化教育改革，建立健全高等院校、中等职业学校学科专业动态调整机制，加快推进面向数字经济的新工科建设，积极发展数字领域新兴专业，促进计算机科学、数据分析与其他专业学科间的交叉融合，扩大互联网、物联网、大数据、云计算、人工智能等数字人才培养规模。进一步扩大和落实高校专业设置自主权，鼓励高校根据经济社会发展需要和自身办学能力，加大数字领域相关专业人才培养。加强数字人才教育师资力量培养培训，推动实现基础教育、职业教育、高等教育普遍开展数字知识和技能教育，逐步建立健全多层次、多类型数字人才培养体系。加大职业教育数字化资源共建共享力度，加快建设适应数字经济发展的职业教育相关专业教学标准体系，进一步优化中等职业学校信息化相关专业设置。（教育部牵头，发展改革委、人力资源社会保障部按职责分工负责）

（八）加强数字技能培训。大规模开展职业技能培训，创新培训方式，探索职业培训包模式。实施国家职业资格目录，做好有关人才资格认证工作。面向新成长劳动力、失业人员等群体，加大大数据分析、软件编程、工业软件、数据安全等数字技能培训规模。引导企业用好用活教育培训经费，加强数字技能在职培训。进一步整合资源，突出重点，打造一批功能突出、资源共享的区域性数字技能公共实训基地。创新公共实训基地运营管理模式，全面提升数字技能实训能力。（人力资源社会保障部牵头，发展改革委按职责分工负责）

（九）建设终身学习数字化平台体系。大力发展覆盖职业生涯全过程的数字化终身教育，开发一批大规模在线开放课程平台，推动教育培训机构和部分企业共建在线模块化网络课程，强化课程认证，方便劳动者随时随地利用碎片化时间学习。完善网络平台教学管理系统，开展自适应学习实践项目，构建能动学习的良好环境。（教育部、人力资源社会保障部按职责分工负责）

（十）创新人才培养培训方式。加强教育与培训信息化基础设施和数字教育资源建设，提升教育、培训机构网络运行能力，促进教育、培训数据资源共享。开发全网络学习培训方案，实现从课程设计、课程开发、教学过程到教学评估全流程网络化。大力发展"互联网+"教学和技能培训，积极采用移动技术、互联网、虚拟现实与增强现实、人机互动等数字化教学培训手段，推广微课程、线上线下混合式教学、在线直播等新型教学培训模式。（教育部、人力资源社会保障部按职责分工负责）

（十一）吸引社会力量参与数字人才培养培训。深化产教融合、校企合作，探索校企联合培养新模式，推进普通本科高校、职业院校（含技工院校）与科研机构、行业企业协同育人，及时将数字领域先进成果和实用技术转化为教学内容。支持行业企业特别是大型企业举办或参与举办职业院校，支持数字经济大型骨干企业与科研院所共建人才培养基地。加大政府购买服务力度，充分发挥企业、行业协会、培训机构的积极作用，建立多方协同的职业培训规范管理制度和协调发展机制，提升数字人才培养培训能力。（教育部、发展改革委、人力资源社会保障部按职责分工负责）

四、大力推进就业创业服务数字化转型

（十二）加快推动公共就业创业服务数字化转型。深入实施"互联网+"公共就业创业服务，加强全国公共就业信息服务平台建设，强化移动端应用，打造集政策解读、业务办理咨询于一体的智能服务体系，充分利用大数据技术，提升精准服务能力，提供全方位公共就业服务。（人力资源社会保障部牵头负责）

（十三）鼓励发展数字化人力资源市场服务机构。持续推进和深化商事制度改革，放宽市场准入条件，大力发展"互联网+"人力资源服务业和基于数字技术的人力资源服务新机构、新业态，加快线下业务向线上转移，线上业务向精准匹配、智能服务转型。引导和鼓励人力资源服务企业加强数字化管理服务系统研发，提升数字化服务水平。（人力资源社会保障部牵头，市场监管总局、科技部按职责分工负责）

（十四）做大做强数字经济创新创业服务孵化平台。支持建设一批数字经济创新创业孵化机构。完善以众创空间、孵化器为核心，创业企业、科研机构、金融机构、中介服务机构、资本市场和其他创业资源有机结合的创新创业服务网络。积极推进供应链创新与应用，支持构建以企业为主导，产学研用合作的供应链创新网络，建设跨界交叉领域的创新服务平台。鼓励行业龙头企业、国家级开发区围绕做大做强主业、延伸产业链条，开放企业技术链、供应链、物流链、渠道链，整合培训、金融等相关服务，打造集孵化器和加速器于一体的创客空间。鼓励高校、科研机构发挥技术优势，建设数字经济创新创业服务平台，盘活优质技术资源，服务数字经济创业企业发展。（科技部、发展改革委、人力资源社会保障部、人民银行、工业和信息化部、商务部、教育部按职责分工负责）

五、不断完善政策法律体系

（十五）不断完善新就业形态劳动用工。按照审慎包容监管、增强劳动力市场灵活性的要求，推动完善劳动法律法规，及时完善新就业形态下的劳动用工政策，切实维护劳动者合法权益。（人力资源社会保障部牵头，全国工商联、全国总工会按职责分工负责）

（十六）继续完善适应新就业形态的社会保险参保缴费政策和管理服务机制。全面实施全民参保计划，推动将依托互联网平台实现灵活就业人员纳入社会保障覆盖范围。积极发挥失业保险保生活、防失业、促就业功能作用，拓宽失业保险覆盖范围。适应数字经济新就业形态发展要求，创新社会保险经办服务管理模式，推进"网上社保"，建立全国统一的社会保险公共服务平台。（人力资源社会保障部牵头负责）

（十七）加快健全激励机制。支持引导薪酬分配政策向数字技能等高层次人才倾斜，向关键岗位急需紧缺人才倾斜，探索实行项目工资、协议工资和年薪制等灵活多样的薪酬分配方式。加快新就业形态薪酬制度改革，不断完善兼职、一人多岗等灵活就业人员按次提成、计件取酬等工资制度。研究完善适应数字经济特点的税收征管制度。发挥企业主体作用，完善数字人才在人才落户、招聘录用、岗位聘任、职务职级晋升、职称评定、学习进修、休假体检等方面的政策，破除妨碍劳动力、人才社会性流动的体制机制弊端，全面做好数字人才激励工作。（发展改革委、人力资源社会保障部、税务总局、公安部按职责分工负责）

六、着力健全保障措施

（十八）加强示范引领。支持有条件的地方积极开展发展数字经济促进就业改革示范和探索创新，形成可复制可推广的好经验好做法。（发展改革委牵头，教育部、科技部、工业和信息化部、人力资源社会保障部、商务部按职责分工负责）

（十九）注重市场驱动。支持市场资源设立发展数字经济促进就业产业基金，着力培育数字经济市场主体，建立健全数字经济企业融资信息平台，完善融资风险分担机制，在依法合规基础上，开发更多适合数字经济企业的融资工具，更好地满足数字经济企业投融资需求。（发展改革委、科技部、工业和信息化部、人民银行、银保监会按职责分工会负责）

（二十）优化发展环境。全面实施市场准入负面清单制度，及时优化完善数字经济管理事项，形成公平透明稳定可预期的制度安排，激发发展数字经济促进就业市场活力。建立健全信息保护、数据交易和共享等方面的相关制度，规范交易行为。发挥行业领军企业示范引领作用，完善企业守信联合激励机制和失信联合惩戒机制，增加企业失信成本，促进数字经济领域就业健康稳定发展。（发展改革委、商务部、工业和信息化部、市场监管总局、知识产权局、人民银行按职责分工负责）

（二十一）强化风险应对。统筹发展和安全，提高就业形势感知、科学决策和风险预警能力，稳妥做好风险防控应对。建立健全部门、科研机构、互联网人力资源服务企业联动分析机制，充分利用云计算、大数据等数字技术，推动数字化、信息化监测统计平台建设。探索构建适应数字经济融合业务的国民经济行业分类标准，加强数字经济新产业、新业态、新商业模式和新就业形态统计监测。（发展改革委、人力资源社会保障部、统计局、工业和信息化部按职责分工负责）

各地区、各有关部门要强化落实责任，按照本意见要求，结合自身实际，明确目标任务和责任分工，确保各项工作任务落到实处。

国家发展改革委

教　育　部

科　技　部

工业和信息化部

公　安　部

财　政　部

人力资源社会保障部

自　然　资　源　部

农　业　农　村　部

商　务　部

人　民　银　行

税　务　总　局

市场监管总局

国　家　统　计　局

银　保　监　会

证　监　会

知　识　产　权　局

全　国　总　工　会

全　国　工　商　联

2018 年 9 月 18 日

附录六：广东省人民政府关于加快数字化发展的意见①

粤府〔2021〕31号

各地级以上市人民政府，省政府各部门、各直属机构：

为深入贯彻落实习近平总书记关于建设网络强国、数字中国、智慧社会的战略部署，全面推进经济社会各领域数字化转型发展，加快建设数字广东，着力提升数字化生产力，构建广东发展新优势，提出如下意见。

一、总体要求

以习近平新时代中国特色社会主义思想为指导，深刻把握数字化发展带来的生产方式转型、经济结构重构、生活方式变迁和治理方式变革的历史大势，在数字时代构建广东发展新优势，抓住建设粤港澳大湾区和深圳建设中国特色社会主义先行示范区的机遇，围绕数字经济、数字社会、数字政府等数字化发展重点领域，聚焦数字技术创新、新型基础设施体系构建、数据要素高效配置、核心产业发展、产业数字化转型等关键环节，系统谋划推进、统筹资源要素、创新体制机制，着力提升数字化发展能力，全方位赋能经济社会转型升级，把广东建设成为全球领先的数字化发展高地。

二、增强数字化创新引领能力，打造新技术新业态新模式策源地

（一）开展数字关键核心技术"强基筑魂"行动。实施重点领域研发计划，集中力量开展基础通用技术、前沿颠覆技术和非对称技术的研究创新。在大数据、云计算、人工智能、区块链等新技术领域开展基础理论、核心算法及关键共性技术研究。加快布局6G、太赫兹、8K、量子信息、类脑计算、神经芯片、DNA 存储等前沿技术。加强集成电路制造设备、材料和工艺、基础软件、工业软件等重点领域研发突破与迭代应用。以揭榜挂帅等方式持续支持数字化领域关键核心技术攻关。支持在数字化技术领域开展高价值专利培育布局。

（二）夯实以国家实验室为引领的创新能力支撑。抓住建设大湾区综合性国家科学中心契机，高水平建设鹏城实验室，积极推进量子科技领域实验室建设，构筑通信与网络领域及量子科技领域高端原始创新平台。推进未来网络试验设施（深圳）建设，谋划新建太赫兹科学中心、工业互联网创新基础设施等重大科技基础设施。加快建设人工智能与数字经济省实验室。围绕微电子、通信与网络、集成电路等数字经济重点领域，布局建设一批高水平研究院。在第三代半导体、新型显示、未来通信高端器件、超高清视频等领域，布局新建国家技术创新中心、产业创新中心、制造业创新中心等国家级创新平台。

---

① 广东省人民政府关于加快数字化发展的意见[EB/OL]. http://www.gd.gov.cn/gkmlpt/content/3/3280/post_3280668.html#7，2021-04-23.

（三）推动数字技术创新生态发展。支持建设国际化的开源项目和开源社区，共享开源技术、软件代码、硬件设计、基础软件和开发工具。鼓励龙头企业围绕人工智能、区块链、先进计算等重点领域，构建开放、融合、具有引领发展能力的创新生态。加大对鲲鹏、昇腾等自主安全可控产业生态以及信息技术应用创新产业的支持力度。支持建设数字经济领域双创基地、孵化器、虚拟产业园、特色小镇等创新生态载体。围绕教育、医疗、能源、交通、物流、城市等重点领域以及战略性产业集群，积极拓展新技术新产品新业态新模式应用场景。鼓励数字技术与生物技术、材料技术、能源技术等交叉融合，支持跨界新技术新产品新业态新模式发展。

三、加快建设新型基础设施，夯实数字化发展基础能力

（四）建设泛在智能的数据感知、传输一体化网络。加快物联网建设，将泛在感知设施纳入公共基础设施统一规划部署，提升各类传感器接口兼容性，在交通、能源、通信、环保等公共设施中建设低成本、低功耗、高精度、高可靠的智能感知终端，实现跨区域、跨终端、跨应用无缝连接，形成泛在互联的"万物智联"网络。推动基础信息网络建设，高质量建设 5G 网络，高水平推进全光网省建设，优化网络布局，推进 F5G（第五代固定网络）建设，打造双千兆网络标杆省，利用 50G PON 等技术探索试验万兆接入能力。推动工业互联网、政务专网、车联网等重点领域行业专网建设。积极推进互联网协议第六版（IPv6）商用部署。前瞻布局量子保密通信、量子互联网、卫星互联网等未来网络建设。

（五）构建面向未来的先进算力基础设施。以 E 级和 10E 级为目标，支持广州超算、深圳超算提升能力，保持我省"双超算"领先地位。布局建设智能计算中心等新型高性能计算平台，提供人工智能算力支撑。推动数据中心科学合理布局、集约绿色发展，建设全国一体化大数据中心国家枢纽节点和大数据中心集群，开展数据中心整合改造提升工程，提高使用低碳、零碳能源比例。积极推进高等级绿色云计算平台建设，开展边缘计算节点建设。推动"云网一体""能算协同"发展，提升优化网络布局和带宽，统筹能源网和算力网建设布局。组织构建基于超导计算、量子计算、类脑计算、生物计算等新型计算体系的算力基础设施。探索开展算力普查，摸清算力总量、人均算力和算力构成，推动算力规模和结构与经济社会需求协同发展。

（六）推进基础设施"智慧+"改造升级。发展智慧交通，加快公路、铁路、城市轨道、港口、航道、机场等基础设施智能化升级改造，探索形成智能网联汽车与智慧交通协同发展的政策机制和商业模式。推动智能物流设施建设，建设国家物流枢纽综合信息服务平台，支持物流园区和仓储设施智慧化升级。构建智慧化能源互联网，围绕能源生产、传输、存储、消费全流程建设智慧化综合能源网络。构建智能绿色的生态环保应急设施体系，建立全省天空地海一体化全要素生态环境监测网和全域应急感知监测预警网络。

四、构建数据要素高效配置体系，激活数字化发展核心价值

（七）推动公共数据开发利用。探索建立政府"首席数据官"制度，推动公共数据应用场景创新，提升公共数据开发利用水平。探索建立公共数据开放清单制度，加大公共数据开放力度，完善基础数据库和主题数据库，开展权威高效数据共享机制试点。依托省政务大数据中心，汇聚整合公共数据。完善"开放广东"平台，提升数据融合和智能应用能力。建立数据资源管理制度体系，出台全省公共数据管理办法，明确公共数据运营规则和风险控制机制，制定公共数据资源分类分级管理规则，建立数据开放清单管理制度。探索利用行业和监管数据建设面向公共卫生、自然灾害等重大突发事件处置的"数据靶场"，开展"数据演习"，为研判决策和调度指挥提供数据支撑。

（八）培育建立数据要素市场。构建统一协调的公共数据管理体系，优化公共数据资源开发利用法治环境，搭建两级数据要素市场结构，健全数据要素市场运行机制，完善数据要素交易规则和监管体系，推动建设政务大数据中心、数据交易机构和数据运营机构等数据要素市场重大枢纽工程，全面支撑"全省一盘棋"数据要素市场体系建设和市场有序运行，实现全领域场景数据赋能。

（九）深入挖掘社会数据价值。建设工业大数据平台，推广工业大数据应用。鼓励企业依法依规利用消费大数据开展市场研究、精准营销，改善产品和服务质量。有序稳妥探索企业利用网络搜索、网上消费、网络社交等数据，发展第三方数据服务。探索运用教育大数据促进教学、管理、评价改革，构建完善的教育质量监控体系。探索建立医疗数据共享方式和制度，支持医疗机构和人工智能企业利用医疗数据开展科研与医疗服务创新。大力发展数据清洗、建模、可视化、用户画像、行业分析、信用评价等数据服务产业。探索建立数据经纪人机制。举办开放数据应用创新大赛，促进数据价值进一步释放。

（十）构建数据要素流通顺畅的数字大湾区。深入推进数字技术在粤港澳三地规则衔接、机制对接上的应用，加快构建大湾区智慧城市群。支持粤港澳大湾区大数据中心建设，促进数据资源在大湾区充分汇聚、顺畅流动和深度应用。探索在特定区域发展国际大数据服务，建设离岸数据中心。探索跨境数据流动分类监管模式，开展数据跨境传输安全管理试点。支持科研合作项目需要的医疗数据等数据资源在大湾区内有序跨境流动，争取国家允许粤港澳联合设立的高校、科研机构建立专用科研网络，实现科研数据跨境互联。

五、巩固提升数字经济核心产业，打造数字化发展新优势

（十一）打造全球领先的5G产业创新高地。重点发展5G器件、网络和基站设备、天线、终端、模组、基础材料与核心零部件等产业，在有条件地区建设高水平5G产业园区，持续完善5G标准体系，开展5G重点领域标准化行动，推动产业集聚发展，形成涵盖系统、材料、芯片、终端、应用的完整5G产业链。以行业拓展为重点丰富应用场景，推动5G技术在工业互联网、智慧交通、智慧教育、医疗健康、智能制造、车联网、4K/8K视频、数字创意等领域应用，打造一批"5G+行业"应用标杆，建设5G融合应用

示范省。

（十二）打造人工智能产业开放创新体系。高质量推进人工智能融合创新载体建设，支持广州、深圳推进国家新一代人工智能创新发展试验区和国家人工智能创新应用先导区建设。构建开放协同的创新平台体系，在医疗影像、智能视觉、基础软硬件、普惠金融等领域推进国家和省新一代人工智能开放创新平台建设。促进人工智能与各产业深度融合，培育发展人工智能辅助医疗、智能网联汽车、智能无人机（船）、智能机器人、智能家居、智能可穿戴设备等智能终端产业。

（十三）打造世界级软件与信息服务产业集群。加大对基础软件和工业软件的支持力度，支持研发自主可控的操作系统、数据库、中间件等基础软件，以及计算机辅助设计、电子设计自动化、工程仿真和流程模拟等工业软件。强化广州、深圳"中国软件名城"的产业集聚和辐射带动作用，支持有条件的地市大力发展特色软件产业，形成双核心引领、梯队式协同发展的产业新格局。加快培育信息安全产业，围绕互联网、大数据和云计算、人工智能、工业互联网和车联网等重点安全领域，完善提升产业链。培育信息服务业新业态，打造与生产生活紧密相连、特色突出、广泛渗透、平台化发展的信息服务产业体系。

（十四）打造我国集成电路产业新发展极。增强芯片设计能力优势，重点突破边缘计算、存储、处理器等高端通用芯片设计，推动第三代半导体、毫米波、太赫兹等专用芯片设计前沿技术研究。努力补齐生产制造能力短板，大力支持技术先进的 IDM（集成电路系统集成服务商）企业和晶圆代工企业布局研发、生产和运营中心，推动 12 英寸晶圆线及 8 英寸硅基氮化镓晶圆线等项目建设，建设 FDSOI（全耗尽绝缘体上硅）工艺研发线，推进发展模拟及数模混合芯片生产制造。大力发展氮化镓、碳化硅等化合物半导体器件和模块研发制造。积极发展高端封装测试，引进先进封测生产线和技术研发中心，大力发展晶圆级、系统级先进封装技术以及先进晶圆级测试技术。

（十五）打造全链条融合发展的先进视听产业。高水平推进超高清视频产业发展试验区建设，支持发展 OLED（有机发光二极管）、AMOLED（主动矩阵有机发光二极体）、MicroLED（微发光二极管）、QLED（量子点发光二极管）、印刷显示、柔性显示、石墨烯显示等新型显示关键核心技术，加速激光显示、3D 显示等前沿显示技术研发及产业化，进一步提升全球产业化引领能力。实施原创优质 IP 培育工程，增加 4K 电视频道，提升超高清视频、游戏、动漫等先进视听内容供给能力，打造全国先进视听内容制作交易集散地。强化 VR（虚拟现实）、AR（增强现实）、MR（混合现实）、全息成像、裸眼 3D 等数字创意应用技术创新发展。

（十六）培育发展数字经济新兴产业。加快培育区块链产业，加快打造国家级区块链发展先行示范区，突破一批区块链底层核心技术，打造若干安全、自主可控的联盟链底层平台，推动区块链与实体经济、数字产业、民生服务、社会治理等领域深度融合。战略谋划卫星互联网产业，聚焦突破小型卫星设计与批量生产、商业运载火箭研制、卫星通讯地面终端生产以及卫星运营服务等产业链关键环节，抢占未来发展先机。前瞻布局量子信息产业，加速突破关键核心技术，拓展在保障基础设施安全运行、信息与网络安全、公共服务、数字货币等关键领域的应用。

六、加快产业数字化转型，培育数字化发展新动能

（十七）以数字化转型重塑广东制造新优势。推动传统制造装备联网、关键工序数控化，积极建设智能车间、智能工厂。持续完善工业互联网网络、平台、安全体系，加快建设跨行业、跨领域工业互联网平台以及面向重点行业、区域和领域的特色专业型工业互联网平台。在汽车、家居、智能终端等行业推广网络化协同制造、个性化定制和柔性生产，发展服务型制造。支持发展"5G+工业互联网"。支持企业利用互联网平台提升品牌影响力。

（十八）推进数字赋能现代农业。推动创建数字农业发展联盟、数字农业试验区、世界数字农业大会，建设数字农业产业园区，推动"一村一品、一镇一业"建云上云，培育科技示范创新团队、数字农业农村重大项目、数字农业示范龙头企业等，推广数字农业重大应用场景，用数字化引领驱动农业现代化。大力推进农村电商专业化发展。支持农业龙头企业、菜篮子基地、农业专业合作社等与互联网企业融合创新。加快农产品流通网络数字化改造，畅通农产品进城和工业品下乡双向流通。发展农产品直播带货和农业跨境电商等新业态。

（十九）以数字化推动服务业高端化发展。大力发展特色化平台经济、工业电商平台，搭建产需高效对接平台，支持农业、物流、贸易等细分领域的垂直电商平台与综合平台错位发展。加快健康、养老、文化、旅游等生活性服务业数字化进程，大力发展餐饮、零售、家政等生活性智慧服务平台。推动视频直播平台创新发展，培育 MCN（多频道网络产品形态）机构，壮大网红经济。引导鼓励通证经济、无人经济、微经济、副业经济等数字经济新业态健康发展。以生产领域为重点积极发展共享经济，重点推进厂房、设备、员工等生产要素共享平台发展，探索共享制造的商业模式和应用场景，促进流通和消费领域共享经济健康发展。推动生产性服务业通过数字化发展向专业化和价值链高端延伸。

（二十）建设具有全球影响力的智慧金融科技中心。积极推进智慧银行建设，推广智能柜员机、无人网点等新业态新模式。促进数字技术在银行、证券、保险等行业的深度渗透，推动客户营销、风险控制、金融监管等领域的智慧化提质升级。加强数字金融新兴业态风险管控，探索建立沙盒监管制度。支持深圳建立金融科技创新平台，推广数字货币与电子支付等创新应用，推动数字人民币研发应用和国际合作。加强与港澳的金融数据互联互通，推动移动支付、跨境大宗交易、跨境融资等金融活动在粤港澳大湾区范围内畅通开展。

（二十一）推动产业互联网加速发展。适应互联网由消费领域向产业领域拓展的趋势，围绕工业、农业、服务业、交通运输业等重点领域，打造综合性的产业互联网，构建新的资源配置、产业协同和价值创造体系。推动产业组织形式由线性产业链进化为以产业互联网为核心的网状产业生态系统，赋能企业重塑业务流程、优化组织结构、变革商业模式。鼓励传统龙头企业开放数字化转型资源、加强产业链供应链协同，推动工业

互联网平台拓展应用广度和深度、全方位赋能产业链升级，支持消费互联网平台通过委托制造、品牌授权等方式向制造环节拓展，形成三次产业融通、制造与服务融合、多元协同高效的产业互联网发展生态。

（二十二）强化数字化转型公共服务供给。实施数字化转型促进行动，支持建设数字化转型促进中心，加大对数字化转型共性开发平台、开源社区、基础软硬件、基础数据、普惠算力的支持力度，发展普惠性"上云用数赋智"。探索面向中小微企业发放"数字券"，促进中小微企业数字化转型。在"上云"基础上，促进企业研发设计、生产加工、经营管理、销售服务等业务数字化、网络化、智能化转型。建立政府—金融机构—平台—中小微企业联动机制，以政府购买服务、专项补助等方式，支持平台企业为中小微企业和灵活就业者提供价廉质优的数字化转型服务产品。

七、加快数字社会建设步伐，构筑美好数字化生活新图景

（二十三）大力发展智慧化便捷公共服务。积极发展融合化在线教育，构建线上线下教育常态化融合发展机制，探索开展基于线上智能环境的课堂教学、深化普及"三个课堂"应用。加快互联网医疗发展，加强智慧医院建设，支持互联网平台在就医、健康管理等领域协同发展，探索开展国际远程会诊。在就业、养老、文化、体育等领域普及推广数字化服务。支持发展常态化远程办公，支撑工作效率提高、业务协同方式创新和业务组织模式变革。

（二十四）高水平建设新型智慧城市。打造新型智慧城市群，统筹推进各城市"城市大脑""城市智能综合体"建设，探索构建区域间新型智慧城市联网标准、规则体系，推进跨区域治理一体化能力建设。建立健全数据采集机制，整合城市运行数据资源，建设覆盖省、市、区、街，并延伸至网络末梢的智慧化社会治理平台，实现基层治理、监管执法、便民服务等数据有效对接。支持县城开展智慧化改造，培育智慧县城投资运营商。探索构建全局视野、虚实交互、智能精细的数字孪生城市，提升公共管理和社会服务智能化水平。

（二十五）加快推进数字乡村建设。加快农村宽带通信网、数字电视网、移动通信网络等信息基础设施建设，推进全省行政村 5G 网络建设和 4G 网络深度覆盖，开展乡村 4K 超高清视频+5G 应用试点示范。加快农村管理服务、基层治理数字化进程，建设农村社会事业、农村集体资产、村庄规划等领域的数字化工程，构建涉农信息普惠服务机制，提升农民生活数字化服务水平。

（二十六）推动生活数字化转型。建设便民惠民智慧社区，发展基于数字技术的社区民生智慧应用，开展社区智慧微改造，提升社区生活服务和社区基层治理的数字化、智能化水平。发展数字家庭，推广智能家电、智能照明、智能安防监控、智能服务机器人等智能家居产品，丰富数字生活体验。探索构建符合我省实际的数字素养教育框架，支持开展面向老年人等特殊群体的数字技术应用培训，增强数字内容访问和数字化工具使用包容性。

八、打造全国数字政府建设标杆，提高数字化治理能力

（二十七）优化政务服务"一网通办"。推动政务服务流程和政务服务方式系统性重塑，强化服务全流程监督管理，推进政务服务标准化、规范化。以粤省事、粤商通等"粤系列"平台为核心，促进线上、线下各类政府和社会服务渠道的深度融合，构建"一网、一地、一窗、一次、一机、一码"的便捷泛在政务服务体系，打造"一网通办"升级版，推动全省政务服务提质增效。

（二十八）推进省域治理"一网统管"。聚焦经济调节、市场监管、社会管理、公共服务、生态环境保护五大职能，构建架构一体、标准统一、数据互通的粤治慧平台，与各地智慧城市建设紧密结合，建立横向全覆盖、纵向全联通的省域"一网统管"新模式，增强政府数字化履职能力，提高省域治理科学化、精细化、智能化水平。依托粤治慧平台，全面推动各地政府部门数字化转型，赋能机关干部日常履职，支撑各地政府科学决策，实现政府治理能力和水平大幅提升。

（二十九）强化政府运行"一网协同"。加快推进政府机关内部数字化进程，加强粤政易平台功能建设和深度推广应用，打造全省统一的横向到边、纵向到底的省市县镇村五级移动政务门户，推进"粤系列"融合互通，构建数字政府统一平台，实现政府扁平化、整体化、高效化运行。以粤政易为政府办公总平台和总枢纽，提高"指尖"办文、办会、办事水平，强化省内各级党政机关跨层级、跨地域、跨部门、跨系统、跨业务的协同联动能力，实现政府运行"一网协同"。

（三十）夯实数字政府基础支撑能力。强化现有政务云的精细化管理能力，构建国产政务云、边缘计算平台等新一代算力基础设施。完善全省"一张网"架构，探索推进无线政务网、政务物联网建设。持续开展全省公共数据全生命周期治理，提高数据质量，全面提高数字政府建设核心资源供给能力。强化全周期安全防护，构建"安全可信，合规可控"的立体纵深防御体系。常态化、体系化开展数字政府业务能力和数据技能培训。

九、提升数字化发展开放水平，增强国际合作与竞争优势

（三十一）构建世界数字贸易重要节点。创建国家数字贸易先行示范区，壮大数字文化、数字金融等产业，提升远程医疗、远程教育、VR 旅游等海外服务供给能力，促进数字技术应用与服务贸易深度融合。大力培育贸易新业态新模式，持续推进国家跨境电子商务综合试验区、国家数字服务出口基地建设。培育一批数字贸易领域独角兽、瞪羚企业，打造若干数字贸易生态主导型企业，形成数字贸易企业发展新格局。

（三十二）增强数字资源全球化配置能力。积极参与数字丝绸之路建设，加强与"一带一路"沿线国家在新型基础设施、智慧城市、电子商务、数据跨境等领域的合作交流，打造数字丝绸之路核心战略枢纽。拓展与数字化发展先进国家的合作领域，探索构建数字资源和技术自由化便利化流动体系。积极探索建设国际互联网数据专用通道，为服务贸易、数字贸易提供快捷便利化通道。争取进一步放宽信息传输、软件和信息技术服务等行业外资市场准入，吸引一批云服务、大数据、物联网等数字领域外资项目落地。加

强国际创新要素集聚，引导国内外数字化发展领域高端团队和原始创新项目在广东落地转化和发展。鼓励数字经济企业"走出去"，强化知识产权海外布局。

（三十三）积极参与构建数字化国际规则体系。鼓励龙头企业和社团制定满足市场需求和创新需要的世界先进标准，主动参与5G、大数据、工业互联网、超高清视频等领域国际标准研究制定，发挥粤港澳大湾区标准化研究中心的作用，研究制定高质量湾区标准。积极吸引国际组织、行业协会等机构的总部或办事处落户广东，争取举办世界数字化发展顶级展览、会议和论坛。推动广东自贸试验区等区域在数字税收、数据本地化、数据跨境流动、保护个人隐私等方面开展更大力度的探索和压力测试，参与构建有利于发展中国家利益和诉求的数字化发展规则体系，积极服务国家战略参与全球数字化治理体系变革。

十、保障措施

（三十四）加大统筹协调力度。建立省加快数字化发展工作领导小组，由省政府主要负责同志担任组长，相关分管省领导担任副组长，省有关单位主要负责同志为成员，加强数字化发展重大政策和重点任务的统筹推进和督促评估。组建省数字化发展专家咨询委员会，建立数字经济统计监测指标体系，为全省数字化发展工作提供决策参考和政策建议。省发展改革委要牵头进一步细化明确阶段性目标、工作任务、责任分工等，确保各项政策措施落地落实。各地、各有关部门要制定各领域、各区域具体实施方案或行动计划，保质保量完成各项工作任务。

（三十五）强化资源要素保障。建立财政资金支持数字化加快发展新机制，优化整合各类财政资金，加大对技术研发、基础设施、数字化转型、标准专利布局、重点项目建设等方面的支持力度，强化政府采购对数字技术产品的首购首用。优化金融服务，鼓励金融机构开发"云量贷""人才贷"等适合新业态新模式发展的产品和服务，支持创业投资机构设立数字经济领域专业投资基金。结合电力供给侧结构性改革和电力体制改革，降低5G、数据中心等新型基础设施用电成本。加强数字化发展人才培养，鼓励省内高校增设数字经济相关专业，创建数字化发展领域国家重点实验室和"双一流"学科。推动构建适应新业态新模式特点的从业人员权益保护机制，探索建立适应跨平台、多雇主间灵活就业的权益保障、社会保障制度。

（三十六）推动多元协同治理。稳步推进数字化发展领域立法工作，完善数据产权制度，支持有条件的地区开展数据立法探索，不断优化数字化发展治理体系。构建政府、平台企业、行业协会等多方参与、高效联动、信息共享的数字化发展多元协同治理体系，完善包容审慎的行业监管体制，建立基于社会信用信息的分级分类监管制度，探索平台经济、共享经济触发式监管模式。完善电子商务平台企业数据库，提高"以网管网"能力，充分发挥平台企业对市场主体的组织、协调、规范、引导功能。探索构建算法评估、监管、治理制度。

（三十七）提升安全可控水平。统筹发展与安全，提高对数字技术创新、基础设施、产业链安全和行业发展形势的感知和风险预警能力，加强风险防控应对。健全数据安全保护机制，提升重要数据和个人信息安全保护能力，强化数据跨境流动安全管理。加强数字化重要基础设施、公共服务领域重要信息系统安全保障。全面梳理数字化关键领域产业链供应链风险，建立健全产业链安全管理体系和工作流程，在重点领域建立"链长制"，确保产业链供应链安全稳定。

广东省人民政府

2021 年 4 月 23 日

附录七：商务部等 6 部门关于高质量实施《区域全面经济伙伴关系协定》（RCEP）的指导意见①

商国际发〔2022〕10 号

各省、自治区、直辖市及计划单列市人民政府，新疆生产建设兵团，中央宣传部，国务院有关部门，最高人民法院，最高人民检察院，全国工商联，中国贸促会：

为深入贯彻落实党中央、国务院关于实施好《区域全面经济伙伴关系协定》（RCEP）的决策部署，全面落实协定规定的市场开放承诺和规则，引导地方、产业和企业适应区域市场更加开放的环境、更加充分的竞争，更好把握 RCEP 带来的机遇，促进经济高质量发展，经国务院同意，现提出以下意见：

一、指导思想

以习近平新时代中国特色社会主义思想为指导，全面贯彻党的十九大和十九届历次全会精神，认真落实党中央、国务院决策部署，立足新发展阶段，完整、准确、全面贯彻新发展理念，构建新发展格局，高质量实施 RCEP，实施自由贸易区提升战略，构建面向全球的高标准自由贸易区网络，推动更高水平开放，建设开放型世界经济。

二、总体目标

通过高质量实施 RCEP，以更高水平开放促进更深层次改革。将把握 RCEP 发展机遇与各地方发展战略紧密对接，推动地方高质量发展。引导鼓励企业以 RCEP 实施为契机，进一步提升贸易和投资发展水平，扩大国际合作，提升质量标准，促进产业升级，增强参与国际市场竞争力。

三、重点任务

（一）利用好协定市场开放承诺和规则，推动贸易投资高质量发展。

1. 促进货物贸易发展。鼓励企业用好成员国降税承诺，结合各成员降税承诺和产业特点，推动扩大服装、鞋、箱包、玩具、家具、电子产品、机械装备、汽车零件、摩托车、化纤、农产品等优势产品出口，积极扩大先进技术、重要设备、关键零部件、原材料等进口，支持日用消费品、医药、康复设备和养老护理设备等进口。（商务部、财政部、海关总署、各地方人民政府按职责分工负责）

2. 确保优惠原产地规则发挥实效。进一步加强原产地规则组织实施和签证职能管理，探索与 RCEP 成员国共同推动原产地电子联网建设，扩大自助打印证书适用国别范

---

① 商务部等 6 部门关于高质量实施《区域全面经济伙伴关系协定》（RCEP）的指导意见[EB/OL]. http://www.gov.cn/zhengce/zhengceku/2022-01/26/content_5670518.htm，2022-01-26.

围，提升签证智能化水平，提高签证准确性和规范性。实施经核准出口商制度，鼓励企业用好区域原产地累积规则，指导企业用足用好原产地自主声明便利化措施。及时帮助进出口企业沟通解决享惠受阻问题。（海关总署、中国贸促会按职责分工负责）

3. 高标准实施海关程序和贸易便利化规则。除特殊情况外，进出口环节监管证件统一纳入"单一窗口"受理，最大限度实现通关物流环节单证无纸化。进一步督促指导各地方口岸管理部门落实口岸收费目录清单制度，做到清单之外无收费。积极推进与 RCEP 成员国"经认证的经营者（AEO）"互认合作。有条件的口岸对抵达海关监管作业场所且完整提交相关信息的 RCEP 原产易腐货物和快件，在满足必要条件下争取实行 6 小时内放行的便利措施。（海关总署、商务部按职责分工负责）

4. 加强动植物检疫和食品安全国际合作。加强与 RCEP 成员国的动植物疫情信息共享，推动国际动植物疫情监测合作，探索认可成员国间动植物检疫措施的等效性。加大对 RCEP 成员国技术性贸易措施关注和研究。按照进出口商品检验法做好对采信机构实施目录管理工作，为 RCEP 框架下互认打好基础。（海关总署、农业农村部按职责分工负责）

5. 提高服务贸易对外开放水平。落实好协定服务贸易开放承诺，推动制造业研发、管理咨询、养老服务、专业设计等服务承诺逐一落地。开展服务具体承诺表由正面清单向负面清单的转换，按照协定承诺在协定生效后 6 年内尽早完成。为区域内各国投资者、公司内部流动人员、合同服务提供者等各类商业人员及其随行配偶和家属的跨境流动提供必要的便利。（商务部及各有关部门、各地方人民政府按职责分工负责）

6. 提升投资自由化便利化水平。履行好协定投资负面清单承诺，确保开放措施落地到位。推动完善全国版和自由贸易试验区版外商投资准入特别管理措施（负面清单），落实好"十四五"规划纲要关于有序推进电信、互联网、教育、文化、医疗等领域开放的部署，在确保国家安全的前提下进一步扩大开放。（各有关部门、各地方人民政府按职责分工负责）

7. 提升对外投资便利化水平，提高对外投资质量效益。推动企业参与区域产业链供应链重塑，引导对外投资绿色低碳发展。推进对外投资便利化，推广使用电子证照。高质量建设境外经贸合作区，提高合作区与国内园区协同发展水平。加强对外投资保护，维护企业合法权益。（各有关部门、各地方人民政府按职责分工负责）

8. 加强知识产权保护。按照 RCEP 知识产权规则，为著作权、商标、地理标志、专利、外观设计、遗传资源、传统知识、民间文艺和商业秘密等提供高水平保护。完善国内知识产权保护体系，加大执法力度，加强打击盗版、假冒等侵权行为。加强知识产权行政执法、司法保护、社会共治的有效衔接。研究制定跨境电子商务知识产权保护指南。强化知识产权公共服务供给，加强海外知识产权纠纷应对和维权援助。按照 RCEP 规定推动加入知识产权领域国际条约。（商务部、中央宣传部、生态环境部、农业农村部、海关总署、市场监管总局、知识产权局、最高人民法院、最高人民检察院、各地方人民政府按职责分工负责）

9. 高水平履行电子商务规则。推动跨境电子商务高质量发展。推进数字证书、电子签名的国际互认。加强电子商务消费者保护和个人信息保护。鼓励电子商务平台企业全球化经营，完善仓储、物流、支付等全球电子商务基础设施建设。深化跨境电子商务综合试验区建设，支持各综合试验区结合本地实际创新发展。鼓励引导多元主体投入建设海外仓。积极发展"丝路电商"，与更多 RCEP 成员国开展电子商务务实合作。（商务部及各有关部门按职责分工负责）

（二）促进制造业升级，提升产业竞争力。

10. 推动制造业优化升级。结合 RCEP 实施，增强制造业核心竞争力和开展技术改造，推进制造业补链强链，强化资源、技术、装备支撑。实施产业基础再造工程，建设产业技术基础公共服务平台。加大重要产品和关键核心技术攻关力度，鼓励企业应用先进适用技术，加强设备更新和新产品规模化应用。深入实施智能制造和绿色制造工程，发展服务型制造新模式，推动制造业高端化智能化绿色化。（发展改革委、工业和信息化部、各地方人民政府按职责分工负责）

11. 深入实施质量提升行动。结合 RCEP 实施，推动各行业、各地区，以及广大企业加强全面质量管理，不断提升产品、工程和服务质量水平，增强对外贸易质量效益。推进质量基础设施"一站式"服务，强化协同发展、集成服务、互联互通。以质量提升加强我国在 RCEP 区域中的市场参与能力。（市场监管总局、工业和信息化部、住房城乡建设部、商务部、各地方人民政府按职责分工负责）

12. 加强高端产业链合作和制造业项目合作，培育多元化全球供应链网络。充分发挥我国产业和市场优势，在 RCEP 区域内积极推动企业围绕共同关心的产业链供应链环节开展紧密合作，促进企业开展研发和技术交流，进一步推动高端产业链优势互补、深度融合。加强绿色产业链合作，推动建立绿色制造国际伙伴关系。（发展改革委、工业和信息化部、商务部按职责分工负责）

13. 健全产业开放安全保障体系。密切关注区域市场深度开放引发的贸易风险，发挥多主体协同作用，加强预警监测和法律服务。依法运用贸易救济措施维护产业安全。借鉴国际通行做法，开展贸易调整援助工作，推动建立贸易调整援助制度。（商务部、工业和信息化部、财政部、人力资源社会保障部、农业农村部、海关总署、各地方人民政府按职责分工负责）

（三）推进国际标准合作和转化，提升标准对产业发展的促进作用。

14. 积极实施标准化战略，加快构建推动高质量发展的国家标准化体系。贯彻落实《国家标准化发展纲要》，加强标准化工作统筹协调。对接国际标准，推进重点领域标准制修订，增加国家标准有效供给，促进产业链上下游标准有效衔接，支撑经济高质量发展。（市场监管总局负责）

15. 加大对适用的国际标准的采标力度，提升转化率。聚焦 RCEP 成员国重点贸易领域需求，积极开展国际标准的适用性分析和关键技术指标比对，提出采用国际标准重点领域，加快采用国际标准，提升我国标准与国际标准一致性。根据 RCEP 区域内标准协调的需要，对国家采标标准立项申报项目实施审评快速程序。（市场监管总局、工业和

信息化部按职责分工负责）

16. 加大参与国际标准制订和对接力度，加强行业交流合作。深度参与国际标准化活动，积极参与关键领域国际标准制订。鼓励我国标准化专家更大范围、更深层次参与国际标准制修订。支持行业协会、企事业单位、检测机构加强与 RCEP 成员国交流合作，共同开展国际标准研制。利用国家标准化委员会与 RCEP 成员国建立的标准化合作机制或签署的标准化合作协议搭建平台。（市场监管总局、工业和信息化部、农业农村部按职责分工负责）

17. 推动标准协调和合格评定结果互认合作。开展 RCEP 成员国标准化体系及合格评定程序研究，促进标准协调、合格评定结果互认。支持合格评定机构结合区位优势，与 RCEP 成员国合格评定机构开展深度合作，并建立灵活高效的合格评定结果互认模式。积极开展 RCEP 标准化协调推进关键技术研究，及时汇总发布 RCEP 成员国合格评定市场准入制度及相关调整信息。（市场监管总局负责）

（四）完善金融支持和配套政策体系。

18. 进一步提升贸易投资的金融服务质效。结合 RCEP 实施，鼓励引导金融机构按照市场化原则和商业可持续性原则，创新金融产品和服务，加大对外贸企业的信贷支持力度，支持符合条件的外贸企业拓宽直接融资渠道，优化对外贸领域小微、民营企业的信贷信保产品和服务。（人民银行、银保监会、证监会、商务部按职责分工负责）

19. 提高人民币结算对贸易投资发展的支持作用。推动 RCEP 区域内贸易投资活动更多使用人民币结算，帮助市场主体降低汇兑成本，规避汇率波动风险。持续优化政策安排和基础设施建设，为人民币跨境使用提供良好的制度环境。引导金融机构提升金融服务水平，支持金融机构创新人民币交易、投资、避险产品，为市场主体提供便捷高效的跨境人民币金融产品和服务。（人民银行负责）

（五）因地制宜用好 RCEP 规则，提升营商环境。

20. 构建市场化、法治化、国际化的营商环境。各地方要严格实施与 RCEP 强制性义务对应的国内法律法规规章。以 RCEP 鼓励性义务作为进一步营造良好营商环境的抓手，不断提高地方治理能力。充分发挥 RCEP 作用，提升贸易投资环境，促进对外贸易和招商引资，积极引进区域内资金、人才。地方可依据自身实际情况，结合自身优势，就高质量实施 RCEP 探索经验，在本省（区、市）辖区内有条件的地方建立示范区，带动提升本省（区、市）整体实施协定的效果。（商务部及各有关部门、各地方人民政府按职责分工负责）

21. 结合地方优势和特点抢抓机遇。强化地方政府服务功能，深入细致研究当地产业优势和 RCEP 国别市场机遇，指导企业开拓 RCEP 成员国市场，重点推动优势产品出口。加快发展外贸新业态新模式，培育外贸发展新动能，鼓励支持企业完善重点市场营销渠道。培育建立地方营销服务平台，构建国际物流供应链服务保障体系，提升物流水平。鼓励开展产业链精准招商，加强外资企业服务保障。（商务部及各有关部门、各地方人民政府按职责分工负责）

22. 帮助中西部等地区提升参与国际市场竞争的能力。鼓励中西部和东北重点地区加强承接产业转移平台建设，积极发挥当地自由贸易试验区、国家级新区、经济技术开发区、综合保税区、加工贸易产业园等在承接产业转移中的作用，完善基础设施，建设公共服务平台，提升承接产业转移能力，特别是加大加工贸易承接力度。推进西部陆海新通道建设，通过北部湾国际门户港、战略性互联互通示范项目等重要枢纽，拓展面向RCEP 成员国的经贸合作服务功能。落实《西部地区鼓励类产业目录》和企业所得税优惠政策，适时修订鼓励类产业范围，规范企业享受税收优惠的申报程序。（发展改革委、工业和信息化部、商务部、各地方人民政府按职责分工负责）

23. 发挥海南自由贸易港政策和 RCEP 的叠加效应。落实好海南自由贸易港相关方案和政策措施，深入研究 RCEP 规则条款及缔约方市场准入承诺，推动在发展现代服务业、提升制造业等方面更快发展。实施好海南自由贸易港跨境服务贸易特别管理措施（负面清单）。（商务部、海南省人民政府按职责分工负责）

24. 支持自由贸易试验区积极推动制度创新。推动落实国务院关于推进自由贸易试验区贸易投资便利化改革创新的政策措施。制定实施自由贸易试验区跨境服务贸易特别管理措施（负面清单）。（商务部及各有关部门、相关地方人民政府按职责分工负责）

25. 促进边境贸易发展。在做好疫情防控的前提下，继续加强口岸基础设施建设，提升边境口岸通行能力。加快双边检验检疫议定书签署，扩大边境贸易进口商品品种。优化边境贸易检验检疫流程。鼓励边境地区外贸综合服务企业发展，促进边贸电商市场融合发展，为边贸企业提供通关、物流等优质服务，培育面向国内外的边境地区商品市场和商贸中心。（商务部、海关总署及各有关部门、各边境省区人民政府按职责分工负责）

（六）持续深入做好面向企业的配套服务。

26. 建立自贸协定实施公共服务平台。强化中国自由贸易区服务网服务企业的功能，便利企业了解和查询关税优惠、原产地操作、服务投资开放、知识产权、电子商务等规则，就 RCEP 提供咨询服务，提供知识产权数据接口等服务支撑。鼓励地方积极开展自贸协定公共服务平台建设，努力为企业提供优惠关税政策、原产地证书申领、通关便利化、服务投资咨询、商事仲裁解决、商业保理等自贸伙伴贸易投资一站式解决方案。（商务部、中国贸促会、各地方人民政府按职责分工负责）

27. 发挥驻外经商机构对企业在海外的服务功能。在 RCEP 区域的中国驻外经商机构要加大对当地中资企业用好协定的支持力度，鼓励当地中资企业商（协）会充分发挥提供信息交流和资源共享服务等方面作用，为企业在当地开展业务合作中遇到的问题和困难提供咨询帮助。（商务部负责）

28. 增强展会等平台对贸易投资发展的促进作用。充分发挥中国国际进口博览会、中国进出口商品交易会、中国国际服务贸易交易会、中国国际投资贸易洽谈会、中国国际消费品博览会、中国—东盟博览会等展会平台服务企业的作用，扩大面向 RCEP 国家的贸易投资促进和推广，鼓励相关地方利用现有展会活动，更好带动与 RCEP 国家的对外贸易、双向投资和技术交流。（商务部负责）

29. 持续做好宣传培训。建设解读 RCEP 规则和指导实际操作的专家队伍。通过相关部门自主组织、政府购买服务等方式，加大对中西部地区和中小微企业的培训力度，结合各地特点和实际需要开展针对性培训，着力提升中小企业对 RCEP 规则的理解和应用能力。（商务部、财政部、中国贸促会、全国工商联、各地方人民政府按职责分工负责）

30. 加强 RCEP 实施效果跟踪。深入开展调研，广泛收集各方面诉求，加强地方和产业对 RCEP 实施工作的参与。及时查找、分析和解决实施中存在的问题，研究改进实施方法，提升企业利用 RCEP 的便利性，用足用好优惠措施。（商务部、各地方人民政府按职责分工负责）

四、组织实施

各有关部门、各地方要从全局和战略高度，深刻认识全面做好 RCEP 实施相关工作的重大意义，加强部门联动、央地协同，按照职责分工抓好贯彻落实，采取有效措施，切实将 RCEP 实施各项工作落到实处、取得实效。

商务部

发展改革委

工业和信息化部

人民银行

海关总署

市场监管总局

2022 年 1 月 24 日

附录八：商务部：2020 年上半年全国网上零售额情况^①

　　新华社北京 7 月 30 日电（记者 王雨萧、陈炜伟）商务部新闻发言人高峰 30 日说，1 至 6 月，全国网络零售额达 5.15 万亿元，同比增长 7.3%，增速连续四个月提升，6 月当月增幅达 18.6%。

　　高峰在商务部当天举行的网上例行新闻发布会上说，今年上半年，我国电子商务展现出强劲的活力和韧性，上半年全国网络零售市场主要呈现几个特点。

　　——网络零售成为消费市场稳定器。1 至 6 月，全国实物商品网上零售额达 4.35 万亿元，同比增长 14.3%。全国网络购物用户人数比上一年增长 1 亿人，主要网络零售平台店铺数同比增长 3.8%。

　　——"电商节+消费券"等促销方式有力促进消费回补。商务部会同有关部门举办第二届"双品网购节"，带动同期全国网络零售额超 4 300 亿元，其中实物商品销售额同比增长 33.3%。多地通过发放消费券等多种促销方式，有效拉动线上消费，恢复市场预期。

　　——直播带货成为电商发展新引擎。根据商务大数据监测，上半年电商直播超 1 000 万场，活跃主播数超 40 万，观看人次超 500 亿，上架商品数超 2 000 万。

　　——跨境电商增长迅速，作用突出。电商平台积极帮扶外贸企业转内销，为外贸企业提供推广、引流和销售服务，成为外贸企业拓展国内市场的重要渠道。

　　——农村电商积极助力脱贫攻坚、乡村振兴。据商务大数据监测，上半年，全国农村网络零售额达 7 668.5 亿元，同比增长 5%。全国 832 个国家级贫困县网络零售额达 684.8 亿元，同比增长 13.3%。全国农产品网络零售额达 1 937.7 亿元，同比增长 39.7%。

　　高峰表示，下半年，随着全国生产生活逐步恢复，预计全国网络零售市场仍将保持快速增长，并将继续发挥"无接触"经济优势，在促消费、稳外贸、扩就业、惠民生等工作中发挥更大作用。

---

① 新华社. 上半年全国网络零售额同比增长 7.3%[EB/OL]. http://www.gov.cn/xinwen/2020-07/30/content_5531288.htm，2020-07-30.

附录九：2022 年度中国数字经济企业 100 强排行榜①

公开数据显示，2020 年全球数字经济规模达到 32.6 万亿美元，占 GDP 比重为 54.3%。美国的数字经济的规模居世界首位，达到 13.6 万亿美元；中国的数字经济的规模紧跟美国之后，居世界第二，达到 5.4 万亿美元。

如今中国网民规模已经达到 10.32 亿，互联网普及率已提升至 73%，这代表着新型经济形态已经诞生，物联网、人工智能、云计算等高端数字经济领域在各行各业运用越来越熟练。

尤其是在新冠疫情席卷全球的背景下，实体经济遭受重创，社区团购、云经济、视频会议、远程办公等新业态大放光彩，同时也促使各行业向要素共享化、生产柔性化、产供销一体化数字转型。2022 年度中国数字经济企业 100 强排行榜如下所示。

2022 数字经济 100 强榜单

序号	公司简称	公司全称	业务领域
1	御银科技	广州御银科技股份有限公司	区块链/数字货币
2	金财互联	金财互联控股股份有限公司	区块链/数字货币
3	广电运通	广州广电运通金融电子股份有限公司	区块链/数字货币
4	零数科技	上海零数科技有限公司	区块链/数字货币
5	高伟达	高伟达软件股份有限公司	区块链/数字货币
6	拉卡拉	拉卡拉支付股份有限公司	区块链/数字货币
7	新大陆	新大陆数字技术股份有限公司	区块链/数字货币
8	海联金汇	海联金汇科技股份有限公司	区块链/数字货币
9	万向区块链	上海万向区块链股份公司	区块链/数字货币
10	众安科技	众安信息技术服务有限公司	区块链/数字货币
11	恒信东方	恒信东方文化股份有限公司	元宇宙
12	万兴科技	万兴科技集团股份有限公司	元宇宙
13	视觉中国	视觉（中国）文化发展股份有限公司	元宇宙
14	中文在线	中文在线数字出版集团股份有限公司	元宇宙
15	HTC	宏达通讯有限公司	元宇宙
16	锋尚文化	北京锋尚世纪文化传媒股份有限公司	元宇宙
17	汤姆猫	浙江金科汤姆猫文化产业股份有限公司	元宇宙
18	数码视讯	北京数码视讯科技股份有限公司	元宇宙
19	丝路视觉	丝路视觉科技股份有限公司	元宇宙

① 2022 数字经济 100 强榜单 中国数字经济企业 100 强排行榜[EB/OL]. https://www.yezicc.com/zonghe/2022051939001.html，2022-05-19.

续表

序号	公司简称	公司全称	业务领域
20	中青宝	深圳中青宝互动网络股份有限公司	元宇宙
21	寒武纪	中科寒武纪科技股份有限公司	东数西算
22	万国数据	万国数据服务有限公司	东数西算
23	光环新网	北京光环新网科技股份有限公司	东数西算
24	首都在线	北京首都在线科技股份有限公司	东数西算
25	网宿科技	网宿科技股份有限公司	东数西算
26	美利云	中冶美利云产业投资股份有限公司	东数西算
27	宝信软件	上海宝信软件股份有限公司	东数西算
28	云赛智联	云赛智联股份有限公司	东数西算
29	数据港	上海数据港股份有限公司	东数西算
30	英维克	深圳市英维克科技股份有限公司	东数西算
31	秦淮数据	北京秦淮数据有限公司	东数西算
32	奥飞数据	广东奥飞数据科技股份有限公司	东数西算
33	世纪互联	北京世纪互联宽带数据中心有限公司	东数西算
34	鹏博士	鹏博士电信传媒集团股份有限公司	东数西算
35	铜牛信息	北京铜牛信息科技股份有限公司	东数西算
36	数讯信息	上海数讯信息技术有限公司	东数西算
37	佳力图	南京佳力图机房环境技术股份有限公司	东数西算
38	科华数据	科华数据股份有限公司	东数西算
39	唯一网络	广东唯一网络科技有限公司	东数西算
40	城地香江	上海城地香江数据科技股份有限公司	东数西算
41	亚信科技	亚信科技（中国）有限公司	人工智能/大数据服务
42	拓尔思	拓尔思信息技术股份有限公司	人工智能/大数据服务
43	瑞为技术	厦门瑞为信息技术有限公司	人工智能/大数据服务
44	中科金	北京中关村科金技术有限公司	人工智能/大数据服务
45	云天励飞	深圳云天励飞技术股份有限公司	人工智能/大数据服务
46	Momenta	北京初速度科技有限公司	人工智能/大数据服务
47	Testin 云测	北京云测信息技术有限公司	人工智能/大数据服务
48	Magic Data	北京爱数智慧科技有限公司	人工智能/大数据服务
49	网易数帆	杭州网易数帆科技有限公司	人工智能/大数据服务
50	汉王科技	汉王科技股份有限公司	人工智能/大数据服务
51	永洪科技	北京永洪商智科技有限公司	人工智能/大数据服务

序号	公司简称	公司全称	业务领域
52	企查查	企查查科技有限公司	人工智能/大数据服务
53	绿湾科技	杭州绿湾网络科技有限公司	人工智能/大数据服务
54	秦淮数据	北京秦淮数据有限公司	人工智能/大数据服务
55	盘石股份	浙江盘石信息技术股份有限公司	人工智能/大数据服务
56	中国电子云	中国电子信息产业集团有限公司	云网互联
57	电科云	电科云（北京）科技有限公司	云网互联
58	华为云	华为云计算技术有限公司	云网互联
59	海康威视	杭州海康威视数字技术股份有限公司	云网互联
60	青云科技	北京青云科技股份有限公司	云网互联
61	大华股份	浙江大华技术股份有限公司	云网互联
62	涂鸦智能	杭州涂鸦信息技术有限公司	云网互联
63	华正信息	青岛华正信息技术股份有限公司	云网互联
64	英飞拓	深圳英飞拓科技股份有限公司	云网互联
65	三未信安	三未信安科技股份有限公司	云网互联
66	联通数科	联通数字科技有限公司	数字政府
67	神州控股	神州数码控股有限公司	数字政府
68	佳都科技	佳都科技集团股份有限公司	数字政府
69	数字政通	北京数字政通科技股份有限公司	数字政府
70	中软国际	中软国际有限公司	数字政府
71	东华软件	东华软件股份公司	数字政府
72	中科软科技	中科软科技股份有限公司	数字政府
73	数字认证	北京数字认证股份有限公司	数字政府
74	南威软件	南威软件股份有限公司	数字政府
75	雄帝科技	深圳市雄帝科技股份有限公司	数字政府
76	辰安科技	北京辰安科技股份有限公司	数字政府
77	恒锋信息	恒锋信息科技股份有限公司	数字政府
78	榕基软件	福建榕基软件股份有限公司	数字政府
79	熙菱信息	新疆熙菱信息技术股份有限公司	数字政府
80	中科信息	中科院成都信息技术股份有限公司	数字政府
81	中兴通讯	中兴通讯股份有限公司	5G
82	烽火通信	烽火通信科技股份有限公司	5G
83	生益科技	广东生益科技股份有限公司	5G

续表

序号	公司简称	公司全称	业务领域
84	中际旭创	中际旭创股份有限公司	5G
85	新易盛	成都新易盛通信技术股份有限公司	5G
86	光迅科技	武汉光迅科技股份有限公司	5G
87	东信和平	东信和平科技股份有限公司	5G
88	海能达	海能达通信股份有限公司	5G
89	武汉凡谷	武汉凡谷电子技术股份有限公司	5G
90	通宇通讯	广东通宇通讯股份有限公司	5G
91	云徙科技	杭州云徙科技有限公司	其他
92	蓝凌软件	深圳市蓝凌软件股份有限公司	其他
93	久其软件	北京久其软件股份有限公司	其他
94	能链	车主邦（北京）科技有限公司	其他
95	拍乐云	杭州拍乐云科技有限公司	其他
96	佰钧成	武汉佰钧成技术有限责任公司	其他
97	保利威	广州易方信息科技股份有限公司	其他
98	国新文化	国新文化控股股份有限公司	其他
99	和仁科技	浙江和仁科技股份有限公司	其他
100	泛能网	新奥数能科技有限公司	其他

附录十：广东省数智经济政策整体布局汇编

	数字化总体布局	数字经济总体布局	大数据	工业互联网	区块链	5G	人工智能	数字化转型
广东省政府	《广东省人民政府关于加快数字化发展的意见》（粤府〔2021〕31号）	《广东省人民政府关于印发广东省建设国家数字经济创新发展试验区工作方案的通知》（粤府函〔2020〕328号）	《广东省人民政府办公厅关于印发广东省促进大数据发展行动计划（2016-2020年）的通知》（粤府办〔2016〕29号）；《广东省人民政府办公厅关于印发珠江三角洲国家大数据综合试验区建设实施方案的通知》（粤办函〔2017〕184号）	《广东省人民政府关于印发广东省深化"互联网+先进制造业"发展工业互联网实施方案及配套政策措施的通知》（粤府〔2018〕23号）；《广东省支持企业上云上平台加快发展工业互联网的若干扶持政策（2018-2020年）》	《广东省培育区块链与量子信息战略性新兴产业集群行动计划（2021-2025年）》	《广东省人民政府办公厅关于印发广东省加快5G产业发展行动计划（2019-2022年）的通知》（粤办函〔2019〕108号）	《广东省人民政府关于印发广东省新一代人工智能发展规划的通知》（粤府〔2018〕64号）	《广东省人民政府关于印发广东省制造业数字化转型实施方案及若干政策措施的通知》（粤府〔2021〕45号）；《广东省制造业数字化转型实施方案（2021-2025年）》
广州	《广州市进一步加快智慧城市建设 全面推进数字化发展工作方案》	《广州市人民政府关于印发广州市加快打造数字经济创新引领型城市若干措施的通知》（穗府〔2020〕4号）；《广州市人民政府关于印发广州市建设国家数字经济创新发展试验区实施方案的通知》（穗府〔2021〕10号）；《广州市数字经济促进条例》（人大立法）	《广州市人民政府办公厅关于促进大数据发展的实施意见》（穗府办〔2017〕1号）	《广州市人民政府办公厅关于印发广州市深化"互联网+先进制造业"发展工业互联网行动计划的通知》（穗府办规〔2018〕29号）	《广州市推动区块链产业创新发展的实施意见（2020-2022年）》	《广州市加快5G发展三年行动计划（2019-2021年）》（穗工信函〔2019〕1543号）	《广州人工智能与数字经济试验区产业导则》	《广州市推进制造业数字化转型若干政策措施（征求意见稿）》；《关于加快推进广州国资国企数字化转型工作的指导意见》
深圳	《深圳市人民政府关于加快智慧城市和数字政府建设的若干意见》	《深圳市数字经济产业创新发展实施方案（2021-2023年）》	《深圳市促进大数据发展行动计划（2016-2018年）》	《工业互联网发展行动计划（2018-2020年）深圳互联网学会》；《深圳市工业互联网发展扶持计划操作规程》	暂无	《深圳市加快推进5G全产业链高质量发展若干措施（公开征求意见稿）》	《深圳市人民政府关于印发新一代人工智能发展行动计划（2019-2023年）的通知》	暂无

续表

	数字化总体布局	数字经济总体布局	大数据	工业互联网	区块链	5G	人工智能	数字化转型
东莞	暂无	暂无	《东莞市人民政府办公室关于印发〈东莞市大数据发展实施方案〉的通知》；《东莞市大数据发展规划（2016-2020年）》	《深入推进"筑云惠企"工程发展工业互联网促进东莞产业高质量发展实施方案》	暂无	《东莞市加快5G产业发展行动计划（2019-2022年）》	《东莞市新一代人工智能发展规划（2019-2030年）》	暂无
佛山	暂无	《佛山市推动数字经济发展实施方案》	暂无	《佛山市深化"互联网+先进制造"发展工业互联网的若干政策措施》	《佛山市南海区关于支持"区块链+"金融科技产业集聚发展的扶持措施》	《佛山市5G网络建设规划（2019-2022年）》	暂无	《佛山市推进制造业数字化智能化转型发展若干措施》

参考资料

梁辉，许玲.2022. 广东数字经济政策体系：现状、关键成功因素与启示[J]. 中国论，（9）：104-108.

后　记

随着新一代信息技术和人工智能技术的创新应用发展，信息和数据作为生产要素进入经济体系并逐渐发挥关键作用，数字经济应运而生并取得飞速发展，数字化是当今新技术的核心。人工智能、物联网、大数据区块链和数字多重转型等数字创新应用，如大数据、云计算和各种基于数字技术的平台，不断改变超越创业和创新实践的方式，极大且深入地影响文化、政治、社会和经济。粤港澳大湾区是国家战略，数字化领域的创新和转型正加速推进，数字经济发展走在全国前列，数字湾区进一步建设正成为粤港澳大湾区高质量发展的增长引擎。

南京信息工程大学管理工程学院马林教授和广州商学院管理学院组成的联合研究工作团队经过近一年的努力终于完成了《粤港澳大湾区"数字经济"发展报告（2022）》，在此特别感谢广州商学院副校长钟昌标教授和管理学院联合研究团队的大力支持。感谢所有被本书引用和参考过的文献作者，是他们的研究成果为本书提供了参考和借鉴。

本书的研究出版得到了如下项目的大力资助：①国家社会科学基金重点项目"统筹创新资源空间集聚需求与地区均衡发展的协调机制及政策研究"（22AJY014）；②广州市哲学社会科学基金项目"广州加快低碳发展推动绿色化转型研究：'双碳'战略下产业供应链绿色低碳多重耦合协同演进视角"（2022GZGJ85）；③广东省社科联社会科学研究基地——广州商学院"粤港澳大湾区电子商务研究中心"；④广东省教学质量与教学改革工程项目"广州商学院菜鸟驿站实践教学基地建设研究"（2021ZLGC02）；⑤2021教育部高等学校物流管理与工程类专业教学指导委员会物流管理专业重点工作领域试点项目"'文工融合'等领域新文科建设实践"；⑥教育部高等学校物流管理与工程类专业教学指导委员会项目"基于校内生产性实训基地的物流专业教学改革研究"（JZW2022140）。